sapientia
サピエンティア 37

秩序を乱す女たち？

政治理論とフェミニズム

The Disorder of Women

キャロル・ペイトマン［著］
山田竜作［訳］

法政大学出版局

This edition is published by arrangement with
Polity Press Ltd., Cambridge
through The English Agency (Japan) Ltd.

日本語版への序文

日本の読者の皆さまに、拙著を手に取っていただけるようになり嬉しい。訳者の山田竜作氏に感謝したい。巨大地震や津波、原発のメルトダウンという恐るべき悲劇を前にして、政治理論はほとんど無力に見えるだろう。豊かな諸国では、自国の市民に嘘をつき、危険物質を扱う（適切に扱えない）企業をきちんと規制しない政府が示すように、そのデモクラシーの真価は貶められてきた。市民は違うかもしれないが、政治指導者はさらに原発を維持したがっているように見える。こうしたことはすべて、新しい思考で参加デモクラシーへと一歩前進する必要性を照らし出している。

本書『秩序を乱す女たち?』の序章では、各章の議論に加えて、一九八〇年代後半にわたくしが何を考えていたか説明している。だがそれから四半世紀を経て、多くのものごとが変化した。少なくとも、選挙という形のデモクラシーに最低限必要な制度を導入した国々が増えた一方で、ネオ・リベラルの経済思想が支配的になった。そこでこの日本語版への序文では、より最近の政治理論の動向と、わたくし自身のアプローチについて述べたい。一九六〇年代末（わたくしが最初の著書を執筆していた時代）から現在に至るまで、形を変えながらもわたくしの研究で一貫しているテーマは、民主化である。ここでいう民主化とは、より民主的でより参加型の政治システムをつくることである。フェミニズム政治理論に貢献したのも、この大きな試みの一部と思っている。

政治理論を含む政治学の学問領域は、過去三〇年間で急速に拡大した。新しい知的枠組みが現れたし、政治学内での研究分野も増えた。フェミニズム政治理論という分野も、政治学のなかで一定の位置を占めるようになった。とはいえ、フェミニズム政治理論は政治学の他の分野とはまだまだ交流がないようだ。政治学はより細分化し、各研究分野には専門性の壁がある。そのため、フェミニズム理論の知見はいまでも簡単に忘れられている。一九七〇〜八〇年代には、フェミニズムの知見が政治学の基本的前提を変えるだろうと期待されたが、それはまだ実現していない。

フェミニズム政治理論も大きく様変わりした。本書の序章で述べたように、わたくしの主張は次のような認識に基づいている。フェミニズム政治理論は、その中核部分にある問題、すなわち女性に対する男性の権力という問題ゆえに独自性を持っているのだ。フェミニズムはポスト構造主義の影響を大きく受けているし、一九八〇年代末には理論的関心が変化した。男性の権力に言及するのは両性の対立が不変だとの前提に基づく本質主義に他ならないと見なされ、多くのフェミニズム理論は女性の間にあるアイデンティティと差異という問題にもっぱら関わるようになった。一般化は懐疑的に見られ、権力の構造はおびただしい差異の海にのまれて見えなくなりつつあった。新しい知見が百出し、特に人種主義や植民地主義といった問いが次々と提起された。だが、初期のフェミニズム政治理論で多く論じられた問題が、なくなったわけではない。

考えてみてほしい。世界中で多くの女性が立法府で働き高官に選ばれるようになったのに、あらゆる政治的・法的・経済的生活で権威ある地位はいまだに男性が支配している。より名声が高く高給の職業は男性が独占し、女性よりもはるかに稼いでいる。女性は無償のケア労働の大半を担い続けており、男性は依然フリーライダーだ。また、女性への暴力の問題も考えてほしい。女性を暴力的に犯すことが人、間の権利の侵害と認められはじめたのは、ようやく一九九〇年代になってからである。本書〔原著〕が出版された頃に比べれば、女性への暴力についてはよく知られるようになった。それが、家庭内で近親者がふるうものであれ、職場においてであれ、暴力をふるう男性が軍服姿であれ平服であれ、難民キャンプで起こる性暴力であれ。女性への暴力は、国連の主要会議の主題であったし、おびただしい女性団体やNGOはそれと戦ってきた。しかし、たとえば（本書第4章で論じるように）レイプは依然として、世の男たちが犯しても実質的に罰せられない犯罪である。近年の武力紛争は（過去においてもだが）大規模なレイプを伴った。もっとも、それが非常に注目されたのはヨーロッパやバルカン諸国で起きた場合であって、アフリカやその他の地域の場合ではなかったが。人身の安全という基本的権利を女性が享受するには、いずこの地であれまだまだ道のりは長い。

　わたくし自身の研究で重要な位置を占めているのは、「社会契約」という用語である。これは政治理論で標準的な用語であり、本書第2章と第3章で用いている。わたくしはいまや、この言葉は誤解を招くものと見なすようになった。社会契約は、近代初期の政治理論家が最初に定式化した三つの次元の原初契約のうち、ひとつの次元でしかないのだ。社会契約は、近代立憲国家がその国の市民に対して持つ権力を正当化する（といわれる）ものであり、これについては拙著『政治的義務の問題』[2]（および本書第3章）で詳細に論じた。それに対して第二の次元は、男性による女性の統治を正当化する（といわれる）性的契約であり、拙著『性的契約』[3]（および本書第2章）ではこの次元を分析した。この『性的契約』の末尾でわたくしは、性的契約は原初契約の物語の半分にも満たないと述べておいた。原初契約は、白人男性が交わしたものだからだ。チャールズ・ミルズが（拙著に刺激されて）書いた著書『人種契約』[4]を読み、さらに考察を続けた末に、わたくしは次の結論に至った。原初契約の第三の次元こそ人種契約であり、白人による非白人の統治を正当化する（といわれる）のだ。ミルズとの共著『契約と支配』[5]では、その人種契約の研究に寄与した。原初契約のこれら三つの次元は、相互に関係していると主張したい。国家は、人種的権力と性的権力の構造を強化してきた法と政策を是認している。性的契約は人種の影響を受けてきたし、人種契約は性的関係を形づくってきた。これらの契約がシティズンシップを構築してきたのだ。民主化のプロセスは、同時に、これら三つの契約を乗り越えていくプロセスでもある。

　わたくしはまた、「デモクラシー理論」と呼ばれる自分の研究を拡大してきた。政治理論では、一九九〇年代初頭にデモクラシー理論が再興し、いまでも主要な潮流として続いている。デモクラシー理論は現在、あまたの形容詞のいずれかで意味が限定されるのがふつうである。たとえば、共和主義的デモクラシー、コスモポリタン・デモクラシー、闘技的デモクラシーなどである。だが、なかでも非常に人気を博しているのは熟議デモクラシーであり、政治理論や大学の外側でも知られるようになっている。熟議を、あたかもデモクラシーそのものを意味するかのように扱う熱心な人もいるくらいだ。もちろん熟議は参加とデモクラシーの重要な一部だが、しかし熟議は必要ではあるもののそれさえあればよいのでは決してない。熟議デモクラシー論の注目すべき特徴は、多数の理論的な文献ばかりでなく、特に制度化された多種多様な熟議のフォーラムの研究から得られる経験的な調査結果も蓄積されつつあることだ。そうしたフォーラムとしては、討議型世論調査（deliberative poll）、市民陪審（citizens juries）、市民議会（citizens assemblies）などがある。熟議デモクラシーのこうした側面について、わたくしは二〇一一年に、アメリカ政治学会の会長として講演した。[6] 民主化のためには制度的・構造的な変化が必要だという論点は、本書第5章と第7章の内容にも関わるのだが、しかし熟議デモクラシー理論ではそこはほとんど語られない。わたくしがいまでも参加デモクラシーの理論家であり続けているのは、おもにそれが理由である。

一九八〇年代末には、参加デモクラシー理論はもはや流行らなくなっていた。今日では、参加デモクラシー理論は熟議デモクラシー理論に吸収されたという見方が広がっている。だが皮肉なことに、政治理論の外側では、参加型ガヴァナンスへの関心が高まっている。開発の専門家の仕事や、世界銀行のような組織の活動では、参加の促進が長年の課題であった。四〇年前（最初の拙著で）わたくしが示した参加デモクラシーの具体例は職場への参加だったが、二〇一一年には別の例として参加型予算（participatory budgeting）を挙げた。これは二一世紀のはじめから世界の各地に広がり、少なくともその名称で呼ばれるものが普及しつつある。これらの事例の大半は、わたくしが前述の講演でモデルとして取り上げた一九八〇年代末ブラジルのポルト・アレグレ市の参加型予算と比べて、制度化という面では遠く及ばない。わたくしがポルト・アレグレ市をモデルとした理由は、予算策定への民衆参加が地方自治体で日常化した例だからである。いわば、市民は予算の決定に参加する権利を手にし、政府を民主化する重要な一歩を踏み出したのである。

参加型予算のたいていの事例は、ポルト・アレグレ市を模範としていない。不思議にも、自治体の予算に関わってさえいないのがほとんどである。市民に裁量資金を配分する機会があるか、どんな形で協議するか、きちんと情報提供されているか、等々は実にさまざまである。政治エリートが民主化を重要な政治課題と考えなければ、参加型予算のこうした希薄化は意外ではあるまい。〔英米など〕以前から民主主義体制が確立していた諸国では、「対テロ戦争」政策とネオ・リベラリズムの経済政策が結びついて、重要な民主制度が著しく弱体化した。行政部の権力が増し、市民的自由と法の支配は損なわれ、人々は監視されるようになった。多くの有権者は不満を抱き、既存の民主制度や政治リーダーへの信頼は失われている。公共政策は、民営化、規制緩和、「ワークフェア」へと舵を切った。

本書第8章では、福祉国家が持つ家父長的な構造を分析している。こうした構造を公式に支えてきたものは現在では大きく解体されたが、それでも、結婚と雇用とシティズンシップは依然として結びついている。しかもこの二～三〇年の間に、デモクラシーと非民主的な雇用制度は、ますます分かちがたくなった。いまや、すべての成人が賃金労働力になることが新しい理想となり、幼い子どものいる母親でさえそうである。だが、公的支給が削減され、女性が無償のケア労働より賃金雇用の方に専念するよう求められる時代にあって、社会的再生産に何が必要か、子どもをいかに養育すべきか、高齢者や障碍者や病人・病弱者のニーズをどう満たすか、といった問題に現在の政策推進者はほとんど関心を示さない。女性の大半は自分でお金が稼げることを喜ぶだろうが、それで問題は解決しない。民間の業者が、必要なサーヴィスを安く高水準で提供してくれることはないだろう。市民はますます、公的サーヴィスを受ける権利を持たないただの消費者と見なされ、民営化の波はこれまであった多くの参加と説明責任の道を閉ざしているために、こうした状況は悪化している。新しい思考と新しい政策が、緊急に求められているのだ。

（規制緩和された金融資本がもたらした）二〇〇八年の経済危機以降、失業率は高く、新しい仕事が創出されたといっても低賃金のパートタイムであることが多く、労働条件は劣悪である。このような時代にあってさえ、就業こそ第一とする考え方は続き、公的なサーヴィスや手当は削減されている。格差は急速に広がり、豊かな諸国での貧困がますます深刻になっている。本書第8章でわたくしは、最低限の暮らしと社会参加に必要な「社会的所得の保証」に言及した。これをいい換えればベーシック・インカムであり、多くの国々の草の根レベルでいま非常に支持されている政策である。[7] 二〇〇〇年あまり前、メアリ・ウルストンクラフトは、すべての女性が自立した所得を得るべきだと主張した。適切な額が設定されれば、ベーシック・インカムはそのような支援をすべての個人に提供できるだろうし、生活水準と雇用を切り離すことにもつながろう。無条件のベーシック・インカムは、穏当で尊厳ある生活水準を満たす適切な額であるなら、非民主的な雇用制度に参入しなくてもよいという好機を個人にもたらすだろう。

わたくしは近年のいくつかの著作で、ベーシック・インカムは、選挙権にも似た民主的権利だと主張した。[8] 投票によって統治に参加する権利はいまや基本権として（ほぼ）あまねく受け入れられているものの、尊厳ある生活水準が同様の基本権と認められているようには見えない。だが、自己統治し、集合的生活に完全に参加するには、暮らしが保障されなければならない。無条件のベーシック・インカムを導入すれば、民主化の大きな一歩前進になるだろう。何のためのデモクラシーかという問いは、ほとんど無視されてきた。しかし、何百万人もの人々が貧困や欠乏状態のなかを生活し、格差が毎年拡大し続けているような、非常に豊かないまの時代こそ、その問いに注目すべきである。

二〇一三年八月

キャロル・ペイトマン

1　C. Pateman, *Participation and Democratic Theory* (Cambridge: Cambridge University Press, 1970)〔C・ペイトマン／寄本勝

美訳『参加と民主主義理論』早稲田大学出版部、一九七七年）.

2 C. Pateman, *The Problem of Political Obligation: A Critique of Liberal Theory*, 2nd ed. (Cambridge: Polity Press, 1985, Berkerey and Los Angels, CA: University of California Press, 1985).

3 C. Pateman, *The Sexual Contract* (Cambridge: Polity Press, Stanford, CA: Stanford University Press, 1988).

4 C. W. Mills, *The Racial Contract* (Ithaca: Cornell University Press, 1997).

5 "The Settler Contract", in C. Pateman and C. W. Mills, *Contract and Domination* (Cambridge: Polity Press, 2007). この共著でわたくしとミルズはそれぞれ、「相手」の契約の研究に寄与し、性的契約と人種契約との相互関係を探究することで、論議をさらに進めるとともに、批判者にも応答している。

6 C. Pateman, "Participatory Democracy Revisited", *Perspectives on Politics*, 10(1), 2012, 7–19.

7 ベーシック・インカムが法整備されたのはブラジルだけだが、何らかのベーシック・インカムやその政策的実験は、いまや多くの国々で見られる。開発関係者の間では、現金移転の有効性をもう一度見直そうという動きもある。これらについては、以下の拙編著を参照されたい。M. Murray and C. Pateman eds., *Basic Income Worldwide: Horizons of Reform* (London: Palgrave Macmillan, 2012). また、ベーシック・インカム地球ネットワークのウェブサイトも参照。http://www.basicincome.org

8 たとえば次の拙稿を参照されたい。C. Pateman, "Democratizing Citizenship: Some Advantages of a Basic Income", *Politics and Society*, 32(1), 2004, pp. 89–105, and in E. O. Wright ed., *Redesigning Distribution* (London: Verso, 2006).

謝辞

本書はわたくしが、スウェーデン国立人文社会科学研究所のケルスティン・ヘッセルグレン教授職に在任中に編集し、序章もそこで執筆したものである。光栄にもわたくしは、この教授職の第一号に選ばれた。ケルスティン・ヘッセルグレンは、女性の権利のために戦った闘士であり、スウェーデン国会初の女性議員であった。同研究所より受けた篤い支援に感謝したい。特にオロフ・ルイン氏とボー・サールヴィク氏には、わたくしがスウェーデンに到着した当初、ストックホルムとヨーテボリの部局で大変お世話になった。スウェーデンの友人・同僚たちのおかげで、わたくしのスウェーデン滞在は楽しく実り豊かなものとなった。さらに、本書の刊行を熱心に勧めてくれたデヴィッド・ヘルド氏と、そのための援助をしてくれたロイにも感謝したい。

本書に収録された論文の初出は以下の通りである。転載を許可していただいたことに、ポリティ社ともども感謝申し上げる。

第1章　"'The Disorder of Women': Women, Love, and the Sense of Justice", *Ethics*, 91 (1980), pp. 20–34. Copyright © 1980 by the University of Chicago.

第2章　"The Fraternal Social Contract", in J. Keane ed., *Civil Society and the State: New European Perspectives* (London and New York: Verso, 1988).

第3章　"Justifying Political Obligation", in A. Kontos ed., *Powers, Possessions and Freedom* (Ontario: University of Toronto Press, 1979).

第4章　"Women and Consent", *Political Theory*, 8 (May 1980), pp. 149–68. Copyright © Sage Publication, Inc.

第5章　"Sublimation and Reification: Locke, Wolin and the Liberal-Democratic Conception of the Political", *Politics and Society*, 6 (1975), pp. 441–67. Copyright © Butterworth Publishers.

第6章　"Feminist Critiques of the Public/Private Dichotomy", in S. Benn and G. Gaus eds., *Public and Private in Social Life* (London and New York: Croom Helm, 1983).

第7章　"*The Civic Culture*: A Philosophic Critique", in G. A. Almond and S. Verba eds., *The Civic Culture Revisited* (Boston: Little Brown & Co., 1980).

第8章　"The Patriarchal Welfare State", in A. Gutmann ed., *Democracy and the Welfare State* (Princeton: Princeton University Press, 1988).

第9章　"Feminism and Democracy", in G. Duncan ed., *Democratic Theory and Practice* (Cambridge: Cambridge University Press, 1983).

秩序を乱す女たち？／目次

凡例

一、本書は、Carole Pateman, *The Disorder of Women: Democracy, Feminism and Political Theory*, Cambridge: Polity Press, 1989 の全訳である。

一、全体的に訳語はほぼ統一してあるが、文脈に応じて異なった訳語を当てている。たとえば "liberal-democratic" は、理論を表す場合にはおもに「リベラル・デモクラシー」と訳したが、政治体制や国家を形容している場合には「自由民主主義体制」「自由民主主義諸国」等の訳語を用いた。なお "liberal theory" は「リベラリズム理論」とした。

一、文中の書名は原著ではイタリック体で示されているが、訳書では『　』で示した。“ ”は「　」で、強調のイタリック体は傍点をつけることで示した。

一、文中の——については、煩雑さを避けるため、取り外したり、（　）でくくって訳出した箇所がある。

一、文中で説明や補足が必要と思われる概念や事象については、訳注を〔　〕で付加した。

一、引用文中の［　］は原著者による補足である。また、引用文献中で日本語訳のあるものは参照したが、訳文は適宜変えてある。

一、原注は1、2……という形で各章末に訳出した。邦訳書が確認できたものは書誌情報を示した。

序章

本書に収めた論文は、一九七五年から一九八八年にかけて発表したものであり、手を加えずにここに収録した。いずれの論文も、デモクラシー理論のさまざまな側面とデモクラシーに必要な社会的条件を扱っている。いくつかの論文では、古典的な契約理論、特にロックとルソーの理論に言及している。この間、デモクラシー理論に関するわたくしの視座や、わたくし自身の古典的テクストの解釈は、いくつか根源的な点で変化した。こうした理論展開は、組織されたフェミニズム運動の復興によって促進された。フェミニズム運動は、デモクラシーと政治生活を見る新たな視点、そして常識を揺るがす多くの視点をもたらした。理論的探究は現代フェミニズムの重要な一部分をなすものであり、新しいフェミニズム的知見は、性差と女性の従属が近代政治理論の構成の中核部分にあることを、明らかにしはじめている。

主流の政治理論も百花繚乱であり、一九八九年から見て過去五年ほどの間に、デモクラシー理論への関心、特にラディカル・デモクラシー理論や参加デモクラシーへの関心が再び高まっている。だがデモクラシー理論は、広義の政治理論と同じように、大半が依然としてフェミニズムの議論と無関係のままである。フェミニズムに関する書物は、「政治理論」の名の下に研究される正典からは除外されているが、しかしフェミニズム理論は、一七世紀以降の近代政治理論が発展する一翼を担ってきた。フェミニズムの主張が存在することそれ自体はさほど驚くべきことではなく、フェミニズムはつねに、有名な著述家の理論に批判的な立場を取り続けてきた。だが、初期の大学に女性はいなかったし、また、政治理論は職業につながる学問分野だとは限らず、むしろ学界のなかに閉じ込められていた。学術的な政治理論の中核部分にある前提や想定に、フェミニズム系の学者が徹底的に挑戦しはじめたのは、新しい展開なのである。古典的テクストのフェミニズム的再解釈が、こうした挑戦を促した。政治理論の正典として認められたもののなかにも、ほとんど研究されていない箇所がある。性と性差の政治的重要性との関係を扱った箇所については、省略するかほんの少しだけ言及するというのが、これまでのお決まりであった。こうした問題は、政治理論が本来関わるべき事柄にとっては瑣末なこととして片づけられるからである。

　最新の政治理論研究は、相変わらず、古典の標準的な解釈を繰り返しているし、社会生活・政治生活のあらゆる領域における女性の位置に関して、フェミニストの研究者が集めた経験的事実を無視している。また、理性と合理性に関する認識論的問いや分析から、表象としての男根《ファロス》、異性愛《ヘテロセクシュアリティ》という制度に至る広範なフェミニズム理論に、何の関心も示していない。組織されたフェミニズム運動の復興が、政治理論にまったくインパクトを与えてこなかった、といいたいのではない。フェミニズム運動は、政治理論家が利用できるおびただしい問題を提起してきた。たとえば、権利（胎児には権利があるのか）、正義（女性だけに悪影響を及ぼすような不正義はあるのか）、労働（家事労働と資本主義は関連しているのか）などである。だが、権利に関するリベラリズム理論であれ、ロールズ的な正義の理論であれ、資本主義に関するマルクス主義理論であれ、既存の理論的枠組みや議論形式で十分適切にフェミニストの関心事を扱えると見なす。フェミニズムは議論のための新しい問題を提供したかもしれないが、「女性問題」なるものは主流の理論に含まれるし収まることが大前提である。政治理論家にとって、フェミニズムは独自の問題を提起したわけでもなければ、論議でよく使われる用語に根源的に挑戦しているわけでもないのである。

「女性問題」を議論するのと、フェミニズム理論に関与し貢献するのは同じではない。フェミニズム理論は、「女性問題」と政治理論の定番メニューとの関係に影響を与える新しい視座を提示するのである。フェミニストは、デモクラシーとシティズンシップに関心があり、自由、正義、平等、同意に関心がある。フェミニストは、権力や、統治がいかに正当化され得るかという問題に、重大な関心を寄せる。だが、「権力」や「統治」という言葉をとってみても、フェミニストが意味していることと、正統な政治理論における理解とでは、かなりの相違がある。フェミニズム理論は、新しい問題を提起しているゆえに独自なのである。より正確にいえば、フェミニストの理論家は、近代政治理論の中核部分には無意識に抑圧された問題がひとつ存在することを強調する。家父長的権力、あるいは男性による女性の統治という問題である。政治理論家は、少なくとも二〇〇〇年もの間、権力と統治について議論してきた。近代には、たとえば奴隷や使用人に対する主人の権力や、貧しい者に対する富裕な者の権力、市民に対する政府の権力、労働者に対する資本家の権力、大衆に対するエリートの権力、プロレタリアートに対する前衛政党の権力、一般人に対するテクノクラートや科学者の権力の、正統性と正当化に関する議論をしてきた。著名な理論家のテクストでは、女性に対する男性の権力に関する議論も見られる。だが現代政治理論は、男性が持つ女性の支配権を政治権力だとは認めていないし、家父長的な統治の正統性を攻撃するフェミニスト理論家に耳を傾けようとしていない。

現代の政治理論家は、フェミニズムによる問いや批判には有意性があり、重要なものだ、と認めるのはたいへん困難だといわざるを得ない。政治理論家の研究対象、「政治」理論そのものが、近代的な家父長制構造をしているため、フェミニズムによる問いや批判は理論化作業から体系的に排除されているのである。政治理論家は、次のような前提に立って探求する。かれらは経済や国家といった公的な世界を研究テーマにしており、対する家庭内関係や家族関係、性的関係といった私的な領域は、政治理論家の本来の関心には含まれない、という前提である。古典的な社会契約論者は、政治理論に関するこのような見方を発展させたきわめて重要な存在であった。少なくとも、性差の政治的意味に関するかれらの論議が、社会生活で対照的な二つの領域に区分される近代「市民」社会の理念の出現に、不可欠だったからである。しかし現代の政治理論家は、古典的な社会契約論者がいかにして公と私という二つの範疇を構成したかを知るためにかれらのテクストを検討することはない。むしろテクストそのものが確立した論議の構造に沿って、テクストを読んでいる。公的・私的と二つの舞台に分割された社会秩序に備わる政治的含意について、批判的に研究しようとははじめから考えていないのだ。

主流の政治理論では、公的領域を、あたかも独自に存在するかのように、私的な性的関係や家庭生活とは独立した存在であるかのように、つまり公的領域だけを理解可能なものとして想定している。男女両性の関係の構造は無視され、性的関係はすべて私的あるいは非政治的なパラダイムであると位置づけられている。だが、古典的テクストを注意深く検討すればわかるように、「私」と「公」の意味は相互に依存し合う。公的世界という概念や、その世界に参加する際に要請される能力や特性を適切に理解しようとするならば、公的なものから何が排除され、なぜそうした排除が起こるのかも同時に理解しなければならない。「公的」なるものは特定の「私」概念の上に成り立っているのであり、逆もまた同じである。「公的」なるものだけを分析してしまうと、何ものも、いかなる重要なものも排除されていないかのように想定できてしまう。別のいい方をすれば、公的世界や、理論的な議論において公的世界が表象される数々の範疇は、性的に中立的で普遍的であり、何人をも同様に包摂している、という前提で理論家は研究してしまう。ところが、政治理論が非常に重視する「個人」なるものは、抽象化されているときに限り性別には無関係なのである。

わたくしは他の理論家と共に、たいていのデモクラシー理論の文献に登場する個人なるものの性格が抽象的だと批判してきた。だが、「個人」とは男性を想定していることを暴かれたくないから、身体性を抽象化する必要があるのだという事実に、このような批判はふつう気づかなかった。より最近のわたくしの論考では、女性、女性性、女性の身体性が、私的なものを表象している、つまりいずれも公的領域から排除されているというのが共通するテーマである。男らしさと女らしさの差異が家父長的に構築されているところでは、女性は政治生活に必要な能力＝資格を欠いているとされる。「秩序を乱す女たち（the disorder of women）」とは、女性は政治秩序を脅かすのだから公的世界から排除されなければならない、という意味である。男性には、シティズンシップに要請される能力＝資格がある。特に、自分たちの情念を昇華させるために理性を用い、正義感覚を発達させる能力があるので、普遍的で市民的な法を支えることができる。それに対して、契約理論の古典が教えるところによれば、女性は自らの身体的本性と性的な情念を乗り越えられず、男性にあるような政治的道徳性を発展させられない、というのである。

ひとつの原初契約をつうじて市民社会を創出するという物語では、女性は私的領域の住人として新たな社会秩序に組み込まれる。私的領域は、市民社会の一部でありながら、自由、平等、権利、契約、利益、シティズンシップに関わる公的世界とは区別されている。女性はいわば、男性とは異なった仕方で市民的秩序に組み入れられているのである。しかし、私的領域への女性の包摂というのが、物語のすべてなのではない。女性は、公的世界の諸制度への参加から完全に排除されたわけではなく、男性とは異なるやり方で公的生活に組み入れられてきたのである。女性の身体性は、政治的秩序に反するあらゆるものを象徴している。女性を市民として包摂するプロセスは、男性と女性の身体的（性的）差異をめぐって構成されてきたのであり、長い間しばしば厳しく異議申し立てされてきた。女性は「女性」として包摂されてきた。すなわち、女性はその性的具象ゆえに、男性と同じ政治的立場を享受することができない存在だとされたのである。女性がシティズンシップを勝ち取る以前も勝ち得てからも、女性の政治的位置は、逆説と矛盾と皮肉に満ち満ちている。だが、女性の公的世界からの排除と、女性の包摂の仕方については、政治理論家は注意を払ってこなかったのである。

　その理由のひとつに、古典の標準的な解釈がある。一七世紀に、人間《メン》または「個人」は互いに自由かつ平等なものとして生まれる、あるいは生まれながらに自由かつ平等である、との観念が広く流布するようになり、いまでは政治理論の基礎となっている。古典の契約論者ははじめて、生得権としての自由と平等という前提に依拠した社会生活・政治生活に関する一般理論を定式化した。そしてかれらのテクストは、二〇世紀末になっても政治理論の構成を特徴づけ力を与えている――ただし、去勢してのことだが。こうしたテクストにある「人間《メン》」や「個人」といった言葉は現在、あたかも万人を包摂するかのように、一般的・普遍的なものとして読まれている。しかしこれは誤読である。古典の契約論者は（ひとりの名誉ある例外を除けば）、生まれながらの自由と平等は一方の性の生得権であると論じた。つまり、男性のみが自由かつ平等なものとして生まれるとされたのである。契約論者は、性差を政治的差異として構築し、男性の生来的な自由と女性の生来的な従属との差異を構築したのである。

例外的な契約論者とは、ホッブズである。[2] ホッブズは、自然状態では女性は男性と対等で、同じ自由を享受すると述べている。しかし、かれのテクストに関する数々の注釈書は、この根源的な点をめぐるホッブズと他の理論家との対立についても、何も語っていない。古典の契約論にとって男女に関するこうした著しい見方の違いが重要だということについても、何も語っていない。生まれながらの自由と平等という理念が定式化されるや否や、フェミニズムからの批判者は、メアリ・アステルの言葉を使えば次のように問いはじめた。「男性がみな生まれながらにして自由であるのなら、なぜ、女性はみな生まれながらにして奴隷なのか」[3] と。神が人類をつくり、合理性その他の能力を授けたなら、あるいは自由と平等が人間にとって生来的な属性であるなら、男女両性のそのような区分は果たして正当化できるのだろうか。こうしたフェミニズムの疑問が存在し有意性があることを、政治理論家はいまだに認めていない。

もちろんこのようなことは、この一〇年の研究で得た後知恵のおかげでいえるにすぎない。本書に再録した論稿のなかでも初期のものは、政治理論の諸テクストや経験的データや現代的な論議で明らかにされた、女性をめぐる問題についてさまざまに言及してはいる。しかしわたくしは当時、女性の問題がどれほど根源的で広範かよく理解していなかった。当時のわたくしの議論は、政治理論の性質と射程に関して広く流布している〔従来型の〕前提に留まっている。たとえば、デモクラシーについてのリベラルな見方を擁護する論者とそれに対するわたくしのようなラディカルな批判者との間で長年論争が交わされてきたが、そこでなされた論議は活発であったし現在でもそうである。だが今日では、わたくしはひとつの異なった有利な点から、その対立する両者を分けると同じくらい強く結びつけている仮定や諸前提が存在することを自覚している。経済や職場が私的であるか公的であるか、あるいは職場のデモクラシーは可能であるのか望ましいのか、という議論を考えてみよう。これらの論争のいずれの側も、わたくしが（第6章「公／私の二元論に対するフェミニズムの批判」で）「公」と「私」の階級概念と呼ぶものにのみ議論を集中させていることを、疑問視していない。「公」（経済／国家）対「私」（家庭内の、夫婦間の、親密な生活）という家父長的な対立が、デモクラシーにとって重要だとは考えていない。しかしこの対立は、デモクラシー論者が前提とし、無意識に抑圧しているものなのである。参加デモクラシー理論に近年また関心が持たれているが、それはいまのところ、こうした現状を変えるほんの一歩にすぎない[4]。

これまでのわたくしの議論がまったく誤っていたと考えたら、初期の論稿を本書に収めなかったろう。だが今日でも、これらの論稿は現代政治理論の重要な次元や問題を含んでいると思う。また、フェミニズム的な視座でいかに政治理論が変わるかを具体的に示すため、本書に収めたという意味もある。たとえば、部分的にはロックの理論の解釈（再解釈）から、公と私についての階級概念と家父長的概念との区別を描き出した。また、ここに掲載されているもっとも初期の論文「昇華と実体化」（第5章）も、ロック、公、私に関係している。この論文では、リベラル・デモクラシー理論における「政治的なるもの《ザ・ポリティカル》」の性格づけの問題と、果たして自由民主主義的な政治秩序のみが（しばしば主張されるように）正当に「政治的なるもの」と呼ばれるのかという問題を、検討している。わたくしは、ロックの理論のひとつの解釈に沿って、次のように論じている。リベラリズム理論は、個人には生まれもった政治的権利があると自明視しているにもかかわらず、その前提はつねに政治的権利を放棄せざるを得ないものにしてしまっている。「政治的なるもの」は国家によって代表＝表象されるがゆえに、被治者に上からのしかかるように存在する。そして被治者は、非政治化された私的領域のなかで相互交流しているにすぎない。シティズンシップは日常生活から分離され、マルクスが「政治的なライオンの皮」

と呼んだものと化している。被治者がその「皮」を着用する（＝市民としての役割を果たす）のはごくたまにであるし、しかもしぶしぶそうするのである。しかし、後のわたくしの、契約論者についての分析およびシティズンシップの展開が示すように、政治的なライオンの皮は長いたてがみを持ち、雄のライオンに属する。つまり男のコスチュームなのだ。女性が最終的にライオンの皮を身につける権利を勝ち得ても、似つかわしいとはとてもいえず、ゆえに不適当なのである。

わたくしは同じ第5章で、ルソーの理論がロックの主張に対する明快な代替案を提供してくれると論じた（そして拙著『参加と民主主義理論』では、参加デモクラシー論者の典型としてルソーを用いた）。ところがルソーの論議に関する標準的な説明に従ったため、女性をシティズンシップから排除しなければ政治的秩序は守れないとかれが明言している事実を、見落としていた。ルソーのいう「デモクラシー」とは男の領域であり、そこでは自治の政治的権利は男性によってのみ行使される。かれの理論は、女性をも包摂するように単純に変更はできない。ルソーの理論では、「政治的」とか「デモクラシー」の意味は、男性性と女性性にかれが与えた意味に基づいているからである。自分自身の主人たる能動的市民《アクティヴ・シティズン》であるとはいかなる意味かを十全に理解するためには、シティズンシップの外部に存在する私的領域と照らし合わせる必要がある。つまりそこは、女が男に支配される領域なのである。ルソーや他の契約論者が唱えた性的差異の政治的重要性を、かれらの理論には無関係であると考えたりたんに周辺的な意味しかないと片づけると、シティズンシップの近代的世界を形成するといわれる原初契約に備わる根源的な特徴を無視することになってしまう。女が政治的秩序を乱すとは、女は原初契約から排除されなければならないという意味である。[5] つまり原初契約は、男性的あるいは兄弟愛的な協約なのである。

わたくしは第2章「兄弟愛的な社会契約」の分析において、経済や契約に参加する「個人」なるものを結びつけるいかなる共通の紐帯もないという初期の論議を修正した。かれらは、そのようなひとつの紐帯、原初契約を通じて強固になる紐帯を持っている。つまり、女を支配するという男として共有する利益で結びついているのだ。その利益は、国家の法と政策によって保護されている。政治理論家によれば、原初契約という物語は、わたくしたちの政治制度が万人の自由を保護するものと正しく解釈させてくれるために、現在でも重要である。だが、その同じ物語が男性の自由だけでなく女性の従属も語っている、と認めるならば、政治的探究に必要な数々の用語を大幅に変えなければならなくなる。ゆえに政治学者が、従属に抗う女性の戦いも「政治」に含まれると気づくのが著しく困難であることは、少しも意外ではない。たとえば、婚姻法の改正要求、女性と少女の安全を公的・私的に確保する戦い、禁酒運動、高等教育への門戸開放を求める戦い、多種多様な就職への門戸開放を勝ち取る戦い、女性の労働条件を改善させる戦い、母子の健康と福利の増進を求める戦い、などである。女性参政権運動さえ無視されているのである。

つい最近まで、政治科学者《ポリティカル・サイエンティスト》は女性を非政治的なものととらえていたし、デモクラシー論者は、「ガブリエル・アーモンドとシドニー・ヴァーバによる」『市民文化』のように、女性は男性に比べて政治的有力感がなく能動的市民にもなれそうにないと示唆する経験的研究に対して、ほとんど疑問を呈してこなかった。たいていの経験的研究は伝統的な選挙政治に焦点を当ててきたが、選挙政治では女性は周縁的な存在でしかなかった。ゆえに、調査結果がそのような結論に至ったのは当然である。女性は男性と同じように、政治システムがどのように機能しているかを合理的に評価する能力を持っている。経験的にいえるのは、政治システムへの参加は、すでに社会的に有利な人々の役に立つことである。第7章で

『市民文化』を批判する際、わたくしは次のように論じている。市民の大多数は政治的有力感が高いにもかかわらず、実際に参加するのはおもに中間階級に見られる比較的少数の人々である。この差は、能動的であることには価値がないという判断を労働者階級の市民がしている、という事実によって説明できる。同様に、女性は、政治的参加は男の得にしかならないと認識している可能性があり、ゆえに女性にとっては政治的活動などしない方が合理的だということになる。

このような市民文化は、階級の分割線のみならず性的な分割線に沿っても分裂している。もっとも、第7章で詳細に検討するように、アーモンドらの研究でデータをそのように扱っているわけではないが。皮肉にも、経験的なデモクラシー理論の主要な弱点のひとつは、この理論を支持する人がとりわけ強調している当の調査結果をどう解釈するかにあった。経験的な理論を批判する人は多いものの、奇妙にもかれらは、調査結果の解釈の問題という側面を無視してきた。経験的な理論家は、政治文化を個人の性格の集計へと還元してしまったため、データ自体が明らかにしている参加の社会的パターンを説明できなかった。政治的な能動性あるいは非能動性という態度が社会にどう行きわたっているか、そのパターンをかれらはたんに所与のもの・自然なものとして受け入れてしまった。無関心と参加のよき均衡がひとつの政治文化を構成している〔とアーモンドたちは論じた〕が、その均衡のうち無関心の側にいる「公民的でない」市民なるものは、社会経済的地位（SES）の下位集団と女性から不当に偏って導き出されている。ゆえに、そうした集団はもともと無関心なのだといった解釈がなされただけなのである。

わたくしは『参加と民主主義理論』で、労働者階級の市民の能動性が低い理由を、かれらが政治教育を享受できない状態に体系的に置かれているからと説明した。いかに参加するかについて、労働者階級は中間階級と同じように教わってはいない。もっとも重要なことだが、『市民文化』が明らかにしたように、労働者階級の市民は職場で参加する機会が少ない。職場における参加と広義の政治的活動には関連があるだろうというわたくしの仮説は、いまや経験的データから支持されるようになっている（もっとも、人が考えるほど、こうした問題についての調査が十分に実施されているわけではないが）。[6] 産業デモクラシーの欠落が、労働者の政治的活動が低調な合理的説明を提供してくれるとすれば、市民文化の性的区分の理由にもなるのだろうか。ある意味においては、そうだといえる。第9章「フェミニズムとデモクラシー」で触れているように、賃金労働に従事している女性は、低い政治参加と結びついた低い地位の仕事や未熟練労働に就いていることが多い。専門職の女性でさえ、職業上の序列の最底辺に集約されているのである。しかし、産業デモクラシーの欠落では説明できないこともある。『市民文化』の場合と同様に、ひとつの「社会的事実」、つまり公的な分業は性別で分離されているという事実は、吟味すべき問題として扱われるのでなく、自明とされてきたのである。

　男性と女性はふつう、共に働くことはない。賃金雇用に参入しているたいていの女性は、もっぱら特定の職業に集中させられている（そしてよくあることだが、女性は男性に指導され、男性は女性の労働組合のリーダーや代表になりがちである）。労働力の性的分離は、注目すべきことに、二〇世紀をつうじて維持されてきた。なぜそうなのかという問いは、職場におけるデモクラシーをめぐる議論では立てられなかった。労働生活のこのような側面は、いつも決まって不問に付されてきたのだ。職場のデモクラシーを研究する人は、特定の職種から女性が排除されていることや、新しい「ハイテク」産業においてさえ男性の仕事と女性の仕事が分離され続けたことについて、ほとんど何も語ってこなかった。女性は、資本主義的な工場の発展の初期段階から賃金雇用に参入してきたが、しかし男性と同じ仕方で労働力に組み込まれたことはなかった。男性の労働者、いわゆる「労働者《ザ・ワーカー》」に焦点を当てた、仕事やシティズンシップの論議や説明を、単純に女性にも拡大すればよいと通常想定されているが、それはあり得ない。女性と男性は、職場の仕事に対して異なった関係性にある。女性は、労働者として男性と同じ地位を得ているわけではない。

産業デモクラシーに関する議論において、「仕事《ワーク》」という範疇について問いが立てられることはほとんどない。繰り返しになるが、公的な世界（職場）に関する理論的な論議は、公と私の結びつきについてのいかなる考察からも独立してなされ得ると、暗黙のうちに前提されているのである。ここでは、ジョン・スチュアート・ミル（かれは政治理論の正典として認められる稀有のフェミニズム理論家だが、そのフェミニズム的な著作は標準的な政治理論でほとんど言及されない）が、教訓的な事例となる。わたくしは第9章「フェミニズムとデモクラシー」で、公的な職場での民主的協力を支持することと、夫による私的な専横を攻撃することを、ミルがきちんと結びつけておらず、その結果女性のシティズンシップを擁護するかれの主張の価値がどれだけ下がっているかを論じた。公と私——あるいは、仕事と家事、労働者とその妻、男性と女性——が相互依存関係にあることは、「賃金」に批判的に着目すれば明らかだ。賃金なるものは、たんに（性的に中立的な）労働者の労働に支払われるのではなく、「家族賃金」である。いい換えればそれは、男性が、経済的に依存する（従属する）妻および未成年の子どもを養うのを可能にする支払いなのである。公的な「仕事《ワーク》」への対価として支払われる賃金は、女性と無償労働という私的世界の存在を前提にしている。フェミニズム研究者による近年の実証調査はまた、「労働者《ワーカー》」とは男性であり、職場は男性のテリトリーであることを示している。女性の労働者は、男性からも女性からも、男性と同じ意味の「労働者」とは見なされない。[7]「仕事に行くこと」は、男性であるという意味の一部である。職場において女性であるということは、今日セクシュアル・ハラスメントと呼ばれる広範に見られる慣行が示すように、かなり異なった意味合いを持つのである。

デモクラシー論者は、職場における男性の参加と、かれらのより広範な政治参加との結びつきに、関心を集中させてきた。こうした理論家は、夫あるいは稼ぎ主としての男性の位置について、またそうした位置がいかにして男性あるいは女性のシティズンシップに結びついているかについて、ほとんど何も語ってこなかった。兄弟愛的な協約という条件や、公的世界における家父長的な参加の規準は、職場の構造や国家の構造に具体的に表れてきた。女性はいまや市民である。しかしフェミニズム系の研究者は、福祉国家に関する膨大な経験的・理論的研究をとおして、女性のシティズンシップが依然としてどれほど不安定で矛盾に満ちたものか明らかにしてきた。政治理論家は、女性や「貧困の女性化」、フェミニズムの主張を考慮しなくても、福祉国家における民主的シティズンシップの「規範的正当化」をいまだに論考できてしまう。(8) そして、女性は福祉国家において男性（労働者）に依存した市民として間接的に構成されており、男と同じような福祉国家に対する「貢献」など期待されていないという事実について、沈黙したままなのだ。

男性の「貢献」とは、自由かつ平等な「個人」なるものとして男が構築されていることに由来する。「個人」として、あらゆる男性は所有者である。つまり、すべての男性には人身の所有権があり、かれらにだけ支配権を持つ資格がある。男性は自己統治しているのである。所有者であることを基準として、労働とシティズンシップは結びつく。「労働者」とは、その人自身の固有の財産たる労働力で契約を結ぶ男性であり、またすべての男性は所有者として、対等に福祉国家の市民に編入され得る。デモクラシー論者が福祉国家を擁護する根拠のひとつに、あらゆる「個人」（労働者）はかれらが労働市場に参加できない場合の「保険」として「貢献」をなすのだ、という主張がある。こうして、福祉国家は、たとえ男性の物質的状況が失業などで貧困化したとしても、（原則として）すべての男性がシティズンシップを享受できるようにするため資源を提供する。ゆえに、あらゆる男性はシティズンシップの権利を与えられることで、市民としての等しい価値、シティズンシップの平等な享受を可能にし続ける資源に対して権原を得るのである。

一九八〇年代の約一〇年間、右派が資源の公的供給を攻撃したため、政治理論は福祉国家におけるシティズンシップの正当化に改めて関心を持つようになった。だが、こうした議論も、ラディカルなデモクラシー理論も、女性と自己所有の問題や、福祉国家に対する女性の「貢献」に関心を払っていない。福祉性差が政治的に重要だということは、国家が女性に強要する「貢献」なるものに反映されてきた。福祉国家においては、第8章「家父長制的な福祉国家」で論じたように、皮肉にも女性は福祉に貢献することを要請されてきたのである。ここで問題となる福祉とは、女性が家庭のなかで、子どもや老人、病人、弱者、そして夫のために提供する、私的な無償の「福祉」である。概して国家は女性に対し、つねに私的なつとめに沿うような要求をしたため、市民という地位は曖昧で矛盾するものとなった。女性の「貢献」は、シティズンシップの一部だとも、シティズンシップに関係するものとも見なされない。そうではなく、女性の「貢献」は、女性という性にもともとふさわしい私的役割の不可欠な要素だと見なされるのである。政治理論家は、こうした事柄について熟考してはこなかった。女性に課される要求という複雑な問題と、女性の公的な立場をめぐる矛盾は、政治理論の核心的な問いにとって非常に重要であるにもかかわらず、である。つまり、市民が国家に対して負わなければならない政治的義務とは一体何か、という問いである。

民主主義国家における政治的義務に関する文献はたくさんあるが、家父長的な権力によって構築された政治的秩序における女性の義務については、まるで語られない。たんに議題にならないというだけではない。政治的義務の標準的な議論では、国家の権力と市民の服従の正当性に関心が持たれているにもかかわらず、そもそも政治的義務の問題がなぜ存在するのかはほとんど明らかになっていない。国家が市民に対して何を正当に要求できるか問われないなら、正当化を定式化させようという努力には意味がなくなるだろう。この問題は、第3章「政治的義務の正当化」で論じたように、男性が生まれながらに自由かつ平等であり自己統治している、と前提されるため生じるのである。男性がみなこの地位を得ているのであれば、男どうしの優越性や従属という関係はまったく自然ではないことになり、他者による人（や集団）のいかなる統治も慣習に他ならず、男性自身がつくり出したということになる。生まれながらの自由と平等を仮定するなら、以下のようにいわざるを得ない。統治を唯一正当化できるのは、男性が支配されることに合意する時だけである、と。このような合意は、たとえば統治の契約を結んだり、統治されることに多様なやり方で同意《コンセント》することで表明される。男性は、他の男性に統治されることに同意しなければならない。だが女性は、生まれながらに男性に従属している。自然な性的支配は、政治理論が研究してきた伝統的関係からは除外されている。家父長的な統治には、いかなる正当化も必要ないというのである。

　男性の政治的義務は究極的には、必要とあらば国家を防衛するために命を投げ出す用意があるかどうかだ、ということで政治理論家は意見が一致している。それに対して、女性は武装し得ないし、また進んで武装する意思もないであろう、と広く信じられている。こうした主張は、女性参政権に対する激しい否定の中核にあったし、現代でも女性が軍の戦闘要員になることへの反対意見にその影響を見出すことができる。女性は、男性の究極の義務を共有しない。それに相当する女性の義務は何か、と現代の政治理論家は問うてきた。わたくしは、本書に収めた論文でその問いに答えてはいない。だが、答えを見つけるのはむずかしくはない。つまり、女のつとめは、その性に適してなければならない。国家のために死ぬという男のつとめに相当する女のつとめは、国家のために子を産むことだというのだ。[9]

第2章「兄弟愛的な社会契約」では、女性が政治生活から排除されなければならない理由を、出産が象徴しており、女性が生まれもった出産能力が、政治的秩序に女を組み込むおもなメカニズムでもあったと論じる。近代国家は、自らの人口の量と質に多大な関心を抱いており、女性は、母親あるいは潜在的な母親として、このような関心の対象とされている。「母性」は「男らしさ」や「女らしさ」と同様に、近代の政治生活で家父長的な政治的意味合いを持っていたのであり、「母性」こそ、政治的世界と女性の関係が逆説と皮肉に満ちたものであることを体現してきた。国家のために子を産むことは、福祉への「貢献」のように、女性が市民であろうとなかろうと遂行できる政治的なつとめである点に特色がある。少なくとも一七九〇年代以降、女性はそのつとめを果たすことはシティズンシップの一部であるべきだと主張してきた（もちろん、政治理論家の注意を引くほど声高ではなかったが）。このような女性のつとめの遂行は、国家の安定にとってきわめて重要なのにシティズンシップの外側に置かれ、むしろ母性は男性や市民のつとめに対立すると見られているのである。

以上のような考察は、男性は政治的義務を負っていることを示しているが、しかし、統治されるのに必要な合意が実際にどのように、いつ、いかなる形でなされるのか、というむずかしい問いはつねに残る。この問いに満足のいく回答はなされてこなかったし、わたくしは第3章「政治的義務の正当化」で、理論的・政治的に大きな変化がなければ答えは見出せないだろうと述べた。だが、男性の政治的義務についてのやっかいな問題が存在するとしたら、女性の義務の問題はさらに複雑で困難である。女性の政治的義務は、いかなる根拠に基づいて正当化されるのだろうか。女性は、男性と同じやり方で市民として組み込まれてはこなかった。女性の「貢献」は私的なものであって、シティズンシップとは無関係だと考えられている。そして、福祉国家が女性に与える給付はふつう、女性が市民として権利を持つからではなく、男性に扶養される私的な存在だから分配されてきたのである。女性はいかにして、統治されることに合意・同意したのか、という問いがいったん提起されると、問題はさらに解決しづらくなる。デモクラシー理論が論じてきた「同意」の問題は、投票、国家からの給付、公平な制度への参加など、明瞭なものにせよ暗黙のものにせよさまざまな（社会）指標をつうじて、どうやって合意（と見なされるもの）が得られるか、でしかない。デモクラシー論者は、男女両性の関係を構築する際にも同意は保持されている、という事実を考慮していない。

女性にとって私的生活における同意は、公的生活ほどではないにせよ、少なくとも公的生活と同じくらいに重要である。第4章「女性と同意」は、男性であり女性であることの意味や両性の現在の関係が家父長的に構築されている以上、果たして「同意」は私的生活・公的生活で真の意味を持ち得るのか、という問題を論じた。同意を拒否できない限り、同意について語るのは無意味である。第4章でわたくしは、女性と同意について（理論的にも実際上も）矛盾した見方があることに注意を喚起した。性的な事柄において女性の同意は、必要だが重要ではない。この矛盾は、「個人」つまり人身の所有権を持つ者という範疇から女性を排除しているために生じる。慣習法では、妻の身分は夫の保護下にあるとされたが、これは女性に所有権がないことを明示したものである。一九世紀中葉、女性は結婚すると独立した存在でなくなった。結婚した女性は、「夫婦の権利」を得た夫の「保護」の下に、つまり夫の所有物とされて、法的・市民的には姿を消した。「夫婦の権利」とは、たとえば、妻が望むと望まないとにかかわらず夫が妻に肉体的交わりを求める権利である。現在、既婚女性は再び市民的存在となったが、結婚における保護という慣習はなかなかなくならない。たとえば、オーストラリアやアメリカ合州国では多くの州で、近年法が改正され、夫婦間のレイプを刑事犯としたが、他の司法管区、特に英国では、妻になると承諾すれば、夫婦関係（性的関係）に同意しない権利を放棄することになるとされているのだ。

　性的関係では、女性の同意拒否――「いや《ノー》」という言葉を発するなど明確な拒否の意思を示すこと――は、もっと一般的にまるごと無効化されている。つまり、女性の拒否は「はい《イエス》」だと再解釈されるのである。女性が性行為を拒絶してもそのまま受け取るものではない、という考えはいまでも広く行き渡っている。女性が「いや」というとき、実はそれは「はい」の意味だとだれもが知っている、というわけである。この点を疑うなら、巨額の利益をあげるセックス産業やレイプ事件の判決がそうしたメッセージを発し続けていることを、よくよく考えるべきだ。わたくしが第4章「女性と同意」を書いた後も、強制された服従がいまだに同意だと解釈され続けている。[10] 男らしさというものを近代家父長制が構築していることが、訴訟事件によってもおおいに明らかになる。最近英国で、父親が精神的に発育の遅れた一二歳の義理の娘に性暴力を加える事件が起きたが、かれは保護観察をいい渡されただけであった。判事によれば、かれの妻が妊娠して「性的欲求を失った」ことは、健康な若い夫にとって重大な問題だった」からというのである。[11] 男性の女性支配と、「男」であるという意味には、女性に肉体的交わりを求める権利が含まれ、この権利は女性の拒否を不可能にすることを、その判事は明らかにできなかった。ならば、真の意味での同意とはどういう形で存在し得るのだろうか。

　同意の問題は、私的領域における関係に限定されない。わたくしは先にセクシュアル・ハラスメントについて言及したが、女性に男性が肉体的交わりを求める権利は、売買春などのセックス産業をとおして資本主義市場で是認されている。[12]女性の同意に関する問題はまた、政治理論家のシティズンシップ論にとって明らかに重要である。討論、発話、熟議は、デモクラシーの要と見なされている。たとえば、マイケル・ウォルツァーは、「重要なのは、市民どうしの論議である。デモクラシーは発話を重視する。……市民は何よりも論議という手段によってフォーラムに参加する」と述べている。[13]そしてベンジャミン・バーバーはいう、「公私にわたる市民自身とその生活を定義する重要な用語で、共同社会をいかに意味づけるのか。それは各市民に決めさせればよい。そうすれば、それ以外の平等はあとから付随してくるだろう」[14]と。だが二人とも、女性が同意を拒否することを男性が再解釈する点については、何も語っていない。女性の言葉が無意味だとすれば、彼女はどうやってそういう議論に加わるというのか。同意が一方の性の特権なら、参加デモクラシーはあり得るのだろうか。

本書は、なぜ政治理論において、フェミニズムの主張が主流の議論とは別々に発展しているかを説明する一助になるかもしれない。政治理論（と政治科学）はおそらく、「政治的なるもの」の探究というテーマを型どおり理解する性格なため、他の学問分野にもましてフェミニズムの議論に敵対的であろう。政治理論家の研究分野が家父長的にできているせいで、男性が女性にふるう権力の問題は吟味されていないし、政治生活やデモクラシーを考える際にそぐわないと見なされている。フェミニストと政治理論家の議論がたいていかみ合わないのは、意外でも何でもない。フェミニズムは、多くの人が考えているように、既存の理論や論議の方法に何かを付け加えるだけのものではない。むしろ、フェミニズムは近代政治理論の家父長的なあり方に異議を申し立てるのであって、政治理論家はフェミニズムからの批判に向き合って自らの論議のそもそもの前提を再考しなければならない。このようなフェミニズムの挑戦は特に、すべての市民の能動的な参加をもとめるラディカル・デモクラシー理論の場合に重要である。

だがラディカル・デモクラシー理論は、男性のイメージでシティズンシップがつくられている政治秩序のなかで、女性がどんな位置に置かれているかという問題に、いまようやく気づいた段階なのだ。

デモクラシー論者は、シティズンシップが家父長的につくられている意味をいまだに直視しておらず、女性が直面する複雑なディレンマを明らかにしたり解決するのに、ほとんど、いやまったく役立っていない。（わたくしが第8章「家父長的な福祉国家」で名づけたように）ウルストンクラフトのディレンマは、第一に、現代の家父長的な秩序のなかで、そしてデモクラシー理論の表向きの普遍的な範囲内で、能動的で立派な市民であるには、女性は当然男のようにならなければならないと考えられていることである。第二に、女性は二世紀もの間、その独自の特性と役割がシティズンシップの一部たるべきだ、つまり女は女性として市民であるべきだと要求してきたにもかかわらず、女性性という指標のせいで、女性はシティズンシップと対立し、よくてもせいぜいシティズンシップと相容れず矛盾に満ちたものと位置づけられるなら、その要求はとおらないことである。女性は、ライオンの皮やたてがみなどを身につけるか、あるいは、ラディカル・デモクラシー理論が前提とする新しい男性となるか、いずれかを期待されるのである。女性である市民が利用できる服はないし、政治理論で使える新しい民主的女性のヴィジョンもない。女性はつねに、「女」として、つまり男に従属するか男より劣ったものとして、市民的秩序に組み込まれてきた。そして、デモクラシー論者はいまだに、その代替案を定式化していない。ウルストンクラフトのディレンマは相変わらずあるのだ。女性が女性のままで、自律的で平等でありつつ男性とは性的に異なる存在として市民であるべきならば、デモクラシーの理論と実践は根源的に変わらなければならないのは明らかである。

そのように変わる可能性は、以前と比較して、二〇世紀末には高まった。家父長制は、かつてほど強固ではなくなっている。おなじみの政治学の論議は、現代の経済的・政治的変化とはしだいにそぐわなくなっているようだ。そしてフェミニストは、公私の家父長的な分離を政治的な問題と見なしはじめた。だが、反民主的な潮流もまた存在するし、フェミニストが望んでいるような結果が確実に現われるともいえない。フェミニストは、「男らしさ」「女らしさ」が意味するものや、具現化された女性や男性のアイデンティティそのものまで変化が及ぶというさらなる困難にも直面している。現在のところ、ラディカル・デモクラシー論者が追求する変化は、達成が非常に困難であることがわかってきている。男女両性の個人的・公的関係を、真に同意に基づく相互的な関係性へと変えるのは、さらに大変な課題である。にもかかわらず、「デモクラシー」がいつまでも男性の領分であるべきではないのならば、この課題に取りかからなければならない。フェミニズム理論には、果たすべき重要な役割がある。だが、新しい、真にデモクラシーにふさわしい理論が、主流の政治理論の内部で発展し得るかどうかは、これからの問題である。

1　厳密にいえば、「フェミニズム」「フェミニスト」という言葉をこのように用いるのは、時代錯誤的ではある。いずれの言葉も、一九世紀後半まで使われていなかった。以下を参照。K. Offen, "Defining Feminism: A Comparative Historical Approach", *Signs*, 14 (1988), pp. 119–57. だが、こうした時代錯誤はここでは正当化されよう。現在「フェミニズム的」と称される主要な問題や論議の多くがはじめて登場したのは三〇〇年前であり、もし名前をつけなければもっと意識化されず無視され続けただろう。

2　わたくしは次の拙稿で、ホッブズの前提と、かれが市民社会における男性の家父長的権利を認めていることについて論じた。C. Pateman, "'God Hath Ordained to Man a Helper': Hobbes, Patriarchy and Conjugal Right", in *Feminist Inter-*

pretations and Political Theory, eds. M. Shanley and C. Pateman (Cambridge: Polity Press, 1991), and in *British Journal of Political Science* (October 1989)〔C・ペイトマン／中村敏子訳「「神は男性を助けるべき者を定めた」――ホッブズ、家父長制そして婚姻の権利」、『思想』九一〇号（二〇〇〇年四月号）〕.

3 M. Astell, *Some Reflections Upon Marriage* (New York: Source Book Press, 1970), (from 4th ed. of 1730), p. 107.

4 近年の文献で、デモクラシー理論を語る際にフェミニズムが重要だと認めているのは、以下の二冊ぐらいである。P. Green, *Retrieving Democracy: In Search of Civic Equality* (Totowa, NJ: Rowman & Allenheld, 1985), D. Held, *Models of Democracy* (Cambridge: Polity Press, 1987)〔D・ヘルド／中谷義和訳『民主政の諸類型』（御茶の水書房、一九九八年）〕.

5 詳細な議論については、以下の拙著を参照。C. Pateman, *The Sexual Contract* (Cambridge: Polity Press, 1988; Stanford, CA: Stanford University Press, 1988).

6 以下を参照。J. M. Elden, "Political Efficacy at Work: The Connection between More Autonomous Forms of Workplace Organization and a More Participatory Politics", *American Political Science Review*, 75 (1981), pp. 43–58; E. S. Greenberg, *Workplace Democracy: The Political Effects of Participation* (Ithaca and London: Cornell University Press, 1986), especially chap. 5; E. S. Greenberg, "Industrial Self-Management and Political Attitudes", *American Political Science Review*, 75 (1981), pp. 29–42; E. S. Greenberg, "Industrial Democracy and the Democratic Citizen", *Journal of Politics*, 43 (1981), pp. 965–81; R. M. Mason, *Participatory and Workplace Democracy* (Carbondale: Southern Illinois University Press, 1982).

7 たとえば以下を参照。M. Porter, *Home, Work and Class Consciousness* (Manchester: Manchester University Press, 1983); C. Cockburn, *Brothers: Male Dominance and Technological Change* (London: Pluto Press, 1983); J. Wajcman, *Women in Control: Dilemmas of a Worker's Cooperative* (New York: St Martin's Press, 1983); A. Pollert, *Girls, Wives and Factory Lives* (London: Macmillan, 1981); S. Walby, *Patriarchy at Work* (Cambridge: Polity Press, 1986).

8 入手できる最近の例は、以下のものである。D. S. King and J. Waldron, "Citizenship, Social Citizenship and the Defence of Welfare Provision", *British Journal of Political Science*, 18 (1988), pp. 415–43.

9 ここでこの点に言及するのは、女性の市民としての位置の特異性を描き出すためである。わたくしは最近の報告で、このようなつとめについてさらに論じた。C. Pateman, "Women's Citizenship: Equality, Difference, Subordination",

presented to the Conference on Equality and Difference Gender Dimensions in Political Thought, Justice and Morality, European University Institute, Florence, December 1988.

10 たとえば以下を参照。S. Estrich, *Real Rape* (Cambridge, MA: Harvard University Press, 1988)〔S・エストリッチ／中岡典子訳『リアル・レイプ』(JICC出版局、一九九〇年)〕; L. Kelly, *Surviving Sexual Violence* (Cambridge: Polity Press, 1988); D. Russell and N. Howell, "The Prevalance of Rape in the United States Revisited", *Signs*, 8 (1983), pp. 688–95. 証拠の扱い方と、女性が信用できるかどうかの問題については、以下を参照。L. Bienen, "A Question of Credibility: John Henry Wigmore's Use of Scientific Authority in Section 924a of *The Treatise on Evidence*", *Californian Western Law Review*, 19 (1983), pp. 235–86.

11 *The Guardian*, 1 December 1988.

12 セックス産業では、同意の問題など存在しないとよくいわれる。女性は報酬と引き換えに、売春などを自発的に行ったり、自由意志で自分の身体にアクセスするのを許したり、自らの身体を露わにしているのだから、というわけである。マッキノンがコメントしているように、「セックスにおける同意……は、欲望の自由を意味するはずであり、普通の商業取り引きの際に提供されたサービスに対して支払うような報酬など必要としないはずだが、そんなことはどうでもいいということらしい」。C. A. MacKinnon, *Feminism Unmodified: Discourses on Life and Law* (Cambridge, MA: Harvard University Press, 1987), p. 11〔C・A・マッキノン／奥田暁子・加藤春恵子・鈴木みどり・山崎美佳子訳『フェミニズムと表現の自由』(明石書店、一九九三年)、一九頁〕.

13 M. Walzer, *Spheres of Justice: A Defence of Pluralism and Equality* (New York: Basic Books, 1983), p. 304〔M・ウォルツァー／山口晃訳『正義の領分——多元性と平等の擁護』(而立書房、一九九九年)、四五九頁〕.

14 B. R. Barber, *Strong Democracy: Participatory Politics for a New Age* (Berkeley and Los Angeles: University of California Press, 1984), p. 193〔B・R・バーバー／竹井隆人訳『ストロング・デモクラシー——新時代のための参加政治』(日本経済評論社、二〇〇九年)、三〇二頁〕.

(一九八九年)

第1章　「秩序を乱す女たち」
——女性、愛、正義感覚

ルソーは「演劇に関するダランベール氏への手紙」で、「酒を飲みすぎて身を滅ぼす人などひとりもいない。何もかも秩序を乱す女たち《ディスオーダー・オブ・ウィメン》が原因なのだ」と述べている。ルソーによれば、飲酒はふつう、それさえなければ心がまっすぐで誠実な男の唯一の欠点である。男が不道徳になるとすれば、酒のために分別を失うからにすぎない。飲酒は男を愚かにはするが悪人にはしないので、最悪の不道徳ではない。それに酒を飲んだおかげで男が悪事に手を染めないで済むのであれば、政治体制は危機には陥らない。ところがそれとは対照的に、「秩序を乱す女たち」はありとあらゆる不道徳を喚起し、国家の滅亡にもつながるというのである。

女性は政治的秩序を破壊する力だと考える社会・政治理論家は、ルソーばかりではない。フロイトは『文明への不満』の第四章で、女性は文明に対して「敵対的である」と論じている（かれの論議についても後述する）。ヘーゲルは似たような文脈で、共同体は「女性的なるもの」を「みずからの内面の敵とすることになる」と述べた。女性は「共同体の生活における永遠なる皮肉」であり、「女性が統治の頂点に立つときには、国家は危機に陥る」というのだ。[2] こうした主張は過去の遺物ではまったくない。自由民主主義諸国では女性にシティズンシップを付与するのはいまや当然であるにもかかわらず、女は政治生活にふさわしくないとか、女が国の命運を握ると危険だなどと、依然として広く信じられている。こうした思い込みは、非常に複雑である。本章はまずその中核のひとつを検討することからはじめたい。それは、女性には正義感覚が欠落しており、つくり出すことはできないという考えである。

女性は本質的に破壊的だとする考えは、[3] はるか古代にその淵源を有しており、わたくしたちの神話的・宗教的な伝統に深く埋め込まれている。とはいえ、「秩序を乱す女たち」ということが一般的な社会的・政治的問題になったのは、近代以降にすぎない。もっと正確にいえば、女性に関するもろもろの思い込みが社会・政治の理論と実践において（いつもというわけではないが）重大な問題となったのは、リベラルな個人主義が発展し、民主主義者や社会主義者がそうした個人主義を活発に批判しはじめてからである。近代以前の世界の概念では、動物や人間の生命は、神や「自然」の秩序に基づく創造物の序列の一部であった。人々は、支配・服従という自然の秩序の下に生まれるとされた。自然や文化は、年齢や性別、能力といった自然の差異に基づく社会生活の序列の一部だった。支配者とは、任務にふさわしい特性を「生まれつき」持っている人だった。社会生活をめぐる画期的な考え方が新しく生まれたのは、一七世紀あたりからである。「自然」と「社会」の関係や、女性と社会の関係は、本質的にやっかいなものになった。

人々は理性的な存在であり、互いに自由かつ平等に生まれ（生まれながらに自由かつ平等であり）、自分のために社会関係や制度をつくると見なされるようになった。特に政治制度は、契約・同意・合意といった慣習に基づくと考えられた。社会政治秩序は慣習に基づくとする考え方は、秩序と自然の関係を複雑な問題とし、それは三世紀経ってもまだ解消していない。慣習的なつながりや「市民の《シヴィル》」結びつきに場を生みだし地位を築く個人なるものの本性は、そうした問題のひとつである。どんな人も、必要な資質や生まれながらの能力を持っているのだろうか。それとも、市民生活へ参加するのに必要な能力がなかったり、向上させられない人もいるのだろうか。そうした能力のない人がいれば社会生活への脅威と思われるだろうし、だからこそ、女は危険であるという幅広い合意が見られるのだ。女は女であるがゆえに国の秩序を乱す、というわけである。

「無秩序（disorder）」という言葉は、基本的に二つの意味で用いることができる。第一に、暴力的なデモ、騒然とした集会、暴動、法と秩序の破壊といった、社会政治的な意味での「市民の無秩序」である。第二に、おかしな妄想とか、胃腸の不調といったように、心身の異常を表す場合にも使う。この言葉は、個人と国家いずれの状態にも用いられるのである。きちんと整理整頓されていない見苦しい「乱雑な（disorderly）家」を表すのに使われるときは、明らかに道徳的な意味合いがある。女は、その存在や本性からして必ず破壊的な影響を社会的・政治生活でふるうため、混乱の原因だとされる。女性の核心部分（道徳性）には、国家を破滅させかねない無秩序があるのだ。こうして女性は、自然と社会が対極にあるさまを示す、ひとつの事例とされる。女性にふさわしい場・社会的領域は生まれつき家庭とされるため、女がもたらす脅威はさらに深刻である。社会生活の個人主義的・慣習主義的な概念は、社会関係はみな慣習に則っているのかという別の疑問も提示する。家族は一見するとすべての人間関係《アソシエーション》のなかでもっとも自然なため、とりわけ女に適しているとされる。市民型生活の要求に合うように本性を乗り越えることなど女にはできない、と考えられているからである。だが、家族が自然だとすれば、それは（慣習的な）社会生活・政治生活と大きく異なり、対立するであろう人間関係である。秩序を乱す女たちという問題にはこのように二つの側面があるが、社会契約論者の著作、特にルソーの理論は、この両方を明らかにしている。

社会契約論者は、個人主義者・慣習主義者の考える社会生活について明確に説明する。かれらの論議は、自然と「慣習」という二律背反につきものの曖昧さと複雑さに依拠しており、それを例証する。女性に関するいまでも一般的な思い込みは、一七世紀の家父長的な主張に負けず劣らず、自然に訴えかけている。その思い込みはまた、もともとあるもの、「自然が秩序づけている」ものは善いに決まっている、と人々が広く信じているから成り立っている[4]。契約論者は、個人の本性という概念と、人々が自然に暮らす自然状態とに訴える。だが、契約説でいちばん重要な問題は、人々は自然状態でどのように暮らしているか、そこでは人と人はいかなる関係にあるのかである。

ルソーの契約論は、この問題を鋭く浮き彫りにする。かれは、契約論の画期的な含意を追究しようとした唯一の契約論者であったが、女性は政治的秩序にとって恒久的な脅威だと信じてもいた。ルソーは、いろいろな次元の社会生活の相互関係と人間の意識の変化に関心を持ったからこそ、かれの理論には深い社会学的な洞察がいくつか見てとれる。ルソーは『人間不平等起源論』で、リベラルな契約論者が唱える抽象的な個人主義を批判する。リベラルな契約論者は、人間性にもともと備わるごく普通で生まれつきの条件を前提とした。しかしルソーによれば、自然状態は厳密にいえば非社会的であり、さまざまな動物しか暮らしていない。そのうちのある種だけが、人間に進化する能力を秘めているという。つまりルソーは、孤立した個人、ひとかたまりではなくバラバラと見なされる個人に生まれつき特性があるとし、そこから一定の政治的な結論を導きだせるという、リベラルな契約論者の考え方を退けた。ルソーの大前提は、人間の生活は社会生活である、社会性は人間にとって自然である、というものである。

ルソーによれば、社会の自然状態とは（孤立した）個人でなく家族である。この点ではかれはロックに賛同している。ルソーは「あらゆる社会のなかでもっとも古く、またただひとつ自然なものは家族という社会である」と述べる。[5] いい換えれば、家族はもっと大きな社会制度すなわち「市民社会」に先行し、市民社会がなくとも存在できる。つまり家族は、自然状態で存在するのである。家族はまた、愛や愛情といった自然な結びつきに基づく（愛や愛情が自然なのは、それが、飛行などとは違い、人間の能力に備わっているからである）。家族の起源は、生殖という生物学的プロセスに、男女の生来的な違いにある。家族は、自然の秩序で生じる社会制度の代表的な例だ、とルソーは述べる。家族では、年長の者は若い者の上に立ち、男性は女性より権威を持つのが自然だからだ、という。ルソーにとって、家族は必ず家父長的なのである。

自然状態は市民社会と対照をなすが、家族はいずれの存在形態にもある。家族は、自然に基づく状態と、市民生活の慣習的絆の境界をまたぐ。家族を慣習的・契約的な人間関係として示そうとした社会理論家・政治理論家は、ホッブズのような明らかな例外を除くと、[6] ほとんどいなかった。実際、ヘーゲルは『法の哲学』で、結婚や家族をたんなる契約的な結合と見るのは「恥ずべきこと」だと主張している。家族は一般的に、市民生活の自然な基盤と見なされている。家族関係・家庭内《ドメスティック》関係は、生物学や感情といった自然のつながりの上に成り立っており、家族は有機的な単位がそれぞれ結びついてできる。しかし、市民社会の基盤という家族の位置づけは、「自然状態」と「市民社会」では社会生活が非常に異なり、市民生活にまでその違いが及んでいることを意味する。人間関係において、公私の領域、普遍的領域と個別的領域を区別し分離することが、社会生活についての近代のリベラルな考え方にある基本的な構造原理なのである。自然で個別的な家族は私的領域の中心に位置しており、公的生活の非個人的で普遍的な「慣習的」絆とは完全に対極にある。

ロールズは近年、「正義は社会の諸制度がまずもって発揮すべき徳である」と述べている。[7] 同様にフロイトは、「文明の第一の要求……は、正義の要求、すなわちひとたび生まれた法秩序が、個々の誰かひとりの都合でふたたび破られることがないとの保障である」と主張した。[8] だが、正義はすべての社会制度の徳であるわけではない。本章のこれまでの議論が示唆し、フロイト（およびヘーゲル）がいうように、家族の第一の徳は、正義ではなく愛である。家族は、慣習的な社会制度ではなく、自然な社会制度である。しかし正義は、公的あるいは慣習的な徳である。家族において個人は、固有でかけがえのない人格であり、感情に基づくそれぞれ異なった単位の一員と見なされる。一方、市民生活において個人は、私的領域で区別の手がかりとなる各々の性質や属性を乗り越えたり排して、血縁のない平等な存在と見なされる。権利（自由）を有し財産を所有する市民として、個人主義・普遍主義の領域に入るのだ。市民的な人間関係においては、個人は相互に結びつき、万人に公平に適用される一般的・普遍的な法規で行動が管理される。この法規は、あらゆる人の権利と財産を保護する。どんな人も規則に従い、いわば正義を守るものと規定される。個々の私的な利益は、公共の利益や正義の徳よりも下位に置かれるのである。

正義感覚や秩序の道徳性を向上させれば、人々は市民的な人間関係に関わる規則をもっと進んで支持することだろう。人々は、社会政治的秩序の一般法規を「内面化」し、監視されるのは当然だと理解し、それ相応に行動したいと思わなければならない。正義感覚は、公的秩序を守るのに不可欠である。だが、女性のように（とルソーやフロイトはいうのだが）生まれつき正義感覚を向上できない人がいたら、市民的な人間関係の基盤は脅かされる。市民的な人間関係は、無秩序になる原因をずっと内に抱えているのである。女性は、生まれながらに道徳的能力を欠き、家庭生活という「自然の社会」にしか適さないため、それだけ市民的な人間関係への脅威も高まる。だが、そもそも家族そのものが市民生活にとって脅威である。愛と正義は、相容れない徳である。愛や家族の絆は各人の要求であり、それゆえ公共の（普遍的な）善より私的利益を下位に置くよう求める正義と、直接衝突せざるを得ない。こうして家族は、国家の基盤でありながら、国家と対立する。正義の感覚を持たず、家庭領域から離れられない女は、市民生活の正義を支える男たちの正義感覚を阻害し脆弱にするだけの存在である。ヘーゲルは、「女性的なるものは、国家の共有財産を家族の所有物と装飾品たらしめる」という[9]。

ルソーとフロイトは、女性が正義感覚を向上できない理由について、非常によく似た診断を下している。二人とも、解剖学的構造によって女性は運命を定められているとする。生物学的な（自然の）男女の差異は、それぞれの道徳的性質に影響を与え、関係しているというのである。ルソーは、秩序を乱す女たちという問題はその際限なき性的情念に原因がある、と述べている。かれはフロイトに先駆けて、女性は男性と同じように性欲を抑制し昇華させることはできないと主張した。男性は能動的・攻撃的な性であり、「自然によって制御されて」いる。それに対して、受動的・防御的な性の女性は、つつましさによって制御する以外にない。ゆえに、性行為には二重基準がなければならない。両性の情念に同じ自由を与えてしまうと、「男性は……結局、［女性の］犠牲となり、みんな死に追い込まれるような目にあいながら、どうしてもそれに抵抗することができない、ということになるだろう[10]」。つつましさは女性が生まれもったものだが、つつましいと性的欲望を抑える力が弱まり、不確かになるという。ルソーはさらに「演劇に関するダランベール氏への手紙」で、次のように述べている。「仮に、恥じらいという特別の感情が女性にとって生得的なものであるということが否定できるとしても、社会において……

女性は家庭生活に関係のあるさまざまな原則に従って育てられなければならない、ということが真実であることにはいささかも変わりありません。もし彼女たちにふさわしい、はにかみ、恥じらい、つつましさなどが社会的な発明であるならば、女性がこれらの特質を獲得することが社会にとって重要になります」と。[11]しかし、特につつましさを育む教育でさえも、女性が秩序を乱すのを十分防ぐことはできない。ルソーは『新エロイーズ』で、その実例をなまなましく描いている。ジュリは貞淑であることしか望まず、妻として母親として模範的な生活をおくっている。だが彼女は、ありとあらゆる努力をし、ヴォルマールが用意した数々の試練をうまく乗り越えたかに見えて、結局はサン゠プルーに対する恋心を抑えきれない。もしクラランの街の秩序を絶対に乱してはならないとすれば、ジュリに残された道はひとつしかない。つまり、秩序を乱す女たちという問題を解決する策は、ジュリの「不慮の」死しかないのである。

ルソーとフロイトによれば、男女のこうした根本的な差異は、社会生活のそもそものはじまりから存在し、まさに社会生活を構成している。ルソーもフロイトも、市民社会《シヴィル・ソサエティ》あるいは「文明《シヴィリゼーション》」を創造するのは男の仕事だと主張する。ルソーが両性を平等と考えるのは、動物が（非社会的な）真の自然状態にあるなかで男と女が孤立しているときだけである。社会生活は家族生活として現れる。社会生活の出現を説明しながら、ルソーは突然こう宣言するのだ。「両性の生活様式のなかに最初の差異が確立した。……女性たちは……小屋と子どもたちとを守ることに慣れていった」[12]。ルソーは市民社会の発展と人間の本性の変容の推測的歴史を、男性の活動および男性の本性の歴史の延長と考える。フロイトも『文明への不満』で、市民社会（文明）の発展に関する推測的歴史を示した。フロイトは、いったん「性の満足への欲求がもはや、突然自分のところに現れる客人のような外観を持たなくなれば[13]」、男には女を身近に置く理由が生まれ、それに対して女は、無力で幼い子どもたちを養育するために男に従わざるを得なくなった。いったん家族というものが確立すると、文明の発展はもっぱら男の仕事となった。文明の発展には、「欲動の昇華という、女にはその任にほとんど耐えられないこと」が要請されるからである。男にしか情念を昇華させる能力がないので、市民生活に必要な正義を遂行できるのも男だけである。また、男が公的生活に関わり、そのため他の男たちを頼りにすると、妻や家族に割くエネルギーはほとんど残らない。「そうなると女は、自分が文明の要求によって背後に押しやられていると感じ、文明に対して敵対的な関係に立つことになるのである」[14]。

なぜ女性は男性よりも、情念をあまり昇華できないのか。いかにして「社会的存在としての女性の性格が形づくられる」[15]のか。フロイトが精神分析理論を定式化するまで、その説明はなされなかった。ルソーは、この点で男と女は異なることとしかわからなかった。だから、今後ますます秩序を乱し正義に無関心になる若い女性へ、教育を勧めた。女性は「生まれつき」「男のいいなりになり」、「男に不当に扱われても我慢する」ようにできている[16]（ヘーゲルは、女性を自然状態のままにしておくことに満足していたようだ。かれは、「どうしてかはわからないが、いわば表象の醸しだす雰囲気をとおして、生活をとおして、教養を身につける」のが女性だと述べている)[17]。フロイトによれば、女性に正義感覚がなかったり不足しているのは、エディプス・コンプレックスを克服する方法が男女で異なること、それゆえ超自我の発展も異なることで説明できるという。超自我は「わたくしたちにとって、あらゆる道徳的制限の代弁人」[18]であり、特に、正義が要求するもろもろの制限の代弁人である。

超自我が十分発達しているのはもっぱら男性なので、文明はもっとも深い意味で男性の仕事とされる。超自我の発生は、家族からより広い共同生活へという（推測的歴史の）「原初的で」重要な移行と結びついている。フロイトによればまず「最初に」、「原始の」息子たちは愛すると同時に憎悪もしていた「原」父を殺した。憎悪に基づくこの恐ろしい行為のために、息子たちの愛から後悔と罪悪感が生じ、かれらと亡き父親との同一化をとおして超自我が発生する。兄弟は、父親の殺害という恐るべき行いをふたたび繰り返さないために必要な共通の制限を互いに強いた、とフロイトは論じている。こうして、正義という公的な徳、すなわち市民生活に必要な「最初の「権利」・「法」」が、男性によって確立された。女性は、こうした展開に加わっていなかった。[19] 現在では、男児と女児でエディプス・コンプレックスの克服の仕方が異なるのは、正義・政治的権利・超自我に純粋に男性的な「起源」があるためとされる。

男児は、エディプス・コンプレックスを克服するのにドラマティックな過程を経る。男児は「去勢された」女性器を見ると、去勢の不安を強め、自分を父親と同一化せざるを得なくなる。こうしてエディプス・コンプレックスは「文字どおり砕け散る」[20]。エディプス・コンプレックスの「相続者」である超自我が、かわりに発達しはじめる。男児は父親の自我を自分の自我に「同一化し」、父性的な行為主体に体現されたあらゆる自己抑制を内面化させる。男児は一人の道徳的個人となり、やがて一個の「男性＝人間《マン》」となる。超自我を形成して、「個人を文化的共同体に組み込むのを目指す過程の一切」を始動させるからである。[21] ところが、女性の過程はこれとはかなり異なる。女性はすでに「去勢されて」おり、男児と自分を比べてこの恐るべき発見をすると、女性のエディプス・コンプレックスは破壊されるのではなく形成されるのである。女児が父親を愛情対象に選ぶまでには、紆余曲折を経なければならない。女性は決してエディプス・コンプレックスを克服しないのだ。そのため女性には超自我がないか、せいぜい、男性よりもはるかに弱い超自我しかないことになる。フロイトは、「女性にとって道徳的正常さの水準は男性とは別なものとなる。……女性の超自我は決して、男性の超自我に求められるほど厳格にも非人格的にも、その情動的根源から独立したものにもならない。女性は正義感覚と、生活上の大きな必然事に従おうという傾向が男性に比して貧しく、物事の決断において情愛や敵対の感情によって流されやすい」と述べている[22]。

　フロイトによれば、エディプス・コンプレックスの形成と消滅は、人間という存在に普遍的に見られる特徴のひとつである。ゆえに、男女で道徳的能力に差があることを、受け入れなければならないという。ルソーの考えでは、自然の秩序が社会に反映されている。フロイトは文明の形成に必要なコストを強調するが[23]、女性による無秩序がそのコストに含まれるかどうかについては何も示唆しない。しかしルソーは、女性の影響から国家を守るには、クラランの街のように、家庭生活のあらゆる活動で男女を厳格に分離するしかない、と結論づけている。たとえつつしみ深い（善き）女性であっても男性を堕落させる影響力を持つのだから、男女の分離は必要である。女が秩序を乱せばつねに、男を市民的徳《シヴィック・ヴァーチュー》から引き離し、正義を貶める。だが、分離は予防的な手段でしかない。分離しても、秩序を乱す女たちという問題そのものがなくなるわけではないのである。

　男女の分離が論理的限界にぶつかると、それがわかる。つまり妻妾部屋《ハーレム》である。妻妾部屋は、「悪に染まるのを防ぐのにいい隠れ家」であり、女性が「自分を忘れることはないし、身震いする危険もない」場所のように見える[24]。にもかかわらず、ユスベクが悟ったように、妻妾部屋においてさえも無秩序は起こり得る。『新エロイーズ』のヴォルマールは、高い正義感覚を備えた賢明な男性の典型だが、そのヴォルマールをもってしてもクラランの街を守りきることはできない。ジュリは、ヴォルマールは決して「厳粛な夫婦関係」を壊さないし、自分に寄せる想いさえ「愛そうと思うだけしか愛さず、しかも理性が許すだけしか愛そうと思わない」程度にすぎない、と語っている。[25] だが、ジュリの情念はヴォルマールの正義を打ち負かしてしまう。妻妾部屋もクランも、真の隠れ家を提供できず、脆弱な超自我や生まれつき持たない昇華能力を補えない。いかなる社会的状況でも、「まじめな女性の人生は、ずっと自分との闘いなのだ」[26]。ジュリは死の床ですべてを語る。「わたくしは過去の事は誇ってもよいと思います。けれども、これから先の事を誰が保証できましたでしょう？　あるいはもう一日でも生き延びれば罪を犯すところだったでしょう！」と。[27]

ルソーは、秩序を乱す女たちという問題について多くの洞察を披歴している。だがまったく驚くべきことに、かれは家族が提起する問題をほとんど自覚していない。ルソーの政治理論は、党派的な集団の私的利益と、政治秩序をつかさどる一般意思（あるいは正義の原理）との対立を強調する。しかしかれは、家族も正義を脅かす党派的集団であることを見落としている。ルソーは、家族、すなわち父親を家長とする小さな国家《コモンウェルス》を、国家の基礎として描く。「契約による結びつきをつくり上げるためには自然の手がかりはいらないのか。身近な者にたいして感じる愛は国家にたいして持たなければならない愛の根源ではないのか。小さな祖国、それは家族なのだが、この小さな祖国をとおして人の心は大きな祖国に結びつけられるのではないのか。よい息子、よい夫、よい父親が、よい市民となるのではないのか」[28]。父親の正義感覚が、自分の家族への愛や、家族の利益を守ろうとする欲求や、妻から受ける有害な影響を乗り越えられるほど十分に強固であれば、おそらくそうなのであろう。フロイトによれば、性的満足を伴う愛であれ「目標を制止された」愛であれ、公的生活との対立は避けられない。「愛が文明の利害に逆らう一方……、文化は手痛い制限を課して愛を脅かすのである」。家族の結束が緊密であればあるほど、公的生活に参加するのがそれだけ困難になるというのである。[29] フロイトはこう付け加えるかもしれない。夫や父親は家族の利益のために懸命に働けば働くほど、ますます、正義の要請よりも自分たちの利益を優先させるようになるだろう、と。愛という徳と正義という徳は、なかなか融和できないのである。

おかしなことに、家族が社会を「生み出す起源[30]」という意味で社会生活の「基礎」であり、自然との境界にじかに接しているせいで、女性は生まれついての破壊分子だとも、秩序と道徳の守り手だとも見なされる。出産し、次の世代の教育に主たる責任を負うのは、女性である。非社会的で両性具有の赤ん坊を「男児」や「女児」にするのは、母親なのだ。ルソーは、女性の母親としての役割を賛美している。かれは、母乳で育てる道徳的意味を力説した最初の論者のひとりである。たとえば、ジュリが自然を生かした庭をつくるとき、その作業と母親としてのつとめがぶつからないようにしたというのを、几帳面にも忘れない(だが、ジュリの母親としてのつとめは早くに終わり、男性家庭教師があとを引き継いだことは留意すべきである)。秩序を守る女性のつとめは、母性の枠を超える。女性は家庭生活という避難所のなかで、一定の秩序、一定の社会生活を押しつける。そうして女性は、生死など身体に関わる自然現象や土と原料といった、家庭生活に欠かせない自然界に意味を与える。女性は、自然と社会の橋渡し役なのである。しかし、自然に直接向き合い、出産などの身体機能ゆえに、女性は自然の一部のように見え、自然で社会的な家族の多義的な地位を体現する[31]。女性は秩序を押しつけ、道徳を育む。だが日常的に土に触れ、人間がほとんど制御できない自然現象と接触もする。そのため、女性は不浄な存在というそしりを免れず、存在自体の自然性を払拭できない。こうして女性は、秩序と無秩序、道徳性と際限ない情念の両方を、表象する。

ここで、次の点を確認しておきたい。女性(およびその男性の親族や保護者)が、こうした自然との接触や生まれもった機能、無秩序をもたらす可能性を隠蔽するために、清潔さを示すことがある。つまり清純であると表明するのだ。『ペルシャ人の手紙』のなかで、宦奴頭はユスベクに、つねに自分は妻妾部屋の女性たちを「殊の外きれいにいたし……そのためには申上げようもない心配をいたす」よう訓練されてきた、と力説する。[32] ルソーは、「不潔にしている女ほどいやらしいものは世の中にはないし、そういう女に愛想をつかす夫は決してまちがっていることにはならない」と断言している。エミールはこうした欠点をソフィーに見出すことはぜったいにないだろう。「彼女にとって、十分すぎるほど清潔だということは決してない。……彼女は菜園を見廻ることをいつも喜ばなかった。……土は不潔である。……完璧な清潔さは……習慣になって、彼女はそのためにかなり長い時間をとられ、ほかの時間にも、そのことばかり気にしているのだ。だから、何をするにしても、彼女には、どうやるかは二次的にしか考えられず、清潔にするということがいつも真先に考えられるのだ。……ソフィーは清潔《クリーン》な女性以上のものだ。彼女は清純《ピュア》な女性だ[33]」。

ルソーやフロイトなどの重要な理論家の著作には、個人と社会関係との弁証法、家族と市民社会との弁証法における矛盾と対立について、深い洞察が見られる。だが残念なことに、正義をテーマとする最近の著作でもフェミニズムの書物でも、たいていはそうした洞察が無視されている（認識すらされていないというべきかもしれない）。これは、リベラルな資本主義国家のイデオロギーとして、リベラリズム理論が過去三世紀もの間力を保ってきた表れである。そのイデオロギーの中核には、政治的領域と私的領域の区分がある。リベラリズム理論の最初期には、社会契約説の側とそれを批判する側の論議で明白だった数々の課題は、いまや無視されるか、何の問題もないと見なされている。ことに、自然と慣習、愛と正義の緊張関係は、ずっと取り繕ったり隠蔽されてきた。

たとえばメアリ・ウルストンクラフトやジョン・スチュアート・ミルのような初期のリベラル・フェミニストは、女性には正義感覚が欠落していると認めたが、この件に関してルソーに比べまったくうわべの分析しかしていない（かれらの業績を過小評価するつもりはないが）。かれらはこの解決策は、何より教育によって、自由・平等・理性というリベラルな原理を女性に拡めることだと考える。『女性の権利の擁護』でウルストンクラフトは、「人間と市民の権利」を両性に拡大すべきだと訴えた。理性に性別はないというのである。男女の徳が異なるのは、女性が「人為的」につくられてきたからだろう。つまり、女性は教育（いや正確にいえば、教育の欠如）のせいで、男性に依存し、卑しく利己的になり、周りの社会に興味を持たないため正義感覚を発展させようがない、というわけである。ミルも『女性の解放』で同じような主張をしている。かれによれば、この社会制度を支配している自由・平等の原理が性的関係にも適用されたら、女性はどのように変化するかわからないのだから、女性が「生まれつき」従属するだけの存在だなどとはいえない。人はできる限りさまざまな公的制度に参加して、正義感覚を発展させるものだ。ところが女性は、家庭（法が「専制主義の学校」と定めるもの）に閉じ込められるために、自分の嗜好と公共の利益を秤にかけることを決して学べない、という。

ミルとウルストンクラフトの主張には、明らかな問題がある。両者とも、女性にはしかるべき教育が必要であり、女性が男性から経済的に自立できるような機会を拡げなければならないと主張しながら、そうした機会は大多数の女性にとってどうでもよいことだろうと決めてかかっている。たいていの女性は、育児のおもな責任をずっと担うだろうから、家庭のなかで働き続けるというのである。だがこれでは、いくら法と教育を改革しても、男性の道徳的理解力は女性よりもいつまでも高いままである。女性は家庭のなかにいたのでは、社会経験を積んだり実用的な教育は受けられず、正義感覚を発展させ無事に政治生活に参加できるようにはならない。秩序を乱す女たちという問題は、教育によって軽減されるにしても、なくなりはしないのだ。ミルやウルストンクラフトのようなフェミニストの主張は、家族は自由主義国家の基盤になり得ると前提にしているものの、同時に、愛と正義が対立する可能性も含む。ミルはここでも教育こそ解決策だと考える。教育を受けた人は男でも女でも、「下等な」情念を自制し克服できるはずだというのである。[34]ウルストンクラフトは、愛すなわち性的情念を、平等な者どうしの友情や敬意と対比させ、後者こそ結婚と家庭生活の唯一絶対の基本であると述べている。ルソーも、性的情念を家庭生活の基礎とするのは「誤り」だと考えた（ルソーは、ジュリの愛人サン＝プルーが善き夫になれないのは火を見るより明らかだとした）。かれは「結婚はもっぱら夫婦が自分たちだけのことを考え合うために行われるものではなく、協力して公民としての義務を果たし、慎重に家を治め、子どもたちを立派に育てるためなのです。恋人どうしは自分たちだけしか決して見ず、絶えず自分たちのことに専念するのでして、できることは唯ひとつ、愛し合うことだけなのです[35]」と主張した。

しかし、ルソーが考える女性の本性や女性教育からすれば、友情や敬意に基づいた結婚など不可能である。これは、かれが描いたヴォルマールの徳とジュリの愛の物語にはっきり示されている。性的魅力は結婚の礎にならないといくらいったところで、女性は生まれつき性的情念に完全に支配されていると思い込んでいるのであれば、何も解決しない。一般的に、リベラル・フェミニストは、男女関係がリベラルな基本原理やそれに基づく社会改革案と矛盾しているとは認識するが、秩序を乱す女たちという問題の核心を突いていない。リベラル・フェミニストの主張は、家庭生活と市民生活の区分（性的な区分でもある）を認めるため、損なわれている。女性や愛を、正義の対極に位置づけるのである。リベラリズム理論は、自然と慣習の対置を前提としているが、そうした対置は容認できるものでもないし、またその意味が追究されているわけでもない。ロールズのきわめて影響力のある著作『正義論』には、正義感覚の発展に関する記述があり、リベラリズムがいかにこの問題を一貫して曖昧なままにしてきたかを示す。

ロールズは、ルソーとフロイトを参照したと明言する。だが、ルソーとフロイトが正義の問題と男女関係を関連させたことについては、評価したそぶりは見せない。ロールズは、男女を区別しないで説明する。「わたくしたちの道徳的理解は、人生の途上においてさまざまな地位の系列を歩むにつれて、増大する」[36]。正義感覚は、三段階を経て発展するという。まず、子どもは両親から「権威の道徳性」を習う。次に、人はいろいろな制度のなかで多種多様な役割を担う際に、「連合体の道徳性」を培う。これは、正義と公平性という協調的な徳が特徴の道徳性である。最後に、わたくしたちは「原理の道徳性」の段階に至る。この段階では、社会的秩序における正義の根本的な役割を理解し、それを支えたいと考えるようになる。こうして正義感覚は獲得される。さて、いうまでもなくこの説明には、明らかにリベラル・フェミニストの主張と同様の欠点がある。ロールズは、「さまざまな地位の系列を」歩むことができる場合に限り、男性と女性はいずれも正義感覚を発展させるだろうという。ロールズが「家族の廃止」なる主張を退けるのは当然だろう。だがかれは、性別分業についても、女性にふさわしい領域は家庭生活とする考えについても、何も語らない。それどころか、公的に認められた正義の概念が社会生活を統制するのであれば、正義は「自然秩序の配剤をわたくしたちに受け入れさせる」と述べている[37]。自然なこと、自然の秩序に沿うこととは何か。社会生活やそれに必要な徳を男女で区分すること（つまり、慣習的な政治生活と正義は男性のもので、家庭生活と愛は女性のものだ、と区分すること）以外に何があるだろうか。

本章で概説してきた数々の問題に対するフェミニズムの反応のひとつに、自然の痕跡をあとかたもなく一掃すべきとする要求があった。ファイアストーンは『性の弁証法』で、女性と自然の問題は人工生殖で解決でき、これによって、大人と子どもの関係などあらゆる関係性が慣習や自由な選択に基づくようになる、と主張している。だがこれは、社会生活全体を、哲学的・社会学的に一貫性のない抽象的な所有的個人主義のイメージに合わせることができるといっているようなものだ。このような「解決策」は、自然と社会の関係をつくり直そうとはせず、従来どおり対置させたままでしかない。他方、秩序を乱す女たちという問題について、もうひとつ別の反応もある。「正義」は男性の業績で女性を支配する一因なのだから、女性は全面的に拒絶し、自分たちの生活を愛・感情・個人的関係に基づくものにつくりかえるべきだという主張である。だがこれは、問題の解決というより、自然に対する宣戦布告のようなものである。いずれの反応も、リベラリズムの考え方と決別しておらず、個人と社会生活の弁証法、個別的で個人的なものと普遍的で政治的なものという弁証法を考慮できない。自然を技術的に排除したり、正義との関連を一切認めないのは、人間の生活における基本要素をなくせばよいという考えである。わたくしたちは、リベラリズムの自然と慣習の関係について家父長的な考えであると批判を展開し、民主的で性差別のない実践の理論の基礎をつくるという、はるかに困難で複雑な課題に着手しなければならないのだ。

こうした批判に対する出発点を、本章で取り上げた理論家の識見や欠点は提示してくれる。本章では、「愛」すなわち性的情念に焦点を当てた。しかし、喫緊の課題は、リベラリズムの正義の認識とは別のものを示すことである。リベラリズムは、正義感覚はひとつしかなく、あらゆる人が社会制度を円滑に移動することで向上すると考える。リベラルな資本主義体制で、男性も女性も、労働者階級も中産階級も、同じように発展すると無批判に認めているからこそ、そう主張できるのである。女性が従属し「生産組織が専制的[38]」な現実が自然だと見なされていることは、眼中にない。抽象的な個人主義やリベラルな国家論に対するルソーの批判は、批判理論を組み立てるのに役立つだろう。性生活と政治生活の関係についてのルソーの多くの洞察は、家父長主義さえ解決すれば、愛と正義の関係に関する批判理論にとってきわめて重要だからである。同様に、フロイトの精神分析理論も不可欠だが、市民社会の発展の歴史を説明するのに用いる際は注意を要する。家庭での人間関係の一定の枠組みや、「男性性」「女性性」を含んでいるからである。また、フロイトも指摘するように、「個人」や「文明」の抽象理論と考えてはならない[39]。このような注意事項を聞けば、たじろぎ、とても手に負えない課題と思うかもしれない。だが、秩序を乱す女たちという問題は、当然の事実ではなく、社会生活における問題と見なされるようになり、わたくしたちの個人的生活・政治生活の構造が、リベラルな家父長制イデオロギーにあることが明らかになってきた。また、これを明らかにするのがわたくしたちの課題である。

1　J.-J. Rousseau, *Politics and the Arts: A Letter to M. D'Alembert on the Theatre*, tr. A. Bloom (Ithaca, NY: Cornell University Press, 1968), p. 109〔J－J・ルソー／西川長夫訳「演劇に関するダランベール氏への手紙」、『ルソー全集』第八巻（白水社、一九七九年）所収、一三一－一三二頁〕. ルソーは、若者には別の欲望があるので酒に溺れるのは老人である、とも述べている。若者が破壊的かどうかは、本章が扱うべき範囲外である。

2　G. W. F. Hegel, *The Phenomenology of Mind*, tr. J. B. Bailie (London: Allen & Unwin, 1949), p. 496〔G・W・F・ヘーゲル／金子武蔵訳『ヘーゲル全集5　精神の現象学　下巻』（岩波書店、一九七九年）、七七四頁〕. G. W. F. Hegel, *Philosophy of Right*, tr. T. M. Knox (Oxford: Oxford University Press, 1952), addition to par. 166〔G・W・F・ヘーゲル／

上妻精・佐藤康邦・山田忠彰訳『ヘーゲル全集9b　法の哲学　下巻』（岩波書店、二〇〇一年）、三三三頁〕.
N・O・コヘインは、特に古代ギリシャの思想とボダンの理論に触れつつ、女性は政治的領域に入るべきでないという信条にはさまざまな側面があることを論じている。N. O. Keohane, "Female Citizenship: 'The Monstrous Regiment of Women'" (paper presented at the annual meeting of the Conference for the Study of Political Thought, New York, 6–8 April 1979).

3　女性は古来、道徳性と秩序の守り手とも考えられてきた。こうした矛盾した見方については、本章の以下の部分で簡潔に議論したい。さしあたりここで指摘しておくべきは、女性に関するこうした二つの考え方が、ただちに対立し合うわけではないということである。女性によって表象される「道徳性」および「秩序」は、政治的領域の「秩序」と同じではない。

4　しかし、ニーチェの以下の言葉と比較してみよう。「君たちは「自然に従って」生きようと欲するのか？ それにしても何という言葉の欺きであることか！ 自然といわれるものの何たるかを、考えてみるがいい。それは、きりもなく浪費するもの、はなはだもって無頓着なもの、意図もなければ顧慮もないもの、慈悲もなければ正義もないもの、豊饒かつまた荒涼として、しかも同時に不定なもの、である。その無関心そのものが権力でもあることを考えてみるがいい、――君たちは、こうした無関心に従って生きることなど、どうしてできようぞ？」(F. Nietzsche, *The Complete Works*, ed. O. Levy (London: Foulis, 1911), vol. 12, *Beyond Good and Evil*, tr. H. Zimmer, chap. 1, par. 9〔F・ニーチェ／信太正三訳「善悪の彼岸」、『ニーチェ全集11　善悪の彼岸　道徳の系譜』（ちくま学芸文庫、一九九三年）所収、二六―二七頁〕）。女性はいかなる存在かというわたくしたちの理解に含まれる、これと同様の両義性と矛盾は、「自然」に関するものでもある。社会生活は、たとえば自然や「自然の秩序」における調和を正しく反映したものだと見なすことができる。そうかと思えば、自然とは、制御不能なもの、恣意的なもの、変わりやすいもの、取るに足りないものの領域であり、社会生活においては超越すべきものだと見なすことも可能である。「自然」に含まれるさまざまな意味と、女性との関係については、以下の議論がある。C. Pierce, "Natural Law Language and Women", in *Women in Sexist Society*, eds. V. Gornick and B. K. Moran (New York: Basic Books, 1971).

5　J.-J. Rousseau, *The Social Contract*, tr. M. Cranston (Harmondsworth, Middlesex: Penguin Books, 1968), bk 1, p. 50〔J-

J・ルソー／桑原武夫・前川貞次郎訳『社会契約論』（岩波文庫、一九五四年）、一六頁〕.

6 ホッブズが家族をどのように認識したかについては、以下の文献で議論している。T. Brennan and C. Pateman, "'Mere Auxiliaries to the Commonwealth': Women and the Origins of Liberalism", *Political Studies* 27 (1979), pp. 183–200.

7 J. Rawls, *A Theory of Justice* (Oxford: Oxford University Press, 1971), p. 3〔J・ロールズ／川本隆史・福間聡・神島裕子訳『正義論［改訂版］』（紀伊國屋書店、二〇一〇年）、六頁〕.

8 S. Freud, "Civilization and Its Discontents", in *The Standard Edition of the Complete Psychological Works*, tr. J. Strachey (London: Hogarth Press, 1961), vol. 21, p. 95〔S・フロイト／嶺秀樹・高田珠樹訳「文化の中の居心地悪さ」、『フロイト全集』第二〇巻（岩波書店、二〇一一年）所収、一〇四頁〕.

9 Hegel, *The Phenomenology of Mind*, p. 496〔ヘーゲル／金子前掲訳、七七四頁〕.

10 J.-J. Rousseau, *Emile*, tr. B. Foxley (London: Dent, 1911), p. 322〔J－J・ルソー／今野一雄訳『エミール』（下）（岩波文庫、一九六四年）、八頁〕.

11 Rousseau, *Politics and the Arts*, p. 87〔ルソー／西川前掲訳、一〇七－一〇八頁〕.

12 J.-J. Rousseau, "Discourse on the Origin and Foundations of Inequality", in *The First and Second Discourses*, tr. R. D. Masters (New York: St Martin's Press, 1964), p. 147〔J－J・ルソー／本田喜代治・平岡昇訳『人間不平等起源論』（岩波文庫、一九五七年）、九一頁〕.「自然状態」や「社会の起源」に関する古典的な理論家の考察は、動物の生活を研究する科学者の考察と比較検討すべきである。以下の興味深い議論を参照。D. Haraway, "Animal Sociology and a Natural Economy of the Body Politic, Part II: The Past Is the Contested Zone: Human Nature and Theories of Production and Reproduction in Primate Behavior Studies", *Signs*, 4 (1978), pp. 37–60〔D・ハラウェイ／高橋さきの訳「過去こそが、論争の場である：霊長類の行動研究における人間の本性と、生産と再生産の理論」、『猿と女とサイボーグ――自然の再発明』（青土社、二〇〇〇年）所収〕.

13 Freud, "Civilization and Its Discontents", p. 99〔フロイト／嶺・高田前掲訳、一〇八頁〕.

14 Ibid., pp. 103–4〔同訳、一一三－一一四頁〕.

15 S. Freud, "Female Sexuality", in *On Sexuality*, ed. A. Richards (Harmondsworth, Middlesex: Penguin Freud Library, 1977), vol.

7, p. 377〔S・フロイト／高田珠樹訳「女性の性について」、『フロイト全集』第二〇巻（岩波書店、二〇一一年）所収、二二一頁〕.

16 Rousseau, *Emile*, pp. 328, 359〔ルソー／今野前掲訳、二〇頁、三三頁〕.

17 Hegel, *Philosophy of Right*, addition to par. 166〔ヘーゲル／上妻・佐藤・山田前掲訳、三三三頁〕.

18 S. Freud, "The Dissection of the Psychical Personality", in *New Introductory Lectures on Psychoanalysis*, ed. J. Strachey (Harmondsworth, Middlesex: Penguin Freud Library, 1973), vol. 2, p. 98〔S・フロイト／道籏泰三訳「続・精神分析入門講義」、『フロイト全集』第二一巻（岩波書店、二〇一一年）所収、八七頁〕.

19 Freud, "Civilization and Its Discontents", pp. 101, 131-2〔フロイト／嶺・高田前掲訳、一一〇頁、一四六―一四七頁〕.

20 Freud, "Some Psychical Consequences of the Anatomical Distinction between the Sexes", in Richards, ed., vol. 7, p. 341〔S・フロイト／大宮勘一郎訳「解剖学的な性差の若干の心的帰結」、『フロイト全集』第一九巻（岩波書店、二〇一〇年）所収、二一三頁〕.

21 Freud, "Female Sexuality", p. 375〔フロイト／高田前掲訳、二二〇―二二一頁〕.

22 Freud, "Some Psychical Consequences of the Anatomical Distinction between the Sexes", in Richards, ed., vol. 7, p. 342〔フロイト／大宮前掲訳、二一四頁〕.

23 以下も参照されたい。「社会は、われわれの負担となる絶えざる犠牲をわれわれに要求することなしには形成されることはないし、維持されることもない。社会はわれわれを超越していることだけで、われわれに対して自分自身を超越することを余儀なくさせる。そして自己自身を自ら超越するということは、存在にとって、いかほどかその本性から脱出することなのである」(E. Durkheim, "The Dualism of Human Nature and Its Social Conditions", *Essays on Sociology and Philosophy*, ed. K. H. Wolff (New York: Harper & Row, 1964), p. 338〔E・デュルケーム／小関藤一郎訳「人間性の二元性とその社会的条件」、『デュルケーム宗教社会学論集［増補版］』（行路社、一九九八年）所収、二六六―二六七頁〕)。

24 Montesquieu, *Persian Letters*, tr. C. J. Betts (Harmondsworth, Middlesex: Penguin Books, 1973), letter 20, p. 68; letter 26, p. 76〔モンテスキュー／大岩誠訳『ペルシャ人の手紙』（上）（岩波文庫、一九五〇年）、六六頁、八〇―八一頁〕.

25 J.-J. Rousseau, *La Nouvelle Héloïse*, tr. J. H. McDowell (University Park: Pennsylvania State University Press, 1968), pt 2, letter 20, p. 260〔J-J・ルソー／安士正夫訳『新エロイーズ』（二）（岩波文庫、一九六〇年）、三一〇—三一一頁〕.

26 Rousseau, *Emile*, p. 332〔ルソー／今野前掲訳、三一一頁〕.

27 Rousseau, *La Nouvelle Héloïse*, pt 4, letter 12, p. 405〔J-J・ルソー／安士正夫訳『新エロイーズ』（四）（岩波文庫、一九六一年）、二七一頁〕.

28 Rousseau, *Emile*, p. 326〔ルソー／今野前掲訳、一六—一七頁〕. わたくしがこの点に気づくことができたのは、ルソーに関するS・M・オーキンの優れた議論のおかげである。S. M. Okin, *Women in Western Political Thought* (Princeton, NJ: Princeton University Press, 1980)〔S・M・オーキン／田林葉・重森臣広訳『政治思想のなかの女——その西洋的伝統』（晃洋書房、二〇一〇年）〕.

29 Freud, "Civilization and Its Discontents", pp. 102-3〔フロイト／嶺・高田前掲訳、一一二—一一三頁〕.

30 この表現は、Y・イェトマンによる以下の未刊行の論文に負っている。A. Yeatman, "Gender Ascription and the Conditions of Its Breakdown: The Rationalization of the 'Domestic Sphere' and the Nineteenth-Century 'Cult of Domesticity'".

31 これらについては、以下を参照。M. Douglas, *Purity and Danger* (Harmondsworth, Middlesex: Penguin Books, 1970); S. B. Ortner, "Is Female to Male as Nature Is to Culture?", in *Women, Culture and Society*, eds. M. Rosaldo and L. Lamphere (Stanford, CA: Stanford University Press, 1974)〔S・B・オートナー／三神弘子訳「女性と男性の関係は、自然と文化の関係か？」、E・アードナーほか／山崎カヲル監訳『男が文化で、女は自然か？——性差の文化人類学』（晶文社、一九八七年）所収〕; and L. Davidoff, "The Rationalization of Housework", in *Dependence and Exploitation in Work and Marriage*, eds. D. L. Barker and S. Allen (London: Longmans, 1976)（清純さについてはまた、オートナーによる以下の示唆的な小論も参照。S. B. Ortner, "The Virgin and the State", *Feminist Studies*, 8 (1978), pp. 19-36).

32 Montesquieu, letter 64, p. 131〔モンテスキュー／大岩前掲訳、一六九頁〕.

33 Rousseau, *Emile*, p. 357-8〔ルソー／今野前掲訳、八六—八七頁〕.

34 ヴィクトリア朝時代には、女性には性欲がない（実際には抑圧しているのだとしても）と論じられ、そうした主張もまた女性の利点を示すものとして利用された。この分野についての優れた議論としては、以下のものがある。

N. F. Cott, "Passionlessness: an Interpretation of Victorian Sexual Ideology, 1790–1850", *Signs*, 4 (1978), pp. 219–36.

35　Rousseau, *La Nouvelle Héloise*, pt 3, letter 30, pp. 261–2〔ルソー／安士前掲訳（二）、三二四頁〕.

36　Rawls, p. 468〔ロールズ／川本・福間・神島前掲訳、六一四頁〕. ここでの議論はおもに、七〇～七二節にある。

37　Ibid., p. 512〔同訳、六七〇頁〕.

38　この表現は、以下の文献から拝借した。B. Clark and H. Gintis, "Rawlsian Justice and Economic Systems", *Philosophy and Public Affairs*, 4 (1978), pp. 302–25. この論文は、従属の（階級的な次元と対照的な）性的な次元と、それがいかに正義と関係するかについて、現在までほとんど無視され「放置された」ロールズ批判の、一部をなしている。

39　以下を参照。M. Poster, *Critical Theory of the Family* (London: Pluto Press, 1978), chap. 1（ただしこの文献では、女性に関する言及は脚注に追いやられてしまっているが）. M. Poster, "Freud's Concept of the Family", *Telos*, 30 (1976), pp. 93–115.

（一九八〇年）

第2章　兄弟愛的な社会契約

息子たちは暴君を打倒しようと共謀し、ついには平等な権利に基づく社会契約を結ぶ。……自由とは兄弟（息子）間の平等のことである。……ロックの示唆によれば、兄弟愛的な同胞関係が形成されるのは選択や契約によってであって、生まれによるのではない。……ルソーなら、意志に基づくというだろう。

ノーマン・O・ブラウン『ラヴズ・ボディ』（邦訳、三、五、一二、一三頁）

市民社会がどのようにはじまったかについては、さまざまな説が一七〜一八世紀の古典的な社会契約論に見出され、今日に至るまで繰り返し論じられてきた。最近ではジョン・ロールズやその一派が、政治的権利を生じる契約論を再燃させた。だが社会契約に関する説も、議論や主張も、ものごとの半分しか語っていない。政治理論家は、（少なくとも潜在的に）万人を含む普遍的領域としての市民社会がどう創出されたか、政府の権威という意味での政治的権利は何に由来するか、といったおなじみの説明を提示する。この政府は、自由主義国家の場合もあれば、ルソーのいう参加型政治体制の場合もある。しかし実は、こうした政府の権威は「最初の《オリジナル》」政治的権利ではない。社会契約が兄弟愛的な協約であり、市民社会が家父長的・男性的な秩序として構築されているのに、その点がはっきり語られていないのだ。そこを白日の下にさらすには、男性が女性に行使する家父長的な政治的権利がいかに生じたか、隠蔽された話を語るところからはじめなければならない。

契約論はたいてい、国家の権威が正統性を持つ理由を、契約説はしっかり示しているという主張を無批判に受け入れる。だがそれとは別に、社会契約を兄弟愛的な協約と認識しないという致命的な欠陥がある。古典の解釈にも、現代のロールズ派の主張にも、話の半分しか現れてこない。近代政治理論は完全に家父長的なため、起源の一面に関して大半の理論家が分析していないからである。政治理論家は個人なるものについて論じ、研究テーマが公的世界に関することなのは当然だと見なす。だが、「個人」「市民社会」「公的なるもの」がいかにして、女性の本性や「私的」領域と対極の家父長的カテゴリーとして構築されたかは、探究していない。兄弟愛的な社会契約が創出する市民的政治体は、人類の一方の集団しか適合しないようにつくられている。

市民社会が家父長的であることは、フェミニズムの視点で古典を読めば明々白々である。本章では、そのような読み方がどんな意味を持つのか、契約論をめぐる一般的な議論が何を見落としているのか、限られた範囲で注目したい。たとえば、市民社会は公的な社会であるという。しかし、フェミニズムが、典型的な市民社会論とは異なる意味で「公」「私」の区分を論じていることは、ふつうきちんと理解されていないのである。

契約論における「市民社会」は、近代の公的な市民的《シヴィル》世界と、近代の私的な夫婦や家族の領域を、「最初から」分離し対置してつくられている。わたくしもここでは「市民社会」をそうした意味で用いる。契約がつくる新たな世の中では、家庭の《ドメスティック》（私的）領域を超えたあらゆるものは、公的な社会、つまり「市民」社会なのである。フェミニストは、こうした区分に関心を寄せる。だがそれとは対照的に、ほとんどの市民社会論や、「公的」規制対「私的＝民間」企業といった図式は、政治に関係する公私の分離を「市民社会」内部の分離だと前提する。これは、社会契約論の理論構成と同じである。社会契約論者をもっとも批判するヘーゲルの用法に近い意味で、「市民社会」は用いられるようになったのだ。ヘーゲルは、普遍的で公的な国家を、市場・階級・企業が織り成す私的な市民社会と対比させる。

もちろんヘーゲルは、家族、市民社会、国家という三つの区分を提示している。だが、家族とそれ以外の社会生活との区分は、市民社会に関する論議ではいつも決まって「忘れられる」。社会契約による「最初の」市民社会の創出は、男女を分離する家父長的な構築であるため、「市民」や「公的」「私的」の意味はいつの間にか変化してしまう。政治理論家は、こうした点を理論的に意識することはなかった。もっとも、市民生活は自然に基づくという前提があり、暗黙のうちにこの点を含んでいたのだが。そしてリベラリストも、それをラディカルに批判する（非フェミニスト系の）人々も、リベラルな意味で市民社会を理解する。「市民」生活は私的なものとなり、公的な国家に対置されるのだ。

社会契約説を説明する際のいちばんの特徴をあげるならば、自由と平等については非常に多く議論されているのに友愛（fraternity）にはほとんど注意が払われないことであろう。それは、フロイト流の契約論に見出される友愛に関する洞察を、ほとんどの議論が見落としているからでもある。友愛は社会主義の中核であるし、近年の研究が示すように、一九世紀と二〇世紀のリベラリズムも、個人と共同体を統合する友愛の役割に大きく依拠している。とはいえ、友愛をめぐる議論は、家父長的な公私の分離によって「個人」がつくられていることにも、（男性的な）「個人」を区分するとき友愛と理性が対置されることにも触れない。最近では、従来の抽象的な個人概念とは異なり社会学的に説明を試みるリベラルも現れ、友愛が注目されるようになった。だが、リベラルや社会主義者は統合の要として友愛を重視するが、フェミニストは、万人を含む普遍的カテゴリーに見える友愛が実は家父長的なものにすぎないことを明らかにする。フェミニストは、女性は家父長的な市民的世界に完全に包摂されるのか、それはいかにしてか、という根源的な問題に注意を喚起する。

社会契約説をフェミニズムの視点で読み解くことは、別の理由でも重要である。現代のフェミニズム運動によって、家父長制という考え方は一般的にも学術的にも広く流通したが、その意味については混乱が見られる。最近では、家父長制という言葉を使わないのがいちばんだと論じるフェミニストもいるくらいである。わたくしの知る限り、「家父長制」という言葉は、女性ゆえの従属・抑圧に人々の注意を促し、その他の支配形態と区別する唯一の用語である。家父長制という概念を放棄すれば、女性の従属や性的支配の問題は、個人主義理論や階級理論に埋没してしまうだろう。したがって、わたくしたちが生きている社会は家父長的だといった場合、その意味がきわめて重要なのである。

よく知られたフェミニズムの家父長制に関する二つの主張が、混乱に輪をかける。第一は、文字どおりの「家父長制」、すなわち父親による支配が、いまでも当てはまるという主張である。家父長制とは父権的支配以外の何ものでもないという主張そのものが実は家父長的な解釈であって、それは古典を検討すればはっきりわかる。第二は、家父長制はどの時代の人間社会にも普遍的に見られるという主張だ。しかしこれは明らかに、男性の女性の支配の仕方が時代や文化によって異なり得ることを無視している。正確にいえば、どちらの主張も次の事実を認めていない。旧来の世界が近代化するにつれて、伝統的（父権的）な家父長制は新しく近代特有の（友愛的な）家父長制、つまり家父長的市民社会へと姿を変えたが、それを社会契約論が理論的に隠蔽した事実である。

家父長制をめぐる近年のフェミニズム論争に加わっていながら、古典的な意味で家父長的な政治理論の重要性を自覚する人はほとんどいないようだ。三世紀前の、ロバート・フィルマー卿やあまり有名でない人の説く家父長主義である。また、家父長主義者と社会契約論者が繰り広げた論争が理論的にも実践的にも重要であることも考慮しなかった。ジーラー・アイゼンステインのように考慮する人もいる。しかしジーン・エルシュテインなどは、家父長制理論に触れてはいるが、政治理論での標準的な見方を繰り返しているにすぎない。家父長主義は、一七世紀末までに完膚なきまでに打ち破られたというのである。[2]だが実際には、家父長主義は打ち破られてなどいない。社会契約論が家父長主義に勝利したように見える意味と限界を知らなければ、近代特有の家父長制がなぜ登場したのか、正しく理解することはできないだろう。

古来の伝統的な家父長主義は、家族を社会秩序の一般的モデルと捉え、家族やその集合体から政治社会が生じると考えた。だが、家父長的な政治理論は、こうした伝統的な考え方とほとんど共通点がない。ショチェットは著書『政治思想における家父長主義』で、家父長制の理論は明らかに政治的権威・政治的服従を正当化するために定式化され、社会契約論に対抗して体系化されたと強調する。社会契約論は、家父長制の理論と同時代に発展し、家父長主義者のもっとも根源的な前提（の半分）に異議申し立てするものであった。[3]家父長主義は、特定の歴史的・理論的な状況で発展し、「打ち破られた」のである。

家父長主義者と社会契約論者の対立に関しては、父権的な支配をめぐる争いと解釈するのが一般的で、父親の政治的権利と息子たちの生まれながらの自由という相容れない違いが焦点となる。家父長主義者は、王と父親はまったく同じやり方で支配する（王は父親であり、父親は王である）と主張した。家族と政治体は同一源であり、息子たちは生まれながらに父親に従属し、政治的な権威と服従、不平等の序列は自然だという。社会契約論者は、こうした主張をすべて退けた。家族と政治体、父権的支配と政治的支配は、まったく異なる人間関係《アソシエーション》である。息子たちは生まれながらに自由かつ平等であり、成人すれば父親と同様に自由である。政治的な権威と服従は慣習であり、政治主体は対等な市民であるという。[4]確かにこの論争に限っていえば、家父長主義者が敗れたのは事実である。社会契約論者が示した理論的前提は、伝統的秩序と父親＝王の世界から、資本主義社会、リベラルな代議政府、近代家族へと変容する上で不可欠であった。

だが、息子たちが生まれながらの自由を持ち、契約を結んでリベラルな市民社会を創出する、というおなじみの説や、ルソー流の参加型の市民的秩序像は、ものごとの半分しか語っていない。家父長制を父権的支配と同一視するのは、それこそ家父長的な解釈である。このような読み方では、政治的権利の真の起源の説明を見落としてしまう。家父長主義には、父権的《パターナル》な次元（父親／息子）と男性的《マスキュリン》な次元（夫／妻）の二つがある。政治理論家が、家父長主義と社会契約論の論争で後者が勝ったといえるのは、家父長制の男女や夫婦の側面を隠しているからである。こうした側面は政治的ではなく自然に見えるため、理論的な重要性などないとされてしまう。だが、フェミニズムの視点で読み解けば、家父長主義が敗北したとは決していえないことがわかる。社会契約論は父権的な権利を退けたものの、男性が婚姻で得る家父長的な権利を採用すると同時に変容させたのである。

なぜこうなったのかを理解し、近代家父長制の特徴を解明するために、まずロバート・フィルマーの著作に典型的に見られる、君主的父性の家父長的な物語を検討しよう。フィルマーの描く父親は社会契約説では打倒されたが、息子たちはその後も生きながらえた。しかも逆説的になるが、父権的な権利という考えのおかげで隠されている。

フィルマーは、人間は生まれながらに自由かつ平等だという社会契約論者の主張が、完全に間違っていることを示そうとした。そうした主張はかれにとって「人々を扇動する主たる根拠」であった。[5] フィルマーによれば、あらゆる法はひとりの人間の意思に基づかなければならない。統治の権原はすべて、最初の父親たるアダムに対してもともと神が認可した王権に由来する。ひとたび「アダムの自然的・私的支配こそあらゆる統治と正当性の源泉である」と認識するならば、人間は生まれながらに自由だなどという根拠はたちまちくつがえされる。[6] フィルマーは、「支配する資格は父親たる地位に由来する」と述べる。[7] つまり、アダムの息子たちとそのすべての子孫は、アダムが持つ「父親であることに伴う権利」「父親的な権力」「父親たる地位の権力」によって、生まれつき政治的に服従する者なのであった。[8]

アダムは、最初の息子が生まれると最初の君主となった。そしてアダムの政治的権利は、後のすべての父親・王に相続された。フィルマーにしてみれば、父親・王は父権ゆえに支配するのであり、父親はみな自分の家族の君主であった。「父親は、自分の意思すなわち法にのっとって家族を統治するのだ」[9]。王の意思はそのまま法なのだから、いかなる統治も専制ではあり得ない、とフィルマーは述べた。同様に、父親の意思とは、ローマ法の下で自分の子どもに対する生殺与奪の権を持っていた父権（patria potestas）の絶対的・独断的な意思であった。ラスレットによれば、フィルマーは「父親はわが子を死刑にしてもよいと認めたわけではないが、同意したボダンの例を引用している」[10]。

したがって、政治的権利の起源について、フィルマーは、政治的権利は父親たる地位に由来するとはっきり考えているようだ。だが家父長制は、たとえ古典的な形で明瞭に述べられていても、文字どおりの意味より複雑である。フィルマー自身が明らかにしているように、父親的な権力は家父長制の一面にすぎない。フィルマーはわかりやすく主張しているようで、実は家父長的な権利の根拠を隠蔽している。父権的権力が政治的権利を生み出すのではない。政治的権利の起源は、アダムの父親たる地位にではなく、アダムの夫としての権利・性的権利にあるのだ。アダムの政治的な権原は、父親になる前から認められている。フィルマーがホッブズを痛烈に皮肉っているように、息子はキノコのように生えてくるわけではない。アダムが父親になるとすれば、イヴは母親とならなければならず、イヴが母親になるとすれば、当然アダムはイヴと肉体的に交われるに違いない。いい換えれば、父親である権利よりも、性的権利・〔夫が持つ〕夫婦の権利の方が、必ず先にあるはずなのだ。

アダムの政治的権利は、そもそもイヴに対する夫の権利として確立された、とフィルマーは明らかにしている。「神はアダムに……女性の支配権を与え」、「神はアダムに妻を治めるよう命じ、妻は夫に服従することを望んだ」というのである。[11] ところが、性的権利・夫としての権利は、フィルマーの著作からやがて姿を消す。アダムがはじめて支配し政治的権利を有したのは女性に対してであり、他の男性（息子）に対してではなかったと示しておきながら、フィルマーは夫としての権利を父親の権力に包摂してしまう。イヴと彼女の欲求はアダムに従属するが、フィルマーは以下のように続ける。「ここにわれわれは統治の原初的な認可を見出すのであり、あらゆる権力の源泉はすべての人類の父親のなかにある」。旧約聖書の『創世記』で、動物やアダムが地上に置かれた後、ようやくイヴがつくられたことを想起してほしい。しかも、イヴは原物ではなくアダムからつくられたのであり、ゆえにアダムはある意味でイヴの親である。家父長的な父親には、父としても母としてもつくる力があるために、フィルマーは政治的権利を父親の権利と見なすことができたのである。父親はたんに親の片方なのではなく、かれこそが親なのである。

政治的父親の家父長的なイメージは、（ロックの表現によると）「公共の福祉を優しく気遣う育ての父祖たち」というものである。[12] 家父長制とは、完全な存在としての父親の生殖能力の物語なのだ。父親のこの能力は、肉体的な生命を生み育むと同時に、政治的権利を創出し維持する。アダムのイヴに対する権力をフィルマーが簡単に忘れ去ることができたのは、家父長制の物語とは女性は生殖面でも政治的にも無関係だからである。アダムが「女性一般」を支配するのは、フィルマーによれば（古くからの観念に従って）、「男性は……生まれながらにして、女性より高貴で重要な行為者」だからである。[13] 女性は、父親が性的能力・生殖能力を行使するために必要なたんなる空の器にすぎない。神がアダムに与えた最初の政治的権利とは、いわば、その空の器を満たす権利なのである。

そうであるならば、女性の生まれながらの自由については、何の疑問も、修正すべき誤りもないことになる。フィルマーは、息子の生まれながらの自由という説がいかにばかげているかを強調するために、女性を引き合いに出したにすぎない。生まれながらの自由に関する契約論者の議論は、「あらゆるものに超越する権力などない」という主張がともなう。このような主張は、「女性、特に処女は、生まれながらにして、他の誰よりも自然的な自由を持っている［だろう］し、それゆえ自らの同意なしにいかなる自由をも失うはずがない」[14] ということにもなり、当然フィルマーは受け入れない。

契約論が女性の自然な自由を唱えるのは矛盾している、とフィルマーはいう。女性の従属に関して家父長主義と契約論はまったく論争しなかったからである。契約論の目的は、親を理論的に殺すことであり、男性・夫の性的権利を覆すことではなかった。両陣営とも、次の二点については考えが一致していた。第一に、女性（妻）は息子らとは異なり、男性（夫）に服従するよう生まれついている。第二に、男性の女性に対する権利は、政治的なものではない。たとえばロックは、妻の服従は「自然のなかに根拠が」あるとするフィルマーと同意見である。夫は生来的に「より有能でより強い」ので夫は妻を支配すべきだという。[15] 一方ルソーは、不平等と支配という堕落した市民社会をもたらしたリベラルな社会契約は欺瞞だと激烈に批判するものの、女性は「あるいはひとりの男性に、あるいは人々の判断に、服従」しなければならないし「人々の判断に超然としていることは許されない」と主張することでは人後に落ちない。女性は妻になると、夫を「一生のあいだ主人となる人」と認めなければならないというのである。[16]

契約論者の「勝利」は、政治権力から父権的権力を分離できるかどうかに左右されるため、かれらはフィルマーと同様に、父権的（政治的）支配に性的支配を含めて考えることができなかった。それどころか、社会契約説は、性的権利や夫としての権利は自然だと主張することで、最初の政治的権利を隠蔽している。男性の女性支配は、両性の本性に由来すると考えられており、ルソーは『エミール』第五編でその詳細を説明している。ロックは、性的・家父長的権利の正当性については、フィルマーとまったく対立していない。それどころか、そうした権利は政治的なものではないと主張する。つまり、イヴの服従は

すべての妻がその夫に負っている服従以上のものではあり得ず……アダム〔の権力〕は……政治権力ではなく、たんなる夫婦間の権力、すなわち、すべての夫が、財産および土地の所有者として、家のなかの私的な仕事に関わることがらに采配を振るい、かれらの共通の関心事において妻の意志よりも自分の意志を優先させるために有する権力にすぎないのである。[17]

一七世紀の論争では両陣営とも、生まれながらの自由と平等という新しい説が、権力と服従のあらゆる関係性にとって破壊的な意味を持っていることを、よく自覚していた。この点は、現代の政治理論家

と異なるところである。家父長主義者が主張するには、このような説はあまりにばかばかしく、妻に対する夫の権力を正当化するなどという問題提起は、明らかに契約論者の妄想にすぎなかった。だが、契約論者がたとえ夫婦間の家父長制を認めていたとしても、父親の権利を攻撃するかれらの個人主義的な言葉は、ロバート・フィルマーがいうように、一見何でもないが将来重大な結果になるおびただしい数の革命的な活動に道を開いた。そのなかにフェミニズムも含まれる。女性は瞬時に、「個人主義」と「普遍主義」の矛盾に気づいた。どちらも、女性は生まれつき従属する存在であり、それは自然であって政治には無関係だと主張していた。一七世紀末に、たとえばメアリ・アステルはこう問うていた。「男性がみな生まれながらにして自由であるのなら、なぜ、女性はみな生まれながらにして奴隷なのか」[18]。

契約論者は、その前提ゆえにこの問いに答えづらかった。論理的には、自由かつ平等な女性個人が、結婚によって例外なくもうひとりの自由かつ平等な（男性の）個人に従属する（という契約を結ぶ）必然性はない。ところがこの問題はあっけなく解決した。リベラルも社会主義者も政治理論家は、男性的な権利を自分の理論に吸収同化し、家父長的な権力がどのように生まれたかは「忘れて」しまったのである。生まれながらの従属は、父権的権力の観点でしか見られない。政治理論の教科書には決して名前が出てこない女性たちや、協同組合社会主義者や空想的社会主義者、唯一フェミニストであることが欠点とされる哲学者ジョン・スチュアート・ミルなど、三世紀におよぶフェミニズムの批判は隠蔽され無視されたのである。

社会契約論の興隆と市民社会の発展は、家父長主義にとっては敗北だったというよくある見解は、市民的な政治体の構築に関するきわめて重要な問いがまったく検討されてこなかったことを意味する。社会契約に関わるとしていくらか注目された問いもあったが、それも結局は誰が契約を交わすかという問題にすぎなかった。多くの論者は、契約を結ぶ「個人」について無批判に語るが、しかしたとえばショチェットが指摘するように、一七世紀には社会契約を結ぶのは当然一家の父親であると考えられていた。

以上のような問題をフェミニズムの視点から考えはじめた当初、わたくしが社会契約を家父長的な契約と想定したのは、社会契約は父親どうしが行い、複数の家族を結びつけるのは父親の同意だからである。ふつう「個人」は万人を意味するカテゴリーであるが、確かにそうした普遍的な意味の「個人」が社会契約を結ぶことはない。女性はそこに参加していない。女性は生まれながらに従属する存在であり、社会契約に必要な能力がないとされる。社会契約説では「個人」なるものは男性であるが、しかし父親として行動するわけではない。社会契約説は結局、父親の政治権力の敗北を語っている。男性はもはや、父親としての政治的地位を持たない。だが、父親は夫でもある。ロックの友人ティレルは、妻たるものは「夫の決定に従う」と述べていた[19]。別の面から見ると、社会契約に関わるのは、息子や兄弟である。契約は兄弟、つまり友愛によって結ばれる。友愛が自由・平等と共に歴史上に登場することも、それがまさに兄弟愛を意味することも、偶然ではないのだ。

「家父長制」を字義どおりに解釈すると、友愛のもともとの意味とは関係ないように見えるし、革命のスローガン「自由・平等・友愛」の友愛も、男だけの結びつきだと考える人はいない。バーナード・クリックは近年、友愛についてこれまであまり研究されてこなかったと指摘したが、そのかれでさえ「友愛は自由と共に、人類の大いなる夢である」と述べている[20]。このように言及される場合、友愛とはふつう、共同体を表す。共同体とは、「基本的に、特定の社会的協同を指し、……平等な人々で構成される集団の、相互扶助の関係」だと見なされる[21]。そして、クリックが社会主義者たちに向けて述べるように、友愛とは、「誠実で見栄を張らず、友好的で人を助け、親切で寛容、拘束しないなど、日常生活における共通の課題を一緒に果たそうという個々人の」倫理であり社会的実践である。[22] 一般的には、「友愛」は共同体の結びつきを表す言葉のひとつとしか思われていないが、これは、わたくしたちの政治的な理論と実践がいかに強く家父長的概念に規定されているかを示している。社会主義の連帯や共同体がいかに、女性を同志の補佐役と見てきたか、女性の政治的要求は革命がなるまで待たなければならないとしてきたか、フェミニストはずっと心得てきた。だが、女性が自分たちの要求をするための言葉を見つけるにあたって、どんな問題があるか、シモーヌ・ド・ボーヴォワールが『第二の性』の最後に明らかにしている。彼女は、「男と女は、友好関係《ブラザーフッド》をはっきりと肯定する〔しかない〕」と述べているのである。[23]

社会契約が、個人どうし・父親どうし・夫どうしの同意ではなく、兄弟愛的な協約《フラターナル・パクト》であることは、フロイト流の社会契約説を検討すればいっそう明白になる。原父を息子が殺害するというフロイトの説明は、社会契約の議論でふつうは検討対象にならない。しかし、ブラウンが述べるように、「著述による闘争は、フロイトのいう原始の犯罪を再演している」[24]。またリーフは、父親殺しというフロイトの神話を社会契約の一変種と見なし、ホッブズ、ロック、ルソーの理論と同様の伝統の一端として扱う。[25] こうした解釈には、十分な理由がある。フロイトは『モーセという男と一神教』で、兄弟がその〔父親を殺害するという〕恐るべき行為の後で結んだ協約について、「一種の社会契約」だと述べているのである。[26]

だが、フロイトの神話は社会の起源が主題であると反論されるかもしれない。フロイトは、父親殺しは「文明」すなわち人間社会をもたらす、と主張している。フェミニストの間で非常に影響力のあるジュリエット・ミッチェルは『精神分析と女の解放』で、これを字面どおりに受け取っている。しかし、社会契約論者の古典も、ときには同様の読まれ方をする。「自然状態」からの推移とは、自然あるいは野蛮性から、最初の人間的な社会秩序への移行だと見なされることがある。いずれの事例でも、「文明」や「市民社会」を社会と同一視するのが一般的解釈だと考える必要などない。兄弟が定めた法制度を検討すると、社会契約説は、文化的・歴史的に固有な社会生活の起源に関する物語であることがはっきりする。「市民社会」と「文明」の密接な結びつきは、「文明」という言葉が一八世紀末になってようやく「ヨーロッパ史の特定の段階、ときには最終や究極の段階を表すために」一般的に用いられるようになった[27]ことも示唆する。「文明」とは、「近代性、すなわち洗練と秩序が達成された状態」を表すのである。[28]

ミッチェルはフロイトの解釈で、父親殺しの後に「父親の法」は制定されると主張する。しかし、それとは逆に、父親の法すなわち父親＝王の絶対的支配は、殺される前から絶対的に支配している。契約に関して重要な点は、父親の死後に交わしてかれの恣意的な権利を終わらせることである。だが兄弟（息子たち）は、自分たちが犯した恐るべき行為への後悔と、父親に対する愛と憎悪、将来の父親殺しを避けたいという欲求とに促されて、自身の法を制定する。正義、「最初の「権利」・「法」[29]」を定めるのだ。いい換えれば市民社会を確立するのである。父親の法あるいは専制的な意思は、兄弟の団結した行動によって葬られる。それから兄弟は互いに制限を課し、「自分たちに力を与えてくれた社会編成を救った[30]」とフロイトがいうような平等を確立する。自由かつ平等な兄弟が結ぶ契約は、「父親の法」を、万人を等しく拘束する公的な規則に置き換える。ロックが明らかにしているように、一人の男性（父親）の支配は市民社会と両立しない。市民社会は、法の前や互いの前では自由で対等な兄弟である男性の集合体が公布する、公正で私情を交えないルールを必要とする。

この時点で、次のように反論されるかもしれない。兄弟が契約を交わすとしても、一度そうした協約を結べば、かれらは兄弟であることをやめるはずだ、と。契約を交わすという行為において、かれらは自分たちを平等な市民的「個人」と見なすため、家族的・兄弟愛的な紐帯を捨てるからだ、というのである。父親による伝統的な家父長制と近代的な家父長制の根本的は違いは、後者が家族的領域から分離され対置される点にある。

しかしだからといって、属性に基づく紐帯が一切断たれ、「兄弟愛的《フラターナル》」という言葉はもはやふさわしくない、ということにはならない。ブラウンは、自由・平等・友愛には「内的矛盾」があるという。「父親がいなければ、息子も兄弟も存在しないはず」と。[31] だが、友愛に関する近年の説明が明らかにしているように、友愛という概念は親族の絆という範囲をはるかに越える。「個人」は、たとえ本当の兄弟（父親の息子とか血縁）ではなくても、友愛や兄弟愛（つまり「共同体」）の一部ではあり得る。父親が死に、市民社会の参加者は血縁関係でなくなっても、市民的個人としてやはりある属性に基づく絆を共有する。それは、男の絆である。

フロイトによる父親殺しの物語は、古典的な架空の殺人物語が曖昧にしてきたことを明らかにしてくれるので重要である。兄弟が団結する動機は、たんに生まれながらの自由と自己統治の権利を要求するだけでなく、女性の肉体と交われるようにするためでもある。古典的理論が説く自然状態では、「家族」はすでに存在し、男性の〈夫としての〉夫婦の権利は自然の権利と見なされている。[32] フロイトのいう原父、つまり父権は、群族《ホルド》のすべての女性を独占する。父親が殺されると、父親の政治的権利が消滅すると共に、その排他的な性的権利もなくなる。兄弟は父親の家父長的・男性的権利を相続し、女性たちを共有する。どの男性も二度と原父にはなれないが、しかしすべての男性が等しく女性の肉体と交われるルールを定めることで（これも、国法の前での平等である）、兄弟は女性を支配する「最初の」政治的権利を行使する。この権利は、かつては父親の特権だったものだ。

フロイトは、兄弟が「群族のなかの母たちや姉妹を所望するのを断念」すると述べる。[33] だが、これは誤解を与えるものである。友愛は女性を断念させるのではなく、各人が父親の地位に就こうとする欲望を断念させるのである。兄弟愛的な社会契約の一環として、兄弟は、族外婚の掟とフロイトが呼ぶものを制定する。近代に固有の用語で説明するなら、兄弟は婚姻法と家族という近代システムをつくり上げ、夫婦の権利あるいは性的権利に関する近代的秩序を確立する。市民社会の「自然のなかにある根拠」なるものは、兄弟愛的な社会契約によってもたらされた。

「父権的」支配を政治的支配と区別し、家族を公的領域と区別することは、女性を男性に従属させ男性と区別することでもある。兄弟は、自分たちの法を制定し、独自の性的支配・夫婦間支配の形を確立する。兄弟愛的な社会契約は、新しい近代的な家父長的秩序を創出し、それは二つの領域に分けることができる。一方は市民社会と呼ばれ、自由、平等、個人主義、理性、契約、公平な法といった普遍的な領域である。これは、男性あるいは「個人」の領域とされる。もう一方は私的な世界であり、個別性、生まれながらの従属、血縁、感情、愛、性的情念の領域である。これは女性の世界だが、支配するのはやはり男性である。

要するに、このような契約がつくるのは家父長的な市民社会であり、近代的ではあるが男性の属性に基づいた女性支配なのだ。属性と契約は、ふつうは対極にあると見なされるが、社会契約は、兄弟が交わす形式も、兄弟の家父長的権利が確立される内容も、性的属性に基づく。市民的個人には、兄弟愛的な絆がある。かれらは男として、自分たちの男性的な家父長的権利を正当化し、女性の従属で物質的・心理的恩恵を受けられるように、契約を維持するという関心を共有しているからである。

社会契約説はまさに、女性の従属を支える「自然のなかにある根拠」をいかに特徴づけるべきかという、重要な疑問を提起する。ロックは、男性（夫）の強さと能力こそ、妻が従属しなければならない自然の原理になるという。この考え方は家父長的リベラリズムに吸収されるが、同時に、リベラル・フェミニズムへ道を開いた。フェミニストははるか昔に、強さを根拠にした主張を批判しはじめた[34]。こうした主張は今日も聞かれはするが、男性的な政治的権利の基準として強さに重きを置くことはますます説得力がなくなった。現代のリベラル・フェミニストは、メアリ・アステルやメアリ・ウルストンクラフトなどの先駆者に続いて、女性の才能・能力が劣るかのようにいわれているのは自然の事実ではなく、誤った教育の産物であり、社会のなかで意図的につくられたと批判してきた。

だが、リベラル・フェミニズムの主張には難点がある。男女が「分離された領域」で異なった位置づけをされ続ける限り、教育は平等にはなり得ない。それどころか、私的な家族と公的な市民社会という家父長的区分は、リベラリズムの主要な構造原理である。この問題は、リベラルが思っている以上に根深い。リベラル・フェミニズムは、男にある能力は女にもあり、男にできることは女にもできると示すことが、重要な政治的課題だと考える。しかしこれは、生まれつき男にはない能力を女はひとつ持っている、つまり出産できるのは男ではなく女だという事実は、政治的に重要でないと前提にしてもいるのである。

出産は（育児と異なって）市民的存在に必要な能力を発達させることと無関係なのだから、女性の従属に関して「自然のなかにある根拠」とはならない、という主張があるかもしれない。だがその主張も、家父長的な政治的権利の「最初の」物語を無視し、家父長的な市民社会にとって出産が重要なことを見落としているため、やはり難点を抱えている。出産能力は、現実でも比喩でも、家父長制理論の中核にあるのである。

フィルマーによれば、イヴを支配するアダムの権利は、父親になる権利である。それは、イヴの身体への性的接近を要求し、彼女に出産を迫る権利である。イヴの生殖能力・創造する力は否定され、それらの力は政治的出産（political birth）の能力、すなわち新しい政治的秩序の「創始者」となる力として、男性が専有する。アダムと、兄弟愛的な社会契約に参加する人々は、驚くべき家父長的能力を得て、政治をつくる「主たる行為者」になる。そればかりではない。家父長的な論議においては、出産はまた、女性を市民社会から体ごと追い出さなければならないあらゆる理由を象徴し、内包するものでもある。[35]

ルソーとフロイトが語る物語を検討すると、この問題の根深さがさらに明らかになる。かれらによれば、市民生活に参加したり市民社会の普遍的な法を維持するといった、「個人」に求められる方法では、女性は身体的特性を乗り越えられない。女性の身体は自然な過程とか情念を制御できないし、女性には、理性も、市民社会のために育むべき徳性もない、というのである（他の章でわたくしは、女性をこのように認識し市民生活にとっての絶えない脅威とする考えについて、その一端の検討をはじめている[36]）。

ルソーは、家庭生活で男女を可能な限り分離する解決策を唱えた。かれは『エミール』で、教師が一方的にエミールに命令する場面を描いている。教師は、エミールがソフィーの身体を求めてよいと許可する前に、政治とシティズンシップを学ぶため長期間ソフィーから引き離している。フロイトは何ら解決策を示さず、むしろあからさまにこう述べている。「最初」から、つまり女性を求め、エディプス・コンプレックスにより無限に再生産される原初的な父親殺し以来、女性は市民社会と「敵対的な関係に」立ち続ける。[37] いい換えれば、ミッチェルのフロイト解釈にあるように、女性には「法は及ばず、彼女の法への服従は、それの反対物に自分を仕立てるということにならなければならない[38]」。

女性は二つの意味で、兄弟愛的な社会契約と市民法に「対置」させられ、その外側に置かれる。第一に、兄弟が家父長的な性的権利という遺産を相続し、女性の身体を要求し出産を迫るのを正当化するような取り決めから、女性は「最初から」必ず排除されている。第二に、市民法とは、女性が持たないあらゆるものを要約したものである。市民法は、理性に基づく次のような合意の上に成り立っている。社会契約の参加者にとって、全員に等しく適用される法で自分たちの交流と欲望を拘束することが、合理的に考えて互いに好都合だ、との合意である。だが女性は情念のせいで、そのような理性に基づいた合意を形成できないし、仮にできたとしても維持することはできない。いい換えれば、女性が男性に従属する「根拠」は「自然のなかに」あるとする家父長的な主張は、女性の身体を男性の理性が支配すべきだという意味である。市民社会を家族的領域から分離するのは、男性の理性と女性の身体を区分することでもあるのだ。

　現代のフェミニズム研究者は、古来いかに政治生活が、必要性、身体、性的情念、出産といった日常的世界と対置して概念化されてきたかを示す。要するに、女性や女性が象徴する無秩序《ディスオーダー》や出産能力と、政治生活は、対置された[39]。フィルマーの古典的な家父長主義では、父親は母親でも父親でもあり、父親たる地位によって政治的権利をつくり出す。だがこうしたフィルマーの説明は、政治生活の創出を男性の出産と見なす西洋の長い伝統の一種にすぎない。女性にしかない能力の男性版だったのである。

　兄弟愛的な社会契約は、このような家父長的伝統をもっと近代的に再公式化したものである。父親は死んだが、兄弟は女性に特有の能力を簒奪している。かれらも新たな政治生活や政治的権利を出産できるのである。社会契約は市民社会がはじまる起源や根源であり、本当の出産や女性がもたらす無秩序な世界である（私的）領域を市民社会から分離する。兄弟は、人工的な身体、すなわち市民社会という政治体を生み出す。かれらは、「われわれがコモンウェルスと呼ぶ人工的人間」（ホッブズ）、「人工的で集合的な身体」（ルソー）、あるいは「政治体《ボディ・ポリティーク》」という「ひとつの身体」（ロック）を創出する。

しかし、市民的な政治体の「出産」は、理性の行為である。身体的な生殖行為と似たところはひとつもない。また、わたくしたちがみな教わっているように、社会契約は現実の出来事ではない。フィルマーの家父長制における自然で父権的な身体は、契約論者によって比喩的に殺されたが、しかし代わりの「人工の」身体はあくまで精神の産物であって、人々が現実に政治共同体を創出するのではない。人間の出産では新しく男か女が生まれるわけだが、市民社会の創出では、人類の一方の集団のイメージにしかそぐわない社会的身体が形成される。もっと正確にいえば、市民社会を女性から分離して男性「個人」のイメージをつくり、それに合わせて市民的な政治体を形づくるのだ。この個人には、あまり知られていない特徴がある。それは、市民社会から排除されてきた女性の本性と対比してはじめて明瞭に浮かび上がる特徴だからである。

リベラルの契約論では個人なるものの性格が抽象的だと、ルソーをはじめ左派は批判してきた。だがそう批判する人々も、そもそも市民的個人をつくり出すときに男性の理性と女性の身体を分離したことについては、ずっと沈黙したままである。そのため、市民的個人が持つもっとも重要な特徴も、批判者たちは暗黙のうちに受け入れてきた。「個人」なるものには実体がない。三世紀もの間、個人は普遍的であらゆる人の象徴とされてきたが、普遍的に見えるのは抽象化されたからにすぎない。新たな政治体のように、個人も「人工的」である。ただの「理性の産物としての男性《マン・オブ・リーズン》」でしかないのだ[40]。

リベラルの契約説を修正した最近の著作『正義論』で、ロールズは原初状態に置かれている当事者は自分に関わる基本的事実をまったく知らないと主張する。ここから、ロールズのいう当事者は普遍的な存在で、原初的な選択には人類の二つの（男女いずれかの）身体を選ぶことが含まれているように見えるだろう。だがロールズはこうした可能性を無視し、当事者は家長と想定できると論じている。[41]「個人」の真の性質について、家父長的な前提が深く浸透していることをこれは示している。しかも、家長という属性を持つ当事者とその原初状態を語るロールズは、やはり兄弟愛的な社会契約の伝統のなかにいる、という事実が明らかになる。原初状態およびその選択は明らかに仮説的（論理的）で、当事者は実体のない理性的存在でしかない。そうでなければ、性、年齢、肌の色といった自分の身体と切り離せない属性について、知ろうとせずにはいられないだろう。[42]

普遍的な市民的個人という政治的虚構を維持するのに必要な抽象化は、皮肉にも、友愛について深刻な問題を提起する。個人主義のリベラルから見れば、それは自己に関する大きな問題の一部であり、個人にとっての友愛と理性の対置でもある。理性と友愛の対置は、公的なるものと私的なるものの対置である。だがこれは、「私」と「公」、家族（女性）と市民社会（男性）といった家父長的な対置ではない。[43]ここでの公私の対置は、先述した別の対置、わたくしの表現でいう「市民社会」内部の対置なのである。自己を社会的視点から考えるリベラルや、リベラリズムを批判する社会主義者にとって、友愛についての問題がなぜ生じたかといえば、一九八〇年代に友愛を強調すると自分たちの理論に潜む家父長的性格が明らかになりはじめたからである。普遍性を担保しようとすれば、「個人なるもの（*the* individual）」は男性性や兄弟愛からも抽象化されなければならず、個人はいかなる身体も、それゆえ性さえ持たないことになる。

「個人」なるものの創出は、女性の本性がもたらす無秩序と理性的・市民的な秩序を区分することを前提にしている。すると市民的個人と、かれのイメージでつくられた政治体は、一体のように見えるだろう。実際リベラリズム理論では、そう考えられてきた。だがルソーをはじめリベラリズムの批判者は、個人と市民社会はもともと互いに分裂しており、それぞれの内部でも分裂していると論じる。個人は、ブルジョワジーと市民、いい換えれば経済的人間（*Homo economics*）と市民的人間（*Homo civicus*）に引き裂かれており、市民社会は、私的利益と公的・普遍的利益、すなわち「ブルジョワ（civil）」社会と国家に分裂している、というのである。しかし、リベラリズムに対するそうした批判こそ、かれらが家族以外の社会生活や、公的世界の住人たる個人にしか関心を持っていない証である。

リベラルの公私の対置のさせ方は（男女の家父長的な対置のように）実にさまざまである。たとえば、社会は国家と、経済は公共性と、自由は強制と、対立するという。リベラルはこうした二元性は自由に関する重要な問題を提起すると考える。市民社会という私的領域は国家という強制装置から守られなければならないからである。そしてリベラルは現在、両者の境界線をどこに引けばよいか、多くの時間と労力を費やして結論を出そうとしている。他方、リベラルを批判する人々は、公私の対置は解決不能な問題を提起してしまうと論じる。この対置は、リベラリズムの中核にある、架橋できない構造的な裂け目だというのである。わたくしはこのような意見に同意するが、しかしこう批判してもあまり意味はないだろう。「最初の」家父長的区分を考慮せず、批判者自身の「個人」概念や「市民社会」概念には触れないままだからである。

ロベルト・アンガーは『知識と政治』で、リベラルの二元論について包括的な議論と批判を提示する。だが、事実と理論、価値と規則、欲望と理性という区分を分析したアンガーでさえ、それが男女の対置の象徴でもあることは無視している。同書で「自己」とは、暗黙のうちに男性を想定している。アンガーは次のように述べるが、この場合の men は文字どおり「男性」と理解しなければならない。「公的生活と私的生活の二元論は依然として、理解と欲望を分離した帰結でもある……。理性を用いる時、[男性《メン》は] 公的世界に属している。……しかし、欲望を追求する時、男性《メン》は私的な存在である」[44]。「欲望」とそれに伴う無秩序は、女性や彼女たちの私的世界によって表象されるが、アンガーはその説明を「忘れて」いる。「自己」は、市民社会の男性個人を指し、個人は、公的な利益（「理性」）と私的・主観的な利益（「欲望」）という二つの要請に引き裂かれている。女性・身体・情念と、男性・理性・合理的な利益が対置されていることは隠蔽され、個人の私的利益と、公的な利益や普遍的法の要請という二元論に置き換えられてしまうのである。

この二元論には、友愛と市民的個人の理性を対置する形もある。リベラルの契約論では、個人を結びつけるのは自己利益だけである。個人なるものは、いわば合理的な計算のもと契約の対象である所有物が集まったものだ。個人は特定の関係にしか関わらないが、こうした限定性はおなじみの難問をリベラリズム理論に突きつける。シティズンシップや政治的なるものの一貫した概念を示すことは、リベラリズム理論にとって困難なのである。リベラルの個人が他の市民と結ぶ絆は、自己利益の追求をいい換えたものにすぎない。市民的人間は、「私的な」経済的人間に吸収されるか、経済的人間のひとつの顔でしかなくなる。だが、市民としての個人（公的個人・市民的個人）をこのように見てしまえば、友愛のもっとも重要な表現のひとつを体系的に蝕むことになる。

リベラルの個人は、善意に満ちた公的世界で相互交流する。互いに競いはするものの、競争は規制されており、規制のルールは公平である。強制されるのは、そのルールに従うことだけである。社会と国家を対置するような公私の区分は、自由と強制という形で示されることも多い。現代ではこうした立場はニュー・ライトと結びつけられるが、かつて暴力の対極に置かれたのは穏健な商業である。そして理想主義的なリベラルは、リベラリズムの批判者と和解したといい、武力でなく意思こそが国家の基盤だと主張できたのである。

他方で、(ホッブズもいうとおり)法に従うだけで個人の保護者が保護されるわけではないことも明らかである。確かに個人は、身を挺して国家を守らねばならないかもしれない。実際それは、忠誠と義務の最たるもの、シティズンシップの模範的な行為とつねに見なされている。だが、ホッブズの根源的な個人主義から論理的に考えれば、これはリベラルな個人にしてみれば決して合理的な利益とはいえない。公的な利益と私的な利益が衝突する場合、私的な要求には必ず合理的利益が伴う。兵士になるのは、個人の利己心からではない。このように理性は、最近のシティズンシップ研究が依拠する友愛から引きはがされる。あらゆる男性の社交クラブや団体のなかで、友愛がもっとも完全な形で示されるのは、軍と戦場なのである。

兵士を個人と対置し、友愛と理性を対置するのは、リベラルな市民社会だけである。多くの点で、兄弟愛的な契約説は、古代の家父長的なテーマを特殊近代的な理論へと変容させているが、しかしリベラルな個人という観念は、古い伝統を壊している。その古い伝統では、シティズンシップには独自の活動形態が含まれ、武装と密接に結びついてもいた。フェミニスト研究者はいまや、古代以来、シティズンシップと緊密な関係にあった自己アイデンティティ、セクシュアリティ、男らしさ《マスキュリニティ》が、戦士と不可分であることを示す。それに対して、リベラルな個人の特色とは、男性であるにもかかわらず、国家の軍事防衛の根底をなす政治的で男性的な情念とは対置して定義されることである。この定義は、伝統的な世界におけるかれの祖先とも異なるし、社会的リベラリズム理論や社会主義理論に見られる「個人」とも異なる。

　わたくしたちはリベラルな個人のイメージでものを考えるし、多くの社会的な実践や制度は、わたくしたちが自己利益のために動くと前提する（現在、フリーライダーに関心が集中しているのは、偶然ではない）。にもかかわらず、国家は決して、合理的な自己利益を社会的・政治的秩序の根拠としてこなかった。また、ホッブズを除くたいていの古典的理論家も、秩序の根拠は自己利益だといい切る勇気を持たなかった。ホッブズは、秩序の「人工的」基盤は不安定であってリヴァイアサンの剣に代えるしかない、と結論づけた。だがこれは拒絶されて、自然法、共感、慈悲心、見えざる手といった装置の方が好まれた。社会主義者は、連帯、同志関係、共同体、要するに友愛に訴えてきた。歴史的に、国家への服従と忠誠心は、個人の合理的利益に訴えるのではなく、帰属意識や心理的絆、特にナショナリズム、愛国心、友愛に訴え、培われてきた。これらは、たとえばロールズの正義感覚よりもはるかに典型的な紐帯であり、男性的な自己というアイデンティティ意識に直接的に訴えることがとりわけ重要である。しかし、自己利益の原動力の基礎が現実やイデオロギーにあるとしたら、友愛と理性の対置は無視できない。

　リベラルのなかには、この一世紀の間、十分に社会的で発展的な個人概念を練り上げようとした人もいた。それは、リベラルの契約論ではすっかり失われてしまった、共同体の情緒的紐帯を取り戻そうとする概念であった。かれらは同時に友愛の理念にも目を向けた。ガウスが述べているように、こうしたリベラルの目には、友愛は「共同体の結びつきのなかでもっとも力強いもの」[45]と映っている。友愛の理念は、「近代のリベラリズム理論に、共同的な絆というすばらしい概念」をもたらしたために、たとえばデューイは「友愛的に結びついた公衆」について論じたし、ロールズはかれの格差原理を「友愛が自然に意味するもの」と見なしているのである。[46]

社会的リベラルや社会主義者が、市民的個人と共同体を再統合しようとして（あるいは、リベラルの公私区分を再統合しようとして）、「友愛」という言葉を堂々と用いるのは、市民社会の家父長的な性格が顕在化したことを意味する。また、個人の男性的な属性が露呈しはじめた。「個人」という範疇の普遍性は、身体を抽象化し続けなければ維持できない。「個人」なるものは虚構であり、実際は男か女のいずれかの身体を持っている。だが、女性の身体はいかにして、（リベラルであれ社会主義的であれ）友愛的＝兄弟愛的な政治体の一部になり得るのだろうか。

現在ではシティズンシップは、表面上は女性に拡大されているものの、わたくしたち女性はいかにして男のイメージで作られた市民的「個人」になり得るかという、現実的な問題を提起するに至っている。女性が市民社会の普遍的原理を字面どおりに受け取って選挙権付与を要求したときに、実際のところ、男性性とシティズンシップと武装の密接な関係が重要であることが明らかになった。女性参政権に反対する人々の「切り札」は、腕力に依拠した論議であった。[47]女は本来、武装することも暴力を用いることもできないし望んでいない、ゆえに女が市民になれば国家は必ず致命的に弱体化する、と主張したのである。

女性に選挙権が付与された（女性の首相さえいる）現代でも、同様の家父長的なシティズンシップ観が依然として見られる。一九八一年、英国下院における国籍法案の審議で、エノック・パウエルは次のように論じた。女性は自分のシティズンシップを子どもに譲渡すべきではない。「ナショナリティは、最終的には戦いによって試されるからである。男性にとってのネイションは、その人がそのために戦いたいと思うネイションである」。男女の性差は、シティズンシップにも表れているに違いない。「一方は戦い、他方は生命を産み保護する」[48]。現在では女性も軍隊の一員に組み込まれているのは事実だが、いまだに戦闘部隊からは除外されている。そして戦闘部隊こそは、友愛＝兄弟愛の実例なのだ[49]。

「男性《メン》は生まれながらに自由である」。（男性の）生来的な従属を拒否するところから、力ではなく意思こそ国家の基礎であるという画期的な主張が生み出された。市民社会の強制や暴力を隠し、支配と従属の関係で「意思」を決定する際、兄弟愛的な契約説は大きな成功をもたらす手段だった。契約論を批判する論者は、契約と搾取の当事者間にある不平等については饒舌だったが、契約と従属の帰結についてては寡黙だった。性差に基づく支配と従属に対し、契約はいかに自由という衣をまとわせているか、めったに議論されなかった。契約は、市民的個人の陰に武装した男性も隠してきた。フーコーは、原初契約（おなじみの契約説では原初協約とされている）に社会の「軍人の理想像」を対置したが、両者は見かけほどかけ離れているわけではない。

フーコーによれば、軍人の理想像は「自然状態にあったのではなく、ひとつの機械装置の入念に配属された歯車に存していたのであり、原始的な社会契約にではなく果てしない強制に、基本的人権にではなく無限に発展的な訓育に、一般意志にではなく自動的な従順さに存していた」[50]。フーコーが描写している身体の自動的な従順さと規律・訓練は、兄弟愛的な社会契約がもたらす結果のひとつである。フーコーは、「規律・訓練のさまざまな装置の発展および一般化」は、「原理上は平等主義的な法律形態」の発展の「他方の、暗黒の斜面を組立ててきた」と述べる。しかし、規律・訓練をとおして「契約による人々の絆が系統的に絶たれてしまう」[51]ことは、市民社会における規律・訓練が（それは同時に家父長制的な規律・訓練なのだが）契約で確立される典型というだけではない。市民社会に特有の従属は、フーコーが強調するように、強制力だけでなく従属者の共犯によって形を発展させる。家父長的な自由・平等が意識に刷り込まれるとき、共犯はあらゆることを容易にする（そこにはもちろん抵抗も含まれるが）。たとえば、「個人」が結婚相手を自由に選択できる場合、世間に自由な契約と見なされると、婚姻契約が妻の家父長的従属と夫の男性的特権を儀式的に承認する政治的虚構であることを認めにくくなってしまうのである[52]。

身体の近代的規律・訓練は、すでに理性を身体から切り離し男性の理性を女性の身体から切り離してきた政治理論によって、支えられている。「軍人の理想像」が男性の夢であるが、友愛的な社会契約は女性の夢でもあるという重要な事実を、フーコーは無視している。だが、一見して普遍的な契約はつねに女性の夢をかきたてるものの、女性の夢は決して叶わない。リベラル・フェミニズムの歴史は、リベラルな自由と権利を成人全体へと普及させようとした歴史である。しかしリベラル・フェミニズムは、家父長的な市民的秩序において女性がいかにして平等な立場につくべきかという深刻な問題に取り組んでいないし、またできないのである。

フェミニズムの戦いはいまや、女性が表面上は市民的平等をほぼ達成するまでになった。しかし、男性のイメージでつくられた平等と、現実の女性としての社会的地位は、まったく対極にある。もちろん女性は、市民生活から完全に排除されたわけではなかった。近代の市民的秩序の〔公私という〕二つの領域は現実には切り離せない。だがわたくしたち女性は、奇妙な仕方で市民生活に包摂された。慣習的で契約が保証する普遍的な世界では、女性の市民としての地位は属性に基づき、女性が生まれもった特質で定義される。家庭ばかりか生産活動やシティズンシップなど市民生活はくまなく、家父長的な従属が社会的・法的に維持されている。ゆえに、女性の従属について検討しようと思えば、男性の兄弟愛についても検討せざるを得ない。近年フェミニズム研究は、いかにして男性が、男として、社会的・政治生活全般で家父長的権利の力と特権を維持しているかを明らかにしはじめた。もちろん、男性の階級や人種の区分も重要な問題だが（兄弟愛を明示する団体や社交クラブは、はっきり分断されているのがふつうだ）。

兄弟愛的な社会契約説は、市民社会というカテゴリーやそこでの実践をそのまま女性に当てはめられないことを示している。こうした社会契約は、女性に対する男性の性的権利を確立する近代の家父長的協約であり、市民的個人は女性や女性の身体を象徴するあらゆるものと対置されてきた。そうである以上、どうやってわたくしたち女性は、市民社会の正式な構成員とか兄弟愛的な契約の当事者になることができるだろうか。

この問題に対する答えは、次のように矛盾している。市民社会では、女性は自分の身体性を否定して、兄弟の一員として行動しなければならない。しかし同時に、女性は女としか見なされない以上、家父長的な女らしさ《フェミニティ》の概念や家父長的な従属を支持し続けなければならない。[53] 市民社会と、女性や女性の身体との独特の関係は、以下の事実から明らかになる。夫が妻の身体を本人の意思に反して用いる権利を廃止した司法管区はわずかしかない。性的関係の強要（「セクシュアル・ハラスメント」）は労働生活で日常的に見られる。女性の身体は資本主義市場で売られている。[54] 合州国では一九三四年まで、英国では一九四八年まで、女性は外国人と結婚するとシティズンシップを失った。一九八三年になってようやく、英国人女性と結婚した外国人の夫も、シティズンシップと居住権を獲得できるようになった。[55] そして、福祉政策はいまだに、個人としての女性の地位を十分に承認していない。

男女が共に、自由で真に民主的な（「市民化された《シヴィライズド》」）社会の正式な構成員であるためには、理論的にも社会的にも変革が必要だが、それは想像以上に広範囲に及ぶだろう。「市民社会」という言葉の内容は（本章で論じた両方の意味で）、女性と女性を象徴するあらゆるものを排除して構築された。市民社会を「再発見」しても、家父長的な概念である限り、男性の家父長的権利に異議を申し立てたことにはならない。真に民主的な社会なら、女性は正式な市民として包摂されるはずだが、そうした社会をつくるには、政治体に関するわたくしたちの理解を脱構築し再構築しなければならない。この作業は、公私の家父長的な分離を取り除くことからはじまって、わたくしたちの個人性を変容させ、女らしさとか男らしさといった性的アイデンティティを変容させるところまで及ぶ。男女の性的アイデンティティは現在は対置されており、理性と欲望という家父長的二元論のさまざまな表現の一部である。政治の理論と実践にとってもっとも深く複雑な問題は、男女という人類の二つの身体と女性の個人・男性の個人を、どうやって政治生活に完全に組み入れるかである。現在の家父長的な支配、対置、二元性を、いかにして将来の自律的・民主的な差異化へと変容させることができるだろうか。

父親による伝統的な家父長制は、はるか昔に、兄弟愛的な市民社会の近代的家父長制へと変容を遂げた。ミネルヴァのフクロウが飛び立つ黄昏になって、やっとそれを観察できたのだから、まだ希望はあるはずだ。あるいは、楽観主義の時代は過ぎたのかもしれない。フェミニズムは、家父長制が危機を迎えた時点で再興したのかもしれないのだ。その危機においては、武装した男たちは市民的個人ではなくなってしまった。いまやかれらは剣ではなく、プラスチックの銃弾やクラスター爆弾や化学兵器、生物兵器、核兵器で武装している。おそらく、メアリ・オブライエンが示唆するように、「兄弟愛は狂気の次元にまで達し、魔法使いの弟子のように、自分でつくり出したものを制御できなくなってしまった」のかもしれない[56]。

1 次の拙著では、契約論をより広範かつ詳細にフェミニズムの視点で読み解き、婚姻契約やその他の契約（たとえば売春婦と客の契約）を理解する上でそれが重要であることを示した。C. Pateman, *The Sexual Contract* (Cambridge: Polity Press, 1988; Stanford: Stanford University Press, 1988).

2 Z. R. Eisenstein, *The Radical Future of Liberal Feminism* (New York: Longman, 1981), chap. 3. だがアイゼンステインは、わたくしとは異なる方向へ議論を進めている。J. B. Elshtain, *Public Man, Private Woman: Women in Social and Political Thought* (Princeton: Princeton University Press, 1981), chap. 3. より最近のものとしては、以下を参照。L. Nicholson, *Gender and History: The Limits of Social Theory in the Age of the Family* (New York: Columbia University Press, 1986).

3 G. Schochet, *Patriarchalism in Political Thought: The Authoritarian Family and Political Speculation and Attitudes Especially in Seventeenth Century England* (Oxford: Basil Blackwell, 1975).

4 ここでの簡潔な要約は、双方の立場に立つ論者たちの基本的な対立点に光を当てたものであり、各陣営の内部に存在する相違点については触れていない。たとえばホッブズは、父権的支配と政治的支配を同一的と見なしたが、父権に関する家父長的な主張は拒絶していた。

5 Sir R. Filmer, *Patriarchia and Other Political Works*, ed. P. Laslett (Oxford: Basil Blackwell, 1949), p. 54.

6 Ibid., p. 71.

7 Ibid., p. 188.

8 Ibid., pp. 71, 57, 194.

9 Ibid., p. 96.

10 Laslett, "Introduction", *Patriarchia*, p. 28. フィルマーは次のように語っている。「父親と息子たちしかいない場所では、どの息子も自分の兄弟の死について父親に尋ねることはできない」(p. 256)。

11 Filmer, *Patriarchia*, pp. 241, 283.

12 J. Locke, *Two Treatises of Government*, ed., P. Laslett, 2nd ed. (Cambridge: Cambridge University Press, 1967), II, §110〔J・ロック／加藤節訳『統治二論』（岩波書店、二〇〇七年）、二七七―二七八頁〕.

13 Filmer, *Patriarchia*, p. 245.

14 Ibid., p. 287.

15 Locke, *Two Treatises*, I, §47; II, §82〔ロック／加藤前掲訳、六〇頁、二五四頁〕.

16 J.-J. Rousseau, *Emile, or On Education*, tr. A. Bloom (New York: Basic Books, 1979), pp. 370, 404〔J－J・ルソー／今野一雄訳『エミール』（下）（岩波文庫、一九六四年）、三二頁、一〇六頁〕.

17 Locke, *Two Treatises*, I, §48〔ロック／加藤前掲訳、六一頁〕.

18 M. Astell, *Some Reflections Upon Marriage* (New York: Source Book Press, 1970), p. 107 (from the 1730 ed., first published 1700). 婚姻契約と社会契約、夫の権力と王の権力との間にあるアナロジーについては、以下を参照。M. Shanley, "Marriage Contract and Social Contract in Seventeenth Century English Political Thought", *Western Political Quarterly*, 32(1) (1979), pp. 79–91.

19 以下の文献に引用されている。Schochet, *Patriarchalism in Political Thought*, p. 202. わたくし自身は、自由・平等および社会契約に関して、以下の拙著で論じておいた。C. Pateman, *The Problem of Political Obligation: A Critique of Liberal Theory*, 2nd ed. (Cambridge: Polity Press, 1985; Berkeley, CA: University of California Press, 1985).

20 B. Crick, *In Defence of Politics*, 2nd ed. (Harmondsworth, Middlesex: Penguin Books, 1982), p. 228.

21 E. Hobsbawm, "The Idea of Fraternity", *New Society* (November 1975), cited in M. Taylor, *Community, Anarchy and Liberty* (Cambridge: Cambridge University Press, 1982), p. 31.

22 Crick, *In Defence of Politics*, p. 233. 同書でクリックは、「ある意味で、わたくしが「友愛」という言葉で伝えようとしている内容を、より曖昧でない形で表現するイメージ」といえるのは「姉妹愛（sisterhood）」だと示唆している（p. 230）。クリックは、友愛と、「ケンカ好きな兄弟の一団」と、「ステレオタイプ」の男らしさの関係について言及しているにもかかわらず、「多くの言葉を書き換えるためにあれこれ思案するよりも、古い「友愛」という言葉から性的特徴を取り除いたり、「友愛」の女性化を試みる」方がよいと論じている。かれのこうした主張はまさに、言葉こそがわたくしたちの社会の家父長的構造を表現し形成しているものの一部だ（「言葉は生活の形態である」）という重要なポイントを見失っている。

23 S. de Beauvoir, *The Second Sex*, tr. H. M. Parshley (New York: Penguin Books, 1953), p. 732〔S・ボーヴォワール／中嶋公

子・加藤康子監訳『決定版 第二の性 II 体験』(新潮社、一九九七年)、六二一頁〕. だがもちろん忘れてならないのは、ボーヴォワールはまだ組織されたフェミニズム運動による支持がない時代に『第二の性』を執筆していたということである。今日ではフェミニストは、言語に非常に注目している。フェミニストによれば、友愛〔という言葉〕は実際に、「労働者」が男であり「男の運動」の一員であるように、労働者階級と労働運動を形成した。この点についての興味深い説明としては、特に以下の文献を参照。C. Cockburn, *Brothers: Male Dominance and Technological Change* (London: Pluto Press, 1983); B. Campbell, *The Road to Wigan Pier Revisited: Poverty and Politics in the 80s* (London: Virago Books, 1984)(「男の運動」という用語はビアトリクス・キャンベルによるものである).

24 N. O. Brown, *Love's Body* (New York: Vintage Books, 1966), p. 4〔N・O・ブラウン/宮武昭・佐々木俊三訳『ラヴズ・ボディ』(みすず書房、一九九五年)、四頁〕.『ラヴズ・ボディ』におけるブラウンの解釈にわたくしの注意を喚起してくれたピーター・ブレイナーに謝意を表したい。同様の指摘は、家父長制にとって持つ意味は追究されていないものの、以下の文献でなされている。M. Hulliung, "Patriarchalism and Its Early Enemies," *Political Theory*, 2 (1974), pp. 410–19. この文献では、父親殺しが「民主的な理想から教訓劇へ取って代わられる可能性」もあること、および「暗殺者は「兄弟」であり兄弟は平等である」ことが指摘されている (p. 416)。

25 P. Rieff, *Freud: The Mind of the Moralist* (London: Methuen, n.d.), chap. VII〔P・リーフ/宮武昭・薗田美和子訳『フロイト——モラリストの精神』(誠信書房、一九九九年)、第七章〕.

26 S. Freud, *Moses and Monotheism*, tr. K. Jones (New York: Vintage Books, 1939), p. 104〔S・フロイト/渡辺哲夫訳「モーセという男と一神教」、『フロイト全集』第二二巻(岩波書店、二〇〇七年)、一〇三頁〕.

27 S. Rothblatt, *Tradition and Change in English Liberal Education* (London: Faber & Faber, 1976), p. 18.

28 R. Williams, *Keywords: A Vocabulary of Culture and Society*, revised ed. (New York: Oxford University Press, 1985), p. 58〔R・ウィリアムズ/椎名美智・武田ちあき・越智博美・松井優子訳『完訳 キーワード辞典』(平凡社、二〇〇二年)、五四頁〕.「文明」の出現にわたくしの注意を喚起してくれたロス・プールに謝意を表したい。

29 S. Freud, *Civilization and its Discontents* (New York: W. W. Norton & Co., n. d.), p. 53〔S・フロイト/嶺秀樹・高田珠樹訳「文化の中の居心地悪さ」、『フロイト全集』第二〇巻(岩波書店、二〇一一年)所収、一一〇頁〕.

30 S. Freud, *Totem and Taboo*, tr. A. Brill (New York: Vintage Books, n. d.), p. 186〔S・フロイト／門脇健訳「トーテムとタブー」、『フロイト全集』第一二巻（岩波書店、二〇〇九年）、一八五頁〕.

31 Brown, *Love's Body*, p. 5〔ブラウン／宮武・佐々木前掲訳、七頁〕.

32 繰り返しになるが、ホッブズは例外である。かれが説く根源的に個人主義的な自然状態では、家族は存在しない。女性は男性と同様に強いのである。だがホッブズは、市民社会においては、女性は自分を夫に従属させることになる婚姻契約をつねに進んで結ぶ、と想定しているにすぎない。

33 S. Freud, *Moses and Monotheism*, p. 153〔フロイト／渡辺前掲訳、一五〇頁〕.

34 たとえば、メアリ・アステルは皮肉をこめて次のように述べている。「精神の強さが身体の強さに伴うもの」ならば、「もっとも屈強な雑役人がもっとも賢い男であるわけではないということを、いまだ哲学者たちが探究に値すると考えるに至っていないとは、何ともはや、思いもよらないことだ！」と（*Reflections Upon Marriage*, p. 86）。また、ウィリアム・トムソンの以下の文献における記述も考慮すべきである。「強さが幸福のための優れた資格だというなら、馬や象やその他すべてのより強い動物たちを愉快にさせるのに、男の知識と技能を用いればよい。強さが幸福のための資格だというなら、読み書き能力といった有権者に必要なすべての能力や、知的な適正さを保証するあらゆる間接的な手段を、なくしてしまえばよい。そして、男にも女にも、政治的権利を行使するための単純なテストとして、重さ三〇〇ポンドの物体を運べるかどうか試せばよいのだ」。W. Thompson, *Appeal of One Half of the Human Race, Women, Against the Pretensions of the Other Half, Men, to Retain them in Political, and Thence in Civil and Domestic, Slavery* (New York: Source Book Press, 1970; originally published 1825), p. 120.

35 このことは、なぜわたくしたちが「出産の哲学」を手にしていないのかを説明するのに役立つ。以下を参照。M. O'Brien, *The Politics of Reproduction* (London: Routledge & Kegan Paul, 1981), especially chap. 1.

36 本書第1章を見られたい。

37 S. Freud, *Civilization and Its Discontents*, p. 56〔フロイト／嶺・高田前掲訳、一一四頁〕.

38 J. Mitchell, *Psychoanalysis and Feminism* (Harmondsworth, Middlesex: Penguin Books, 1975), p. 405〔J・ミッチェル／上田昊訳『精神分析と女の解放』（合同出版、一九七七年）、二六二頁〕.

39 たとえば以下を参照。N. Hartsock, *Money, Sex and Power: Towards a Feminist Historical Materialism* (Boston, MA: Northeastern University Press, 1983), chap. 8; O'Brien, *The Politics of Reproduction*, chaps. 3, 4; Elshtain, *Public Man, Private Women*, chap. 1; H. Pitkin, *Fortune Is A Woman: Gender and Politics in the Thought of Niccolo Machiavelli* (Berkeley, CA: University of California Press, 1984).

40 理性の産物としての男性の歴史については、以下を参照。G. Lloyd, *The Man of Reason: 'Male' and 'Female' in Western Philosophy* (London: Methuen, 1984). デカルト的な「出産のドラマ」については、以下を参照。S. Bordo, "The Cartesian Masculinization of Thought", *Signs*, 11(3) (1986), pp. 439–56.

41 J. Rawls, *A Theory of Justice* (Cambridge, MA: Harvard University Press, 1971), p. 128〔J・ロールズ／川本隆史・福間聡・神島裕子訳『正義論［改訂版］』（紀伊國屋書店、二〇一〇年）、一七三頁〕.

42 実際よりも若く見られたり老いて見られることもある、という反論がなされるであろうし、あるいは、「悪い」身体を持っているとか白人として「合格」だとかいう類の思い込みもあるかもしれない。しかし、これらの例はすべて、年齢差・性別・肌の色の違いに関する知識や、それらの差異がそれぞれの文化で持つ特定の意味についての知識に基づいている。たとえば、「男らしさ」とか「女らしさ」が何を意味するか、それらがいかに不可避的に身体と結びついているか、十分理解しないと、性転換者にはなり得ない。ロールズのいう「当事者」は一見して性別の問題に無関係のようでありながら、しかしかれの議論は性的に差異化された道徳を前提にしている。このことは、以下の文献に示されている。D. Kearns, "*A Theory of Justice* and Love: Rawls on the Family", *Politics*, 18(2) (1983), pp. 36–42.

43 公私のこうした区分は、よく知られた社会契約説の第二段階でなされる（ロックの理論はこれを明確に示している）。以下の拙著を参照。Pateman, *The Problem of Political Obligation*, chap. 4. また、本書第6章も見られたい。

44 R. M. Unger, *Knowledge and Politics* (New York: Free Press, 1976), p. 45. アンガーは女性や家族に関してはほとんど言及していない。だがかれの批判が、目指しているほど「全面的な批判」になっていないことは、かれのコメントを見れば明らかである（労働分業についてのコメントと同様に）。たとえばかれは、家族は「他のすべての集団への忠誠心と競合する人間関係へと男性を引き戻す」(p. 264) と述べるが、家族は市民社会へ参入する者だけを

「引き戻す」のである。

45 G. F. Gaus, *The Modern Liberal Theory of Man* (London: Croom Helm, 1983), p. 90.

46 Gaus, *Modern Liberal Theory*, p. 94. ガウスはデューイとロールズを、同書の九一頁と九四頁で引用している。

47 この表現は、以下の文献から拝借している。B. Harrison, *Separate Spheres: The Opposition to Women's Suffrage in Britain* (New York: Holmes & Meier, 1978), chap. 4. かつて女性は、軍隊で重要な一角を占めていたが、第一次世界大戦までに、「西洋の軍隊にかつて女性を必要とした場があったという記憶は、いつしか失せてしまった」(女性に関するその他の多くの物事と同様にである‼)。以下を参照。B. C. Hacker, "Women and Military Institutions in Early Modern Europe: A Reconnaissance", *Signs*, 6(4) (1981), pp. 643–71（引用は同論文の六七一頁から）.

48 以下の文献に引用されている。*Rights*, 4(5) (1981), p. 4.

49 女性と軍隊と戦闘については、以下を参照。J. Stiehm, "The Protected, The Protector, The Defender", *Women's Studies International Forum*, 5 (1982), pp. 367–76; and "Reflections on Women and Combat", Postscript to *Bring Me Men and Women: Mandated Change at the US Air Force Academy* (Berkeley, CA: University of California Press, 1981).

50 M. Foucault, *Discipline and Punish: The Birth of the Prison*, tr. A. Sheridan (New York: Vintage Books, 1979), p. 169〔M・フーコー／田村俶訳『監獄の誕生――監視と処罰』(新潮社、一九七七年)、一七一頁〕.

51 Foucault, *Discipline and Punish*, pp. 222–3〔同訳、二二二頁〕.

52 以下の拙稿を参照。C. Pateman, "The Shame of the Marriage Contract", in J. Stiehm ed., *Women's View of the Political World of Men* (Dobbs Ferry, NY: Transnational Publishers, 1984).

53 この点で、サッチャー氏は興味深い事例を提供してくれる。一方で彼女は、「内閣における最高の人物《マン》」であり、フォークランド紛争の勝利者であり、レーガンがリビアに行った国家的テロの共犯者であり、兵器と一緒に写真に映っている。他方で彼女は、報道関係者に対して（髪を染めているといった）「女性らしい《フェミニン》」事柄について語り、「首相就任四年、一〇歳若く見える」といった見出しの記事を書かせ、社会福祉の歳出カットについて語る場合には上手な家事という言葉を用いるのである（以下を参照。A. Carter, "Masochism for the Masses", *New Statesman*, 3 June 1983, pp. 8–10）。

54 売春を契約に基づくと擁護する意見について、以下の拙稿・拙著の批判を参照されたい。C. Pateman, "Defending Prostitution: Charges Against Ericsson", *Ethics*, 93 (1983), pp. 561–5, and *The Sexual Contract*, chap. 7.

55 移民制限という障壁のために、英国の黒人女性は依然、その権利を行使しづらい状況にある。英国の法における性と人種の相互作用については、以下を参照。Women, Immigration and Nationality Group, *Worlds Apart: Women Under Immigration and Nationality Law* (London: Pluto Press, 1985). また、合州国の場合については以下を参照。V. Sapiro, "Women, Citizenship and Nationality: Immigration and Naturalization Policies in the United States", *Politics and Society*, 13 (1) (1984), pp. 1–26.

56 O'Brien, *The Politics of Reproduction*, p. 205.

（一九八八年）

第3章　政治的義務の正当化

政治的義務は、その正当化が必要だという問題を提起する、と今日ほとんどの政治理論家は見ている。だが、自由民主主義国家の権威を正当化したり、その国家の市民の政治的義務を正当化するのは、それほど困難ではない、とも異口同音にいう。実際、さらに踏み込んで、次のように主張する理論家もいる。政治的義務は正当化が必要だとか、一般的な問題をもたらすとかいうこと自体、概念や哲学が混乱している証だ、と。かつてわたくしは別稿で、この後者の主張に反論したことがある。本章では、自由民主主義国家ではもはや政治的義務の正当化には何の問題もないと想定するのは誤りであり、しかも、よくある正当化ではこの問題を解決しないと論じたい。政治的義務を議論する際、後述するように、個人の自由と平等を重視するリベラルの原理と不可分に結びついた主意主義（voluntarism）に訴える政治理論家が多い。だがこうした主張は、自由民主主義国家における政治的義務を正当化できない。それどころか、正当化された政治的義務は参加型デモクラシーか自主管理型デモクラシーにしかない、という結論を導くのである。

自由民主主義国家における政治的義務を論じる際、理論家は何らかの形でどうしても主意主義に頼らざるを得ない。かれらは、同意、契約、合意、献身、約束、さらに広く、個人の自発的行為に訴えかける。それらが政治的義務を生じると考えるからである。つまり政治理論家はふつう、政治的義務とは自らに課す形の義務であり、個人が進んで関与し自ら買って出る道徳的献身である、と前提する。こうした前提を支えているのは、自由民主主義体制を特定の種類の人々が暮らすある種の社会とする見解である。ロールズの巧みな要約によれば、自由民主主義体制は「自発的に結成された制度枠組みである状態へと可能な限り接近」し、「その社会の構成員は自律的であり、かれらが承認する義務は自分たちが進んで課したものとなる」という。[2] だが、なぜ主意主義が、いい換えれば同意や合意や約束といった理念が、それほど重要なのかをめったに問わないところが、政治的義務をめぐる昨今の議論の特徴である。なぜ義務は、進んで引き受け、自らに課すものでなければならないのか。自由民主主義国家における政治的義務の正当化を重大な問題と見るつもりなら、この問いに答えなければならない。

誰もが知っているとおり、同意や社会契約に関わる理念を中核とし基盤とする政治理論は、一七世紀と一八世紀に顕著になった。このことは何ら驚くに値しない。政治的な理念・概念は、大半の政治理論家がどのように扱うかに関わりなく、それらが生じた時代と場所から遊離していないのであり、特定の形態の社会生活を構築する手助けをする。社会契約論と同意理論は、社会経済が飛躍的に発展し変化した時代に定式化された。つまり、資本主義市場経済とリベラルな立憲国家が登場した時代だった。それと共に、個人や個人どうしの関係性は、まったく新たな視点で捉えられるようになった。契約論者は、個人は「自由かつ平等な状態で生まれる」、「生まれながらに」互いに自由かつ平等である、との前提から論議をはじめた。これは、神がつくった「自然な」序列である不平等と従属のなかに人は生まれるという従来の考え方とはまったく対照的であった。伝統的な見方では、特定の支配者が有する命令権の範囲をめぐってしばしば論争が起きたものの、政治的服従それ自体に疑問を呈する余地はほとんどなかった。支配する者も政治的に服従する者も、神が創造した世界の一部だったのだ。だが、個人は自由かつ平等な状態で生まれる、あるいは「生まれながらに」自由かつ平等である（もしそうでないなら、個人は進んで契約を結び、市場で対等に取引し、自らが望む利益を追求することなどできようか？）という考えがいったん流通すると、今度は、政治的権威と政治的服従をめぐって非常に大きな問いが生じることとなった。

社会契約論者は、リベラルな個人主義がもたらす問題をよく自覚していた。そもそも他者はなぜどのように、自由で平等な個人を正当に支配できるのだろうか。この根本的な疑問に、いまだにきちんとした答えは出ていない。たとえば、次のようなフェミニズムの主張を考えてみればよい。自由かつ平等な女性の個人は結婚相手である男性の権威に服さなければならない、という信条は広く行きわたっているが、それにはたいした理由がない。こうした根本的な疑問がわくのも、長い間安定していた政治的権威と政治的服従が揺らいでいる証拠だ、との主張である。ここで誤解のないように述べておくが、わたくしは決して、哲学的アナーキストのように、政治的権威と個人の自律の間や個人の自由と平等の間に埋められない溝があるなどと論じているのではない。[3] 統治に関するこの根本的な問いに満足に答えるのは不可能だとか、政治的義務は意味のない概念であるとか、主張しているのでもない。そうではなく、政治的義務は正当化できるし、つねに正当化を必要としているが、唯一妥当な正当化には多くの論者が顧みない意味が含まれている、といいたいのである。

個人の自由と平等をそもそも前提している以上、政治的義務と政治的権威にとって合理的で満足のいく正当化はひとつしかない。すなわち、各人は、そのような関係を結ぶことに、自ら同意し、契約し、合意し、選択し、約束しなければならないのである。政治的権威は、各人の自発的な行為に基づかなければならない。自分のために、進んで政治的義務を引き受けなければならない。リベラルな個人主義が発展するとともに、個人と統治の関係は、たんなる服従の関係から義務の関係となった。これは、自分の自由な行為に縛られる関係である。すると、政治的義務は一般的な問題となる。政治的義務はもはや所与と見なすことはできず、特定の正当化がつねに要請される。政治的義務の議論で自発的な正当化がよく語られるが、それだけ理論家は、契約論者のリベラルな遺産を手放したがらないのである。また、自由民主主義国家ならば政治的義務を適切にたやすく正当化できる、とも広く信じられている。だがたいていの理論家は、政治的義務の自発的正当化についてはきわめて曖昧な態度を見せながら、それを自覚していない。

合意し、同意し、約束したかどうかに関わりなく、自由民主主義国家では個人は正当化された政治的義務を負う、とよく論じられる。このような主張は、自由民主主義の政治的義務には何の問題もないという前提を支持し、誰がいついかにして合意し同意し約束したか特定するという面倒を回避できる。とりわけ印象に残る意見は、タスマンの『義務と政治体』に見出せる。かれは自由民主主義国家を、構成員の同意に基づいた任意団体《アソシエーション》と見なすべきだという。だが、すべての市民が同意しているわけではない、とも言明している。市民の一部（多数？）は、ちょうど未成年者のように、自分が同意しなくても統治される「幼な妻のような市民」だというのである。そうした市民も正当な政治的義務を負うが、タスマンはその根拠を示していない。こうして同意の重要性は明らかでありながら、主意主義は政治生活の一端にしか関わっていないようだ。政治的「義務」が全市民と国家の関係をうまく表しているとは思えない。

日常生活では、約束を交わして義務を負うことはよくある。「わたくしは……を約束します」というと、その人はある義務を引き受け、ある特定の行為をする（またはある行為を控える）責任を負う。政治理論家はしばしば、政治的義務とは約束のようなもの、あるいは約束に依拠したもの、特別な約束なのだと論じてきた。だが前述のように、このようにいうことは、市民と自由民主主義国家の関係は市民が自ら引き受けた義務だと仮定することである。政治的義務と、約束という社会的実践は、ふつうはごく一般論で比べるだけで、それ以上追究されることはほとんどない。だが、まさにこうした対比を検討してはじめて、自由民主主義国家における政治的義務の問題が露わになるのだ。近年、道徳哲学者は、約束にかなり注目している。ここではこの議論で特に重要と思われる約束の側面に触れておくことにしたい。[4]

人と約束することは、自由かつ平等な個人が社会関係を進んで築く、もっとも基本的な方法のひとつである。社会教育や道徳教育の一環で、個人は、約束という社会的実践にどのように加わるか、そしてそれに必要な能力を持つ人としていかに成長するかを学ぶ。こうした能力には、いま約束すべきかどうかを決めるのに必要な合理的で根拠のある熟議に参加できることや、自分の行動や関係を振り返り、批判的に評価できることが含まれる。約束はときには破っても当然だったり、変更したり別の約束を結び直したりもする。政治的義務が約束のようなものだったり、約束の一種だとすれば、問うべき重要な疑問がある。市民はどうすれば政治的義務を、他の義務と同様に、自らのものとして引き受けることができるのか。どんな政治システムでそれが可能になるのか。要するに、約束という社会的実践に相当するものは、政治の側では何なのか、問わなければならないのである。

個人が妥当な熟議に参加できたり、政治生活やその環境の管理の仕方を自分たちで決めたりできる政治的な実践とは、投票である。約束と同じように、投票でも、関与《コミットメント》あるいは義務が生ずる。もっとも投票の場合は、個人の関与ではなく集合的な関与であろうが。しかし、投票一般と政治的義務がこのように抽象的・概念的に関連していても、個人が引き受ける政治的義務がある場合どのような投票制度が適切かは明らかでない。よく政治理論家は、自由民主主義的な投票が欠かせないというが、これについては後ほどいくつか異議を唱えたい。ここではさしあたり、約束のアナロジーを続けるため、投票を、個人が自分たちの政治的義務を集合的に決定するものとしておけば十分であろう。こうした決定ができるのは、直接デモクラシー型・参加デモクラシー型の投票である。参加デモクラシーでは、個人は市民として政治的な意思決定の力を保持できる。市民は個人の立場で自分たちに政治的権力を行使する（多くの人はやや奇異な考えと思うかもしれない。代表者が市民に政治的権力を行使するのを当たり前と見なすことに、わたくしたちは慣れきっているからである）。市民は、自分たちの決定を実行し、自主的に管理する政治的な任意団体を存続させるために、必要なことは何でもするべく集合的に関与し、進んで義務を負う。また、約束と同じように参加デモクラシーの投票は、市民が活動や決定を自己評価し、必要なら変更するために政治的な力を行使できるようにする。こうして、個人の自由と平等というリベラルな原理と、そこから導き出される自ら引き受ける義務は、自由民主主義ではなく参加デモクラシーへと導き、それを正当化する。

さらに、ここで指摘しておくべき点が二つある。第一に、後でも触れるが、参加デモクラシーにおいて政治的義務は、国家や代表者に対してではなく、同胞市民に対して負うものである。他に誰に対して負うべきであろうか。第二に、昨今議論されている政治的義務が問題なのではない、と強調しておきたい。理論家はふつう、自らに課す義務という理想が、政治的にいかなる結果をもたらすのか問わない。問題があることを前提にしているというのに！　むしろ理論家は、政治的義務は自由民主主義国家において正当化されるという仮定に従って、（暗黙のうちに）こう問う。個人は自らの政治的義務にどのように自発的に合意するか。政治的義務を当然生じると思うような自発的行為とは何か、と。かれらがこの問いにどう答えているかを見る前に、ここで少し立ち止まって、古典的な社会契約理論に対して、近年の議論とわたくし自身の議論がどんな関係にあるか少々述べてみたい。その際、例としてロックの理論を取り上げたい。

　自由かつ平等な個人が政治的権威の下で生きると理性的に合意した「はじまり」を示すひとつの方法が、契約という仮説である。しかし、リベラルな社会契約には二段階あり、それぞれの重要性はまったく異なっている。[5] 第一段階では、「バラバラな」個人がどのように新しい政治共同体をつくるかを示す。社会契約のこの場面では、共同体の構成員の間で義務が成立し、構成員自身の手に権威はある。こうして契約の第一段階は、それを約束になぞらえる問題と関係する。ロックはこの第一段階を、（政治共同体をつくらなければならないから）必要ではあるが重要ではない予備段階とした。リベラリズム理論にとって根本的に重要なのは、契約の第二段階である。この第二段階は、新しい共同体の構成員は政治的権力を行使する権利を少数の代表者に譲渡するという想定を具体化する。自由だった契約の合意は、個人の政治的義務の内容を少数の代表者が決めるという合意になる。義務は自らに課していたのに、今度は他者に決められるものになった。これではもはや、義務を約束になぞらえるのは正しくない。政治的義務はいまや、市民が互いに負うものではなく、国家やその代表者に対して負うべきものになったのである。

ロックは、社会契約という思想だけで自分の理論を完成させられなかった。息子が本当に生まれながらに自由かつ平等なら、父親どうしがいくら合意しても息子に強制できないことになる、という家父長主義者からの異議に反論する必要があった。ゆえにロックは同意という観念を採用しなければならなかった。[6]息子たちは今度は自発的に、父親の政治的合意に同意ないし合意しなければならない、というのである。ロックは、現代の理論家と同じ問題に答えなければならなかった。つまり、正統な政治システムだからといって、個人はそれに同意したといいかにしていえるのか。個人のどのような行動から、その政治的義務を推しはかることができるのか。

ロックは同意をめぐる議論において、明示的な同意が政治的義務を生み、個人を被治者にすることは疑いようもないと述べている。同意に関して問題が生じるのは、「人が同意をまったく表明しなかった場合」である。ロックは、共同体の構成員は統治体の保護の下で日々の平和な相互行為を営んでいるので暗黙のうちに同意していると考えてよい、という有名な主張をし、この問題を解決した。だが、誰がどのように同意を表明しているのだろうか。ロックの同意の扱い方は、明快なモデルとはいい難いが、この問いに対するもっとも説得力ある答えは、次のようなものであろう。同意を表明したのは所有権の継承者であり、かれらは社会の一員として政治参加するにもふさわしい、と。ロックは、はっきり同意した人々を社会の「完全な成員」と呼び、暗黙のうちに同意しただけの個人とは異なって移住の権利を持たない、と述べている。[7]ゆえにロックは、異なった政治的義務が存在すると考えているようである。つまり、はっきり同意をした者には、そうでない者よりも大きな義務がある、というわけである。

差異化された政治的義務などの論議が示すように、ロックは、政治的義務に関する最近の議論をまさに先取りしていた。とはいえ、ロックの社会契約理論と現代の理論には、重大な相違もある。一七世紀にロックは、自由主義国家の市民が有する政治的義務を正当化するのは当然だと考えただけではなかった。かれは自然状態に関する推測的歴史を語るなかで、同時代の社会経済が発展したため、王権神授や家父長制を支持する主張は受け入れられなくなったと論じた。リベラルで立憲主義的な代議制国家のみが、個人の所有権を保全できる。そして社会契約説が、そうした国家の権威に必要な主意主義的な正当化を実現できるのである。ロックのいう契約が、政治的権威と政治的義務の問題に対するひとつの答えであることは、きわめて明白だと強調しなければならない。ごく最近の契約論や政治的義務の議論では、もはやこれらを問題とは見なさないが。ロールズは『正義論』で、自由民主主義国家が市民に正当な政治的権力を行使することを前提にしている。かれのいう「原初状態」や「当事者たち」の選択は、自由民主主義についての「わたくしたちの」熟慮した決定がなぜ合理的で好ましいのかを示す仕掛けなのだ。現在の市民と国家の関係が正しいといえるのは、それが正当な政治的義務を体現しているからだ、とロールズはいう。かれの契約は、国家の合理性を示す。古典的な社会契約理論と異なり、国家の権威が問題を喚起する地点からはじめるわけでも認めるわけでもない。今日、自由民主主義国家があたかも世界の自然現象のように、まったく当然と考えられているのである。これは、国家を慣習的につくられてきたものと見なしていた古典的な契約理論との、もっとも重要な違いである。

政治的義務がもはや問題ではないとは、いまや明らかに同意を「デモクラシーのイデオロギーを構成する要素」として扱っているという意味である。[8] リベラル・デモクラシー理論はたいていイデオロギーがかっているという批判はよく聞くし、ここでそれを追究しようとは思わない。だが、あるイデオロギー的前提と、その社会契約理論との関係について、一言しておく価値はあろう。[9] リベラル・デモクラシーの理論家は、自由民主主義的な投票が理論どおりに機能しており、すべての市民の利益を守り促進すると信じ切っている。ロックは、暗黙の同意を推論できた。個人は契約を交わす際に、「生まれながらの」自由・平等を、政治主体としての市民的自由・法的平等と交換するからである。統治は利益の保全を目的としており、現実の社会的不平等でどれほど分断されようとも、すべての市民は（ロックの使った両方の意味での）「所有権」が守られるような新しい地位を得るのである（そうでなければ、契約など結ばないであろう）。こうして、誰もが同意し続けるということができる。しかしロック以降、政治主体の地位は、自由民主主義的なシティズンシップという表面上は平等な政治的地位へ変容し、制度化された。このシティズンシップには、市民的自由と、選挙権を行使する権利が含まれる。市民が実質的にはいかに不平等であろうとも、投票はすべての市民の利益を保全する、だから皆は同意するといわれるのである。

ゆえに、自由民主主義的な投票の制度によって、いやその制度があるだけで、同意を得ているとする主張が近年もっとも人気を博しているのは驚くにあたらない。わたくしは以前から、一般に投票と政治的義務が概念的に結びついていることは、自由民主主義的な選挙に体現されている、とする前提に異議を唱えてきた（もっとも、このような前提がなぜ「自明」に見えるかを説明するのに、こうした一般的な結びつきは役立つが）。投票行動に関する実証調査をざっと検討するだけでも、同意を自由民主主義的な投票と単純に同一視する見解にはたちまち疑問がわく。たとえばプラムナッツは投票を棄権する人も同意していると主張するし、ゲワースによれば、「同意の手段」としての選挙は「その人がそうしたいと思えば参加できる」という意味であり、「その機会を個人的に利用するかどうかにかかわらず……個人には義務が生じるのだ」[10]。こうした主張が、経験的なデモクラシー論者が告げる政治的無関心と密接に関わっているのは明らかで、同じ欠陥を持つ。いうまでもなく、誰が投票を棄権し、なぜ棄権するのかを無視しているのである。実証調査の結果によると、棄権者は社会経済的な下位集団と女性に偏る傾向性がある。調査はまた、かれらが棄権するのは投票に価値があると思えないためであることも示唆する。つまり、リベラル・デモクラシー理論の主張が投票で達成できるとは信じられていないのである。ヴァーバとナイが示したように、投票などの政治参加は、「すでに有利な立場にある人々の役に立つ」ものなのだ。[11] より不利な地位に追いやられないよう活動を控える人々を、かれらは同意しているのだと主張してもほとんど意味をなさない。

確かに、投票した人は同意しているはずだといってよいかもしれない。だが投票の「意味」はきわめて複雑な問題であり、同意しているはずだという主張に対してわたくしは、二つの主要な反論を簡単に紹介することしかできない。第一の反論は、男性の投票と女性の投票に関係する。政治学者はよく、投票で男性と女性はやや異なったことをしているという。つまり、女性の投票は男性のそれとは「質的に異なる」というのである。男性は、よきリベラルらしく、自分の利益から投票する。それに対して女性は、道徳的な理由で、「利益に執着がないから」投票するというのである。[12] だがそのとおりだとしたら、女性の投票は男性の投票と同じように同意を「意味する」のだろうか。政治理論家は、自分の男性中心的な排他的偏見を捨てるか、あるいは、政治的義務と投票に関して性別で異なる論拠を構築するか、いずれかをしなければならない。

第二の反論はおもに、意味のある「同意」または真の「同意」が必要だということである。約束をするとき、その人は自分が何に関わっているか知っているし、必要とあればその義務を破棄したり変更したりできる。「同意」には、その行為が何をもたらすかきちんと認識でき、拒否や撤回もできるという意味も含まれる。しかし、こうした「同意」がどれほどむずかしいか、自由民主主義の選挙で好例が見られる。議員や公務員が政界を「既成事実化」しようとする問題や、かれらによる組織的な嘘についてはひとまず脇において、次の二点に言及しておきたい。まず、政党や候補者はいまや、宣伝技術を駆使して有権者に「販売されて」おり、市民は「イメージ」に基づいて投票を促されている。だが、どういう意味で、人はイメージに同意することができるだろうか。次に、投票と同意を一緒くたにしてしまうと、自由民主主義的な投票は儀式にすぎないとか、かなり儀式的な要素のあることが、無視されかねない。確かに、投票をシティズンシップに伴う「つとめ」だと見る市民は多い。繰り返しになるが、こうした投票が、自発的な熟議に基づく「同意」なるものとどれほどかけ離れているのか、が重大な問題なのである。[13]

政治的義務をめぐっては、いまでは「同意」について一切言及しない人々もいる。かれらは、（ロックの時代にはなかった）普遍的シティズンシップの活動ではなく、ロックの暗黙の同意のように日常生活に目を向けた、別種の主意主義論を示すのである。こうした論議は概して、個人が国家から恩恵を受けること、自由民主主義的な制度に参加すると義務が生じることを訴える。このアプローチは、ロックの暗黙の同意と同様に、巧妙にも包括的だし、実際のところ「暗黙の同意」のたんなる再解釈にすぎない。これは、政治的義務を導き出すやり方のひとつで、「同意」に伴う諸問題を回避しているようである。ロックの理論は、暗黙の同意について触れなくとも解釈が可能であり、これこそもっとも適切なロック解釈だと主張する研究者もいる。[14]継承した社会的実践を享受する人は、それを維持する役割を（公平に）担う義務がある、とロックが主張しているように見えるのだろう。ちょうど、高速道路の便益にあずかる人は、道路を建設し維持している政府に服従する義務がある、といっているようなものである。

このアプローチで本当にきちんとした論議が成り立つのかどうか、よくわからない。わかりきった概念をただ増やすだけではないのか、と疑いたくもなる。制度や実践があるからには、当然、個人がそこに参加し協力しているのである。人々は、制度が存続するように皆で分担する（「自分たちの義務を認識する」）から「便益を受ける」。しかしその「便益」は、参加と切り離した無関係のものではあり得ず、参加は実践そのものであるか実践の一部なのである。だが、こうした形の主意主義がきちんとした論議と見なされても、基本的な反論がいくつかある。

たとえば、自由民主主義のさまざまな制度への参加に伴う義務（そのようなものが本当にあるとして）が、どのように政治的義務と結びつくのかは、明らかではない。投票と同意を同一視すれば、確かに政治的活動に焦点を絞るという利点がある。しかも、これらの論議が日常生活を指向しているために、何を政治的義務だと示してもたちまち、他にも政治的義務があると反論されてしまう。管見の限りでは、何を「便益」と見なすか明確にしようとした文献は見つからなかった。だが、自由民主主義的な制度全体を見れば、一部の人だけ多大な「便益」を得ていたり、参加の恩恵がある個人や集団だけ大きく異なっているのは明らかである。リベラリズム理論の根源的な「便益」、すなわち個人の所有権の保全を例にとっても、これはあてはまる。実証調査は、次のことを示している。死亡率は社会階級によって異なる。[15]「貧困層は、法執行者から、富裕層や中産階級とは異なる扱いを受ける。こうした措置は体系的に徹底されている」[16]。女性は、男性から性暴力などを受けても、男性のように保護してもらえない[17]（付け加えれば、女性に固有の人身の所有権さえ男性が持つのだと広く信じ込まれている）。では、制度に参加したり便益を受けると生じる義務は、裕福であろうと貧しかろうと、労働者階級であれ中産階級であれ、男性であれ女性であれ、すべての市民にとって平等な義務である、と多くの政治理論家が想定すべきなのはなぜだろうか。

非常に興味深いことに、ロールズはこうした主意主義をふまえて、市民は等しい義務を負ってなどいないと結論づけている。実のところ、多くの市民には政治的義務などない、と。政治的義務を負っているのは「社会的な地位に恵まれた人々」のみであり、かれらは政治生活に積極的に関わる人でもある。その他の人々には服従する自然本性的な義務しかなく、「それらが効力を持つにあたって、どのような自発的な行為もまったく前提にされていない」というのである。[18]ロールズは、参加と「便益」に関する論議から論理的な結論を導き出したが、主意主義とか「自発的に結成された制度的枠組み」といった社会生活の理想は、いまではほとんどの人が顧みない。

これによって、主意主義を保持し、自由民主主義国家における政治的義務には問題がないという理論家が直面せざるを得ないディレンマが明らかになる。包括的な義務は導き出せるかもしれない（「暗黙の同意」）が、そのかわり、自らに課す義務という理念は無意味になってしまう。だが、一部の人は軽い義務しか負わないとか、服従する「自然本性的な義務」しか課せられていない人がいると認めると、リベラル・デモクラシー理論は根底から揺るがされ、リベラリズムの基本原理をいくつか放棄する道へと進むだろう。そして、同意や自らに課す義務といった理念に実体を伴わせようとすれば、現在、多くの理論家が避けたがっている自由民主主義国家に関する批判的問いが噴出する。

理論家はより刺激的な主張をしたがる傾向があるが、これはおそらく、自由民主主義国家と市民の関係をめぐる昨今の論議に安住できないことを表している。理論家は、政治的義務は基本的に国家にではなく同胞市民に対して負うべきだと主張する。[19]また、市民に対する正当な要求が国家にはあると前提してもいると付け加えなければならない。だがこうした前提を、自分たちの主張が覆すことになる。同胞市民に対して義務を負うならば、なぜ、いかなる根拠によって、国家に対しても当然義務を負うのだと想定しなければならないのか。この問いは、避けては通れない。

理論家がこのようなやり方で論議をはじめたことは、見かけほど意外ではない。市民の日常的な相互行為や、「便益」と「参加」を指向する主意主義の論理とは、次のようなものである。義務がこのように前提とされるなら、義務とは、制度や社会的実践に参加する同胞に対して負うものである。前述したとおり、このような論理は、何を「政治的」義務と考えるかという重大な問いを生じる。もしも「政治的」義務を同胞市民に対して負うべきであるなら、国家こそ政治的なるものの中心であり政治的義務の対象だとするリベラル・デモクラシー理論との間で著しい断絶が生じるだろう。先述したように、政治的義務は同胞市民に対して負うべきという見解は、自らに課す義務を政治的理想として真摯に受け止める視点に由来する。繰り返しになるが、こうした見解は、またもや根源的な問いを突きつける。リベラルが三〇〇年もの間断言してきたように自らに課す義務が重要だとしたら、すべての義務を自分たちの手で課し、それに基づいて政治生活を営む、となぜ想定してはいけないのか。

自由主義国家の理論家は、納得のいく答えをひとつしか示すことができない。経験的に、参加デモクラシーは実現しそうにない。自由民主主義国家こそ、可能なデモクラシーのなかで最善だというのである。このような答えは、政治的義務に関する議論では暗黙の了解とされているが、しかしそれが何をもたらすかは説明を要する。つまりこの答えは、主意主義は政治生活にとって無関係だとほのめかしているのである。わたくしたちは日常生活においてさまざまな義務を想定できるにもかかわらず、私的領域の外側では自発的な活動の余地はない。これは要するに、個人の自由と平等という高尚なリベラルの理想や、そこから導き出される自らに課す義務とか「自発的に結成された制度的枠組み」としての社会生活などが実現する可能性はごくわずかだということである。

参加デモクラシーや自主管理型デモクラシーの可能性を退けるのであれば、自由民主主義国家は真の関与という主意主義に基づいているなどという偽りをいうのを、政治理論家はやめなければならない。政治的義務を自由に課す関係になっているようなふりはやめなければならない。こうした関係は、政治的理想に不可欠でありながら、いまは手が届かないというしかないからだ。それよりももっとストレートに、自由民主主義国家は経験的に必要であり、既存の他の政治システムより役立つのだから、政治的服従にはそれ相応の、ただし主意主義に基づかない根拠があると論じるべきである。そしてこう論じるために、政治的服従は自然本性的な義務であるというロールズの見解、あるいは「わが政治的位置とそれに伴うつとめ」の現代版は、ふさわしいというかもしれない。もちろん、市民と自由民主主義国家の関係を功利主義的に説明する政治理論家もいるだろう。主意主義と明らかに対立するこうした功利主義論を、わたくしが無視してきたわけは、ここではっきりするだろう。どれほど簡潔で適切に見えようが、功利主義の主張は見かけとは裏腹に、義務ではなく服従の論議である。しかし、「義務」ではなく「服従」の視点だけで論じると、自由民主主義国家のイデオロギー性が暴露されてしまうから、理論家はそういう論じ方はしないだろう。リベラリズムの理念の中核にあるものを真剣に受け止めれば、自由民主主義国家を乗り越えざるを得ないことは認識すべきであろう。

1 C. Pateman, "Political Obligation and Conceptual Analysis", *Political Studies*, 21 (1973), pp. 199–218.

2 J. Rawls, *A Theory of Justice* (Oxford: Oxford University Press, 1972), p. 13〔J・ロールズ／川本隆史・福間聡・神島裕子訳『正義論〔改訂版〕』（紀伊國屋書店、二〇一〇年）、二〇頁〕.

3　哲学的アナーキストの近年の例としては、次のものが挙げられる。P. Abbot, *The Shotgun behind the Door*（Athens, GA: University of Georgia Press, 1976）. R・P・ウルフの著作の場合は、かれの思想が哲学的アナーキズムかどうか曖昧である。かれは著作の最後で、自律性と権威という問題の解決策は、「自発的服従」に基づいた制度のなかに見出せる、と示唆しているのである。R. P. Wolff, *In Defence of Anarchism*（New York: Harper & Row, 1970）.

4　約束という社会的実践と、政治的義務と契約に対するその関係性について、詳細な議論は次の拙著を参照されたい。C. Pateman, *The Problem of Political Obligation: A Critique of Liberal Theory*, 2nd ed.（Cambridge: Polity Press, 1985; Berkeley, CA: University of California Press, 1985）.

5　ルソーの社会契約理論は、自由主義的な社会契約理論に対するあざやかな批判であり、非リベラルな代替案を提供するものである。だがルソーによる批判は、政治的義務の論者からはふつう無視されている。

6　契約（contract）と同意（consent）は、通常は同義語として扱われているが、この両者の区別については以下の文献を参照。G. J. Schochet, *Patriarchalism in Political Thought*（Oxford: Basil Blackwell, 1975）, pp. 9, 262.

7　J. Locke, "Second Treatise of Government", in *Two Treatises of Government*, ed. P. Laslett, 2nd ed.（Cambridge: Cambridge University Press, 1967）, II, §116–22〔J・ロック／加藤節訳『統治二論』（岩波書店、二〇〇七年）、二八一―二八六頁〕.

8　P. H. Partridge, *Consent and Consensus*（London: Macmillan, 1971）, p. 23.

9　マルクス主義者やネオマルクス主義の論者が、リベラルな社会契約理論の遺産が依然として持つイデオロギー的重要性を見落としてきたことは、むしろ奇妙である。C・B・マクファーソンは『所有的個人主義の政治理論』で、ホッブズとロックを解釈する際にこの契約を無視しており、すべての個人が不可避的な市場の法に平等に服従することで自由主義国家は正当化されたと論じている。C. B. Macpherson, *The Political Theory of Possessive Individualism*（Oxford: Oxford University Press, 1962）〔C・B・マクファーソン／藤野渉・将積茂・瀬沼長一郎訳『所有的個人主義の政治理論』（合同出版、一九八〇年）〕. 同様にJ・ハーバーマスは、「ブルジョワ的立憲国家は、正統的な生産関係に照らして正当化されることになる」と論じている。J. Habermas, *Legitimation Crisis*（London: Heinemann, 1976）, p. 22〔J・ハーバーマス／細谷貞雄訳『晩期資本主義における正統化の諸問題』（岩波現代選書、一九七九年）、三五頁〕. こうしてかれらは、自由主義国家が直接的に政治的に正当化されていること、および、すべての個人は市民として共通の利益を持つとする理念がいまもイデオロギー的に強固であることを、無視しているのである。

10 J. Plamenatz, *Man and Society* (London: Longmans, 1963), vol. 1, pp. 238–40〔J・プラムナッツ／藤原保信ほか訳『近代政治思想の再検討II　ロック〜ヒューム』（早稲田大学出版部、一九七五年）、一三三—一三六頁〕. A. Gewirth, "Political Justice", in *Social Justice*, ed. R. B. Brandt (Englewood Cliffs, NJ: Prentice Hall, 1962), p. 138.

11 S. Verba and N. H. Nie, *Participation in America* (New York: Harper & Row, 1972), p. 338.

12 R. E. Lane, *Political Life* (New York: Free Press, 1959), p. 212.

13 この言葉は、ハンナ・アレントが以下の著書で用いたものである。H. Arendt, "Lying in Politics", in *Crises of the Republic* (Harmondsworth, Middlesex: Penguin Books, 1973)〔H・アーレント／山田正行訳「政治における嘘」、『暴力について——共和国の危機』（みすず書房、二〇〇〇年）〕.

14 このような解釈の最近の例としては、以下を参照。A. J. Simmons, "Tacit Consent and Political Obligation", *Philosophy and Public Affairs*, 5 (1976), pp. 274–91.

15 たとえば以下を参照。A. Antonovsky, "Class and the Chance for Life", in *Social Problems and Public Policy*, ed. L. Rainwater (Chicago, IL: Aldine, 1974).

16 W. J. Chambliss and R. B. Seidman, *Law, Order, and Power* (Boston, MA: Addison-Wesley, 1971), p. 475.

17 たとえば以下を参照。E. Pizzey, *Scream Quietly or the Neigbbours Will Hear* (Harmondsworth, Middlesex: Penguin Books, 1974)〔E・ピッツィ／久保紘章・幸ひとみ訳『現代のかけこみ寺——イギリスの場合』（ルガール社、一九八二年）〕. B. Toner, *The Fact of Rape* (London: Arrow Books, 1977). また、『タイムズ』紙が報じたホーズワース事件における上訴審判決も参照。*The Times*, 22 June 1977.

18 Rawls, *A Theory of Justice*, pp. 14, 116, 344〔ロールズ／川本・福間・神島前掲訳、二二頁、一五五頁、四五四—四五五頁〕.

19 たとえば以下を参照。M. Walzer, *Obligations* (New York: Simon & Schuster, 1971)〔M・ウォルツァー／山口晃訳『義

務に関する11の試論——不服従、戦争、市民性』(而立書房、一九九三年)〕; B. Zwiebach, *Civility and Disobedience* (Cambridge: Cambridge University Press, 1975); K. Johnson, "Political Obligation and the Voluntary Association Model of the State", *Ethics*, 86 (1975), pp. 17–29; R. K. Dagger, "What Is Political Obligation?", *American Political Science Review*, 71 (1) (1977), pp. 86–94.

(一九七九年)

第4章　女性と同意

近代の同意（consent）理論に関して、同意論者はこの三世紀というもの、自らの主張の急進性・破壊性を抑え込もうとしてきた。女性や男女関係は政治理論と何ら関係ないとみなが考えるため、その傾向は近年ますます強まった。だが、女性と同意について考察すると、同意論者が何世代にもわたって避けようとしてきたあらゆる問題がはっきり見えてくる。

現代の同意理論には、二つの根本的な問いを呈する余地がない。第一に、リベラリズムの理論と実践にとって、なぜ同意は要点のひとつなのか。第二に、理論と実践はどの程度一致しており、自由民主主義国家で、そもそも真の同意は可能なのか。同意はふつう、政治的義務という狭められた政治的文脈でしか論じられない。次のような意見を何の疑問も抱かずに受け入れている理論家がほとんどである。

「同意」の理念は、民主主義イデオロギーの構成要素として生き長らえてきた。これは、民主制を非民主制と区別するのに不可欠な特徴である。

自由民主主義国家は同意に基づいていると断定してしまえば、市民がいつどのように同意するのか示す際に、理論家は「よくある困惑」をしなくて済む。[2] 同意するのは誰かも問わないため、そもそも同意理論はどんな個人や集団に同意する能力があり、政治秩序の正式な構成員と見なすのかあいまいなのに、それをごまかしている。しかし、同意の概念を無意味にしても、困惑は避けられない。イデオロギーとしての同意は、おなじみの黙従（acquiescence）や、賛同（assent）、無言の抵抗（silent dissent）、（強制された）服従（submission）とさえ、区別できない。同意を拒否したり取り消すことが現実に可能でない限り、真の意味で「同意」を語ることなどできない。[3]

自由民主主義国家に対する市民の同意と、日常生活における同意との関係は、いまだに明らかになっていない。同意論者は、同意が個人にとって実際に重要となる社会生活の領域を、考慮しない。だがそれこそ、同意理論のさまざまな問題やいい逃れの一端をなすのだ。そして、日常生活における同意はとりわけ女性に関わることが多いため、女性は無視されがちである。女性と男性のもっとも親密な関係は、同意によって支配されると考えられている。女性は結婚に同意するのであり、女性の同意のない性交はレイプという犯罪になる。女性と同意に関する記録のない歴史を考察すると、同意理論が隠してきた問題が浮かび上がる。同意論者が、同意する能力がないと決めつけてきた個人なるものは、女性を指す。だが女性はつねに、同意する存在でもあった。女性が明らかに同意していなくても、見当はずれととらえられたり、「同意している」と解釈し直されたのである。

次のように反論されるかもしれない。自由民主主義諸国では女性はいまや男性と同じシティズンシップを認められているのだから、女性の同意に関する問題は過去の遺物だと。しかし、見かけ上の男女平等は、誤解を与える。その理由を示すには、近代の同意理論の誕生までさかのぼる必要がある。一七世紀と一八世紀の同意論者は、国家においても男女関係においてもなぜ同意が重要か、はっきりしていた。初期の社会契約論と同意理論の出発点は、「生まれながらに《ナチュラリー》」自由かつ平等な個人、互いに自由で平等に生まれついた個人という理念であった。個人は「生まれながらに」自由かつ平等であるという思想は、あらゆる権威関係をめぐって、根源的で画期的な問いを提起する。自由かつ平等な個人が、他の誰かに支配されることを、なぜ、どのように正当化できるかという問いである。哲学的アナーキストとは異なり、リベラリズムとデモクラシーの理論家は、この問いに納得のいく答えを出せるという。かれらによれば、権威の行使は正当化できるが、好ましい正当化はひとつしかない。つまり、自分の自由や平等を保持したいなら、自由で平等な個人は進んでそのような関係を（同意などによって）結ばなければならない。このように同意理論は、権威や義務といった関係の基礎に個人の自発的行為や参加がなければならないとする、社会に関する広義の主意主義論（voluntarist theory）なのである。

　同意論者ははじめから、主意主義に潜む画期的な意味合いを敬遠してきた。自分たちの議論の衝撃を和らげるために、おもに二つの戦略を採用した。第一に、主意主義を仮説とした。[4] 第二に、特定の個人や社会関係を同意の範囲から排除した。仮説の主意主義としてもっとも知られているのは、ロックの悪名高い「暗黙の同意」論である。ロックは仮説の社会契約から論議をはじめただけではない。かれのいう「同意」は、特定の社会的実践・社会制度に基づいた推論か再解釈にすぎないのである。ロックによれば、（父祖が結んだ社会契約に対する）後世の同意は、個人が平和な日常生活を送っている場合は、「同意をまったく表明しなかった」としても、つねに与えられているといえる。[5] 現代の同意論も、ロックのこの主張とほとんど変わりはない。ある行為を「同意」と解釈し直す極端な例を、ホッブズの理論に見ることができる。ホッブズは個人主義から論理的に結論を導き出そうとして、たとえ親子であろうとあらゆる権威関係は同意に基づくと論じる。子どもに対する両親の支配権は、出産ゆえではなく、「明言された、あるいは他の十分な証拠によって宣告された、子どもの同意」に由来する。ホッブズにしてみれば、自然状態において母親の支配に子どもが「同意」していることは、抵抗できない圧倒的な権力を議論するだけで十分想定できる。[6] ホッブズの「同意」概念はたんに、権力と服従という事実を解釈し直したものにすぎない。そこでは、服従が自発的であろうと、死の恐怖などさまざまな脅しが原因であろうと、違いはない。ホッブズによれば、恐怖と自由は両立する。ゆえに「同意」は、征服者の武力に対する恐怖とか両親に遺棄される恐怖に基づく服従に由来しようが、（仮説的な）社会契約の帰結であろうが、同じ意味を持つ。

　主意主義を仮定すれば、実際の同意のありように基づいて議論する際に「よくある困惑」をしなくて済む。自然状態あるいは市民社会の特定の住民だけが「自由かつ平等な個人」とされれば、困惑せずに済むのは確実である。主意主義は、個人は理性的で、自由な関与に必要な道徳的・知的能力があり、その能力を向上させられる、と前提する。「自由かつ平等な個人」とは、ロック的な用語では、人身の所有権と属性を持つ者を意味し、同意する能力も備える。個人は「かれ自身の同意を守る者」だという。[7] だが、この「かれ自身の同意を守る者」という定式化は、字義どおり解釈するべきであろう。つまり、同意はかれの〔男性の〕同意なのである。古典的な契約論者もその後継者も、女性を男性と対等の者として議論に組み入れてはこなかった。契約理論や同意理論は、家父長理論に対する攻撃として発展した面もある。だが、政治的権威は父親の生殖能力に「自然的」基盤を持っており、息子が父親に服従するのを「自然」とする家父長的な主張を攻撃したとしても、限界があったといわねばならない。契約論者は、男女関係、正確には夫と妻（かれらは父親と母親でもある）の関係にまで、批判の矛先を向けなかったのである。

自然状態はふつう、家父長家族が暮らす場所として描かれる。[8] 社会契約に参入するのは家族の父親であり、妻は「夫の決定に従う」[9] ことも広く論じられた。ロックが語る、自然状態の推測的歴史では、父親は成人した息子たちの「ほとんど避け難い」暗黙の同意によって王になる。ロックはこの文脈で母親については言及していないが、無言のうちに、妻や母親も夫が王になることに「同意」するものと前提していた。実際、このような「同意」は婚姻契約の一部である。ロックは、妻が夫に服従するのは「自然のなかに根拠が」あり、夫の意志を「夫婦の共通の関心事において妻の意志よりも優先」させなければならない、とした点でフィルマーと同じだからである。[10] だがこれは、同意理論の基盤たる「個人」の地位から女性は排除されることを意味する。夫に妻が服従するのには「自然の《ナチュラル》」根拠があるというなら、妻も「生まれながらに《ナチュラリー》」自由かつ平等であると見なすことなどできない。女性を「自由かつ平等な個人」と見なせるのは、女性の同意に完全に意味がある場合に限られる。

一七世紀でさえも、結婚はひとつの契約関係と見なされていた。[11] 現代では、夫の「権威」はたんなる「自然」と自明視されることはないものの、妻の同意に基づくべきといわれる。ゆえに、女性は少なくとも日常生活では同意する能力があると見なされる、という反論はあろう。しかし、三世紀前であれ現代であれ、同意を見たままに受け取るべきではない。次のような根本的に重要な疑問が見えなくなってしまうからである。自由かつ平等な女性はなぜ、男性に服従・従属する立場に自らをつねに追い込むような契約関係を結ぶのか、という疑問である。論理的には、自由かつ平等な二人の個人が共同で自分たちの家族を治める、と期待すべきだろう。だが婚姻契約の同意は、昔もいまも、女性は自由かつ平等ではないという前提に立っているのは明らかだ。女性は、人身の所有権と能力を持つ「個人」ではないため、男性の権威に「同意」しているのかという疑問は実際には決して生じない。女性が夫の権威にうわべは「同意」するのは、「生まれながらに」従属していることを表面的に認めただけである。女性は父親の権威のもとに置かれ続けるため、息子たちとは異なり、成熟した大人という新しい地位を得られない。女性は父親によって他の男性と「結婚させられ」、依存し従属する者という「生まれながらの」地位にとどまるのである。

夫は「家長」であり、妻はその権威に服し経済的に依存しなければならないという慣習があるが、そうした慣習の意味は、昔より二〇世紀末の方がずっと不明瞭である。現在、結婚は二人の個人の同意にのみ基づくのが当然だと固く信じられているからである。だが、二人の個人の表面上の平等は、婚姻契約が創出した夫妻の不平等な地位をおおい隠す。一九八〇年代には、ある「個人」の見かけの「同意」は同意でも何でもないという事実だけで、夫の権威なるものを解釈できよう。契約論者が家父長主義と和解していることは現代でも重大だが、結婚は「個人の」選択の問題とするリベラルな信念のせいでその重大性は隠されてきたのである。

皮肉なことに、社会契約説の急進的な意味を追求した唯一の契約論者であるルソーは、社会契約論の枠から女性を排除すべき理由をもっとも明確に示した。ルソーは、女性は「生まれながらに」男性に従属しているという家父長的な主張を受け入れていた。かれは、「生まれながらの」性質が男女で異なると詳しく説明している。かれによれば、男女の違いは性の二重基準に表れるという。[12] ルソーは、女性には同意する能力がないと明言しながら一方でそれを否定し、同意でないのは明らかなものを同意だと解釈し直している。ルソーは、ホッブズやロックの契約論に潜む仮説的な主意主義に対して、それは奴隷の契約も同然の欺瞞であると攻撃した。だがまさにそれと同じような契約を、男女関係の基礎として擁護したのである。女性は、ルソーのいう参加的・自発的な政治的秩序から排除し続けなければならない。女性の「生まれながらの」道徳的性質と、それが男性の道徳や市民的徳性に有害な影響を与えるからである。古くからの伝統に従って、ルソーは女性を、善良な女性とふしだらな女性に分けている。女性は家庭生活というシェルターにいなければ、善良ではいられない。ジュネーヴが古代世界のように市民的徳性の事例を提供できたのは、社会的・政治的クラブであるセルクル（circles）が性で区分されていたからである。男女は、ふさわしい場所でしかいっしょに集ってはならなかった。このような隔絶こそ、「男女がそれぞれ分かれてそれぞれの仕方で生きるように、両性に対して相異なる好みを与えた自然のめざすもの」である。セルクルで男性は、市民的生活のために自己教育することが可能である。女性に「滑稽に見えることを恐れず真剣で真面目な議論に熱中することができ」、「女性化」して市民としての力量を失う心配もない、というのである。[13]

ルソーが『人間不平等起源論』[14]と『社会契約論』で示す、人間の意識や「性質」の一連の改革は、実際には男性の意識の改革である。市民に必要な自立精神と判断力を育めるのはエミールだけなのだ。市民とは同意を与える存在であり、政治参加をつうじてさらに教育できる存在である。だがソフィーを教育しても、見栄っ張り、依存、欺瞞など、男なら「欠陥」とルソーが決めつけるような性質を助長するだけである。ソフィーは、エミールに尽くし従うよう教育される。ルソーは、女性は「まず拘束されることに慣れさせて……他人の意志に従わせなければならない」[15]といい切っている。他人の意志とはつまり男性の意志である。たとえ善良な女性であっても、その影響はかならず男性を堕落させる。「生まれながらに」女性は、自由かつ平等な個人・市民という地位を得られず、同意を与えるのに必要な能力を向上できないから、というのである。

だが同時に、性的関係においては、女性の「同意」はきわめて重要である。しかも女性はつねに同意するものと想定されている。たとえ表向きは拒否していても。ルソーによれば、男性は「生まれながらに」性的に攻撃的な存在であり、女性は「必ず拒否するようになっている」。ルソーは、「もし攻撃と防御の秩序が変わってしまったら、人類はどうなるだろうか」と問いかける。[16] つつましさと貞節は女性の優れた徳性である。しかし、女性は情念の生きものでもあるため、そのつつましさを維持するには、女性は自然に備わった才覚であるずるさ・偽善を使わなければならない。特に、女性は「はい」といいたいときも、いつだって「いいえ」といわねばならないのだ。ルソーはここで、女性と同意の問題の核心を明らかにする。女性は、表向きは同意していなくても、決して額面どおりには受け取れない、と。

> なぜあなたがたは女性の口からその考えを聞こうとするのか、口が語るのではないのに。……口ではいつでも、いいえ、というし、そういうのが当然なのだ。けれども、女性がそれにあたえている抑揚はいつも同じではないし、この抑揚はいつわることはできない。……羞恥心が女性を不幸にしなければならないのだろうか。それとはっきりいわずに自分の心の願いをつたえる技術が女性には必要なのではないか。[17]

ロックの市民社会と同様に、たとえはっきり表現されなくても、男性は女性の「同意」を読みとるよう学ばなければならないのである。

この暗黙の同意を勝ち取ることは、愛において許された暴力のすべてを用いることである。口では拒んでいても眼のなかにその同意を読みとり、態度のなかにそれを見ること［である］。……もしかれがそのとき最後には幸福になるのなら、かれは乱暴ではなく、誠実である。かれは恥じらいを辱めるのではなく、恥じらいを尊重し、恥じらいに仕えているのだ。かれは恥じらいがおそらくは捨てたであろうものをさらに守る名誉を与えているのである。[18]

婚姻契約における表面上の同意と、その内実との間の矛盾は、わたくしが前述した以上にはるかに深い。夫婦関係に関するルソーの見方は、このことも示している。たとえば、エミールと結婚するとき、ソフィーは「あなたの愛のしるしをめずらしいもの、貴重なものにするなら」愛で夫を支配できる。気まぐれに拒絶してはならず、つつましさを反映させなければならない。そうすればエミールは、「妻の貞節に尊敬を感じながらも、その冷たい態度に不満を感じることがない」[19]。だが、この忠告が実際どれほど有益であろうと、妻はそのとおりには実行できそうにない。婚姻契約を結ぶとは、夫の性的要求に女性は「同意」するものだと法律も社会も前提していることを意味する。婚姻契約した女性がいったん「同意」すると撤回できないと思い込まれているが、その法的根拠はいまだに検討されていない[20]。この思い込みと、結婚生活でレイプはあり得ないという固定観念に世論も法的意見も縛られているため、夫婦間にも強姦罪を適用する法改正はなかなか進まない（その試みがある程度うまくいったのは、スウェーデンやサウスオーストラリア州、米国の一部の州にすぎない）。

古典的な契約理論の時代に生きた法律問題論評家は、妻の地位やその「同意」について何の疑問も持たなかった。ブラックストンがその有名な『イングランド法釈義』で述べているように、妻は法律上は非人格であった。「結婚によって、夫と妻は法的には単一の人格となる。……女性の存在そのものや法的実在性は停止される」[21]。「レイプに関する英国法の権威として、いまでももっとも引用される」[22]ヘイルの『刑事訴訟の歴史』には、こう明記されている。「夫は、正妻をレイプした廉で罪に問われることはない。両者は結婚の同意と契約を交わしたので、妻は夫に身を捧げたことになるからである。妻はこの同意・契約を、撤回することはできない」[23]。一九世紀中葉のフェミニストがたびたび、既婚女性を西インド諸島やアメリカ南部の奴隷になぞらえたのは、意外でも何でもない。法律的にも社会的にも、妻は夫の所有物と見なされていたからである。妻は、結婚という檻に合法的に監禁され、むち打たれた。ジョン・スチュアート・ミルは、次のように述べずにはいられなかった。

私は決して妻の待遇は一般に奴隷の待遇と大差ないと主張するものではない［ものの］、いかなる奴隷も妻ほどの程度における奴隷ではない、また妻ほど奴隷という言葉どおりの奴隷もない。……妻は夫の思うままに人間としてもっともひどい堕落を強いられ、その意志に反して獣欲を満たす道具たらしめられるのである。[24]

それから一世紀経った今日では、女性にも一個の法律上の人格が認められている。しかし、女性の法的地位は形ばかりであって、社会に流布している思い込みや慣行とは矛盾する。

「同意」が重視される法の領域、特にレイプに関する法では、建前に反して女性を「自由かつ平等な個人」と実際には積極的に認めていない。日常生活では、女性と同意の問題の中心にはレイプがある。夫婦間に限らず、レイプは社会で横行している。だが、あらゆる年齢・階級の女性がレイプされているにもかかわらず、被害を届け出るのはごく一部である。[25] ここでは、裁判所における刑法の実施に話を限定することにしよう。これならば証拠が入手できるし、女性と同意をめぐる矛盾した思い込みがいかに自由民主主義国家の社会制度に埋め込まれているか白日の下にさらしてくれるからである。

近年、レイプに関する法は「茶番」だといわれてきた。[26] その理由はたくさんあるが、被害者の「同意」をどう解釈（あるいは無視）するかによるところが大きい。この件では、世論も法廷もホッブズ的である。強制の有無にかかわらず、服従と同意を同一視するのである。被告人はほぼ例外なく、女性はほんとうに同意した、あるいは女性が同意したと思っていた、と抗弁する（この問題については、すぐ後に立ち戻る）。このような抗弁がなぜやすやすと通用してしまうのか、なぜ被害を届け出るのはほんの一部なのか。理由のひとつは、女性が身体をひどく傷つけられたり、抵抗したことを立証できない限り、自分は性交に同意しなかったと、世間や警官や裁判官や陪審員を納得させる可能性がほとんどないからである。[27] しかも抵抗したかどうかは、身体的外傷をものさしにすることが多い。同意がなかったことを立証するために、「男性器を挿入されたことだけでなく、身体に傷害を負わされたことを示さなければならないのが、ほぼ法的な標準といえよう[28]」。

抵抗したことを立証しない限り、服従と同意を同一視する習慣は、昔の法律上の区別（一八八五年の刑法修正法前の区別）と結びついている。一方は、女性の「意志に反する」行為（抵抗したのに力ずくでなされた行為）であり、他方は、「女性の同意のない」行為であった。このような区別は、なりすましやだましでなされた性交では決定的に重要であった。法律問題論評家は、同意とレイプに関連して、こうした事案に関心を持った。ある注解者によれば、力ずくではなく「なりすましによる性交に注目した法的論争は、一九二五年以降ほとんどなかった[29]」。たとえば、女性が夫に同意していた場合、実は他の男が夫になりすましていていかなる強制力も用いなかったのであれば、「彼女の意志に反する」行為ではなく、レイプではないという。[30] 弁護士意見書《リーガル・オピニオン》は長年にわたって、なりすましは同意がなかったことにできるかという問題と取り組んできた。そしてまだ完全に解決してはいない。一九五六年の性犯罪法（英国）は、夫が誰かになりすました性交渉は犯罪だと見なすが、夫以外の男が夫になりすました場合については口を閉ざしている。[31] しかも、強制された「服従」を自発的な「同意」と区別する「力ずく」や「脅迫」といった行為に関しては、法的に不明確な大きな領域がなおも存在しているのである。

　一九七五年の英国のレイプ事件では、裁判官は被告人に対して次のようにいい渡した。「被告人が部屋に侵入して目的をはっきりさせた際に、この女性に恐怖心を与えたことは疑いようがない」[32]。にもかかわらず、被告人はレイプでは有罪とされなかった。法的には、殺されるか重大な身体的危害を加えられるおそれがあって相手に従うことは「同意」ではないと見なされている。しかし実際には、「恐怖心を与える」ような脅迫やそこまでいかないものは、同意がなかった証明だと裁判所が判断しないかもしれないのである。メリーランド州上訴裁判所は最近、「被害者が、身の危険を感じる十分な理由がなかったことを根拠に」強姦罪の判決を覆した。被害者は自らの意志で家に上ったのではなく「軽く窒息させられていた」のだが。裁判所は、被害者が抵抗すれば危害を加えられたかもしれない「合理的なおそれ」があったといえる状況ではなかった、とした。[33] また、レイプ犯本人とは別の人からの脅迫に「同意」したか、（子どもや親族など）被害者本人とは別の人に対する脅迫に「同意」したか、法律上疑わしいということも無視できない。[34] 法律の規定によれば、「脅迫」や「強迫」の下で交わした「契約」は無効だし、重大な身体的危害を加えられたり殺されるおそれがある状況下で罪を犯した場合には、正当防衛と見なされる。だが、歴史的には、経済生活での契約も性的関係での同意も、同じ社会的・理論的な展開から重要性を導き出しているにもかかわらず、（民事の）契約法における「強迫」の法的解釈の方がレイプ事件での「脅迫」の解釈よりはるかに広い。レイプにおいて「同意」があったかどうかの基準は、犯罪行為の「強迫」と同様に、狭い範囲のなかで形づくられてきたのである。[35]

法律は、「性的な暴行と、大人どうしが同意した性的関係」や、[36]強制された服従と同意の区別に失敗しているわけだが、それは、男女の「生まれながらの」性質についてのさまざまな固定観念に基づく。優秀な弁護士も大衆も、女性が拒否するのは本当の欲望を隠した形だけのジェスチャーにすぎないのだから、「生まれながらに」性的に攻撃的な男性はそれを無視すべきだ、と信じ込んでいる。[37]レイプの被害者は「善良な」女性と「ふしだらな」女性に区別され、被害者が「評判が良くない」とか性道徳に「欠けて」いるといわれる人であれば、疑いようもなく暴力が行使されていても「同意」があったはずだと主張されてしまう。[38]また、標準的な証拠作用によって、女性、特に「貞操観念のない」女性は「生まれながらに」人をだまし、レイプされたとする狂言を含む虚偽の陳述をする傾向がある、という見方が補強されてしまえば、女性が自分は同意しなかったことを法廷で納得させるのも非常に困難である。[39]ヘイルの次の言葉は、この三世紀の間、法廷でよく引用された。「レイプされたと告訴するのは簡単だが、立証は困難で、たとえ被疑者が無実ではないとしても、〈同意があったと〉抗弁することはさらに困難である」。[40]だが、実際に被害届の大半は、警察から「根拠がない」として受理されない。[41]たとえ証拠の問題を斟酌したとしても、このような扱いは、女性の「生まれながらの」性質についての驚くべき認識が理由としか説明がつかない。そして、レイプされたという証拠を裏づけよという従来からの要求と、女性に対する認識は、根っこが同じである。つまり、「子ども、共犯者、反逆罪の訴訟における証人とならんで、レイプ被害を訴える人間は、証人として信用できないに決まっている［と見なされる］」のである。[42]

被害はほとんど届け出られず、届け出ても多くは受理を拒否されるため、とりわけ悪質で残忍なレイプ犯罪しか表ざたにならない。最近になって、「レイプの真相は、他の大半の事実よりもはるかにつかみどころがない」と主張されるようになったが、[43] もしある事件が起訴に持ち込まれれば、つかみどころがない多くの事実が明らかになる。ただし少なくとも、意味のある「同意」があったかどうかは別だが。社会的な慣習や期待といった問題が複雑にからんだ不明瞭な事件は、ふつうは裁判になることもない。たとえば、夕食に誘われた女性が男性の求めに不本意ながら応じた事案（この場合、女性は夕食代を「支払う」のは「当然と思われている」）や、雇用を継続してもらうため女性が雇用主や上司の求めに応じた事案は、法廷で審理されないのが通例である。被疑者が裁判にかけられたとしても、本当の意味での「同意」は通常まったく争点にならない。[44] だからといって、被害者が同意しなかったことが真剣に考慮されていないということではない。それどころか、女性は同意したのだという被告人の思い込みの方が（たとえそれが合理性を欠いたものであっても）たいてい判決を下す際にもっとも妥当な「レイプの真相」とされてしまうのである。

刑事責任を立証する判断基準はおもに、被告人が抱く思い込みと意図である。有罪を証明するには、犯意（精神的要素・主観的要素）があったことを示さねばならない。被告人には罪を犯す意思があったことを明らかにする必要があるのだ。「法が禁じた行為あるいはそれに近い行為を行う意思は……重大な犯罪と不可分である」。[45] だが、レイプ事件ではそうした基準が問題なのではなく、その基準をいかに解釈するかが問題である。英国のモーガン事件や、カリフォルニア州のメイベリー事件でそれは顕著であった。[46] これらの事件では、レイプという「犯罪に対するまったく新しい抗弁」、すなわち同意に関する事実の錯誤（a mistake-of-fact）という抗弁がなされたのだ。[47] モーガン事件では、女性が同意したという男の思い込みは合理的に信ずるに足らなくてもよい、との判決だった。メイベリー事件では、同意があったという思い込みは合理的だが誤りだったという抗弁を、陪審は特に却下しなければならないという判決だった。事実の錯誤という抗弁が、いかなる影響を与えたか。それは、先に引用した、男は被害者に対して「恐怖を与えた」とした判決文から明らかである。被告人は女性の住居に押し入ったにもかかわらず、彼女が同意したと信じ切っていたという抗弁が成功を収めたのである。また別の裁判では、モーガン判決における信じがたい結論と、夫婦関係に対する独特の法的視点がより強まった。英国では夫が妻をレイプした廉で起訴されることなどあり得ない。だが慣習法で夫は、他の男が妻をレイプする幇助をした罪では起訴され得る。コーガン事件やリーク事件の判決（一九七六年）では、酔っぱらった男が酔った友人と性交渉をするよう妻に強いた件で、強姦幇助で有罪となった。だが、その友人はレイプで有罪とはならなかったのである。（合理的な根拠などなかったにもかかわらず）友人は彼女が同意していると思っていたと弁護され、一人の上訴裁判官は、その性交渉は「彼女の同意なしに」行われたと述べた。[48]

モーガン事件の法的論拠は「レイプの被告人の権利を擁護する前提なら、まったく正しい」という人もいる。[49] だが、「まったく正しい」かどうかは（たとえ思い込みが「合理的に」信ずるに足るとしても）決して明白ではない。モーガン事件では、女性が同意したと誤って思い込んだために男が性行為におよんだとすれば、かれは不注意だったかもしれないがレイプを犯したわけではない、と裁判官のひとりは述べた。[50] だが、そのように解釈できるのだろうか。そうすべきなのだろうか。確かに、多くの法律家はそう考えるようである。モーガン判決は、以下のような根拠に基づいていた。

女性は同意していると思い込むほど男が愚か（合理的でない）ならば、強姦罪を適用できる、との反対意見もあった。注意を怠った過失に対し、かれに有罪を宣告するのである。過失とは、この男にできる、無邪気だが合理人の基準に達しない行為である。……過失によるレイプというものを規定するような法は間違いであろう[51]。

このような弁護士意見書は、多くの、レイプの加害者のほぼすべては犯罪者でも悪人でもなく、他人の幸福や高潔さ、尊厳に対する配慮が明らかに欠如しているわけでもなく、たんに愚かか不注意であるにすぎない、とほのめかす。だがこれは、レイプの経験的証拠を無視した意見である。レイプの七〇パーセントは事前に計画されており[52]、ひとりの女性を襲うのに複数の男が関わる事例の割合が高く[53]、「社会慣行として組織的なレイプが起きていることを示す文書化された証拠」がある[54]。

さらに、「注意を怠った」とか「愚か」といった議論は、女性が同意したという思い込みがいかにつくられるかについて、まったく顧みない。女性が同意したと信じていたと男を弁護するなら、「女性が同意せず拒否する可能性も考えていたはずだと想定せざるを得ない[55]」。ある男がそのように熟慮した上で、女性が同意したと本気でしかし誤って思い込む状況は、決して簡単でも単純でもあるまい。この状況では、女性が明確に拒否を表明し続けたことも、男から身体的暴力を振るわれたりその恐れがあったことも、不可視化されるのは確かだろう。男の事実の錯誤を主張する抗弁は、錯誤が「客観的に見て合理的である」点を押し出す。「当時の状況では、あなたもわたしも誰だってそうした錯誤をするのは合理的だ、という抗弁でなければならない[56]」。このような抗弁はすでに、未成年者との性行為（法定強姦）をめぐる裁判で数例見られる。今日にも未成年者の年齢を見誤るかもしれないと、ほとんどの人が思うだろう（そして、生年月日の物的証拠などいくらでもつくれる）。だが、女性が同意したという錯誤を、「あなた」や「わたし」はどうやってするのだろうか。ふつうの人間的な欠点ゆえに生じる過失なのだろうか。そもそも本当に「錯誤」なのだろうか。起訴されたレイプ事件は、そのほとんどが計画的犯罪であり、次のことを示唆する。女性が同意したかどうか考慮したはずだとの想定自体が間違いであり、ささいな過ちを犯したなどという話ではない。レイプはたいてい、愚かだったり注意を怠った男が女性の同意について誤った推論をしたから起こるのではなく、確信犯的に起きているのである。

　とはいえ、この件では、わかりきったことだけ述べるのでは不十分である。同意に関する「合理的な錯誤」には、もっと根本的に重要な問題がある。カーリーは、レイプ事件で「責任の客観的基準を要求しても、効用が正義に勝るとは必ずしもいえない」と指摘した[57]。だが、現状の男女の性関係では、「合理的な」行為の「客観的基準」になど到達するはずがない。

　現在、女性が「いや《ノー》」といっても拒否の意味ではなく、性に関する事柄に積極的でない女性に男性が程度の差はあれ圧力をかけるのは「合理的」であり、服従したから同意したと推論するのは「合理的で」ある、と広く信じられている。要するに、ひどい身体的暴力があったことが明らかでない限り、レイプは法律上の位置づけとは関係なく、深刻な犯罪であると（あるいはそもそも犯罪だと）実際には見なされない。この主張に疑問を持つなら、以下の例を少しでも考えてみればよい。人気のあるバラエティー番組やコメディ番組で見られる、レイプに関するあらゆる「ジョーク」。映画や小説の男性主人公たちの性行動。ホーズワース事件の上訴審判決（被告人の経歴を傷つけないよう、重傷を負わせた性的暴行に対して一審が下した判決を取り消した）[58]。レイプは、男女が営む同意に基づいた関係とは対極にある。もっとも悲惨なのは、女性、レイプ、同意の問題をほんの少し考えただけで、レイプは〈同意とは無関係に」ふつうの「自然な」男女関係の延長にあるとか、ちょっと度が過ぎただけのものに見えてしまうことだ[59]。

レイプにおける「客観的基準」や「合理的な錯誤」の問題は、いかに「同意」か「非同意」かに意味がなかったかを明らかにする。このことがさほど目立たなかったのは、リベラリズムと家父長制の三世紀にわたる和解がうまくいった証であろう。両者の和解によって、女性やその同意に関する矛盾した理解が促され、その結果現在、女性の「個人」なるものとしての地位は非常に不安定で曖昧になってしまった。女性の同意はうわべは重要であるにもかかわらず、結婚生活ではそれは無効だと法的・社会的に宣告されている。女性がはっきり「いや」といってもたいてい無視されるか「同意」と解釈し直されてしまう。だが、女性が「いや」といっても「はい《イエス》」と解釈し直されるならば、女性の「同意」に関する前提も問い直さなければならない。女性の「はい」は、なぜ「いや」よりも優先され、少しも無効にされないのだろうか。

女性が「自由かつ平等な個人」として、自分の同意を守る者として、完全に承認されるまでは、この問いには答えられない。現在女性は、市民としての地位が一応あるにもかかわらず、男性に「生まれながらに」従属し、同意する能力がないと考えられている。既存の男女関係をふまえると、わたくしたちの日常生活における女性の同意について、見かけと実態に大きな隔たりがあることも意外ではない。この問題は日常生活を越えてさらに拡大する。女性と同意という問題を解決するには、根源的な改革が求められる。レイプに関する法の改正にとどまらず、自由民主主義国家の理論と実践の中核に踏み込む改革でなければならない。女性の同意やレイプの事例は、男女の同意という問題の一面にすぎない。自由な関与という理想、いい換えれば主意主義について、リベラル・デモクラシーの理論と実践で真剣に考慮すべきか否かという、より根本的な問題を構成するのである。

同意が自由民主主義体制の中核にあるのは、個人の自由と平等を擁護するために不可欠だからである。だが同時に、個人の自由と平等こそが同意する前提条件でもあるため、同意は自由民主主義体制にとって問題なのである。レイプにおける同意と強制的な服従の同一視は、リベラル・デモクラシーの理論と実践に伴うもっと広範な問題の一例である。つまり、平等な人々の自由な参加と合意を、支配や従属や不平等から区別できないのだ。同意論者は「同意」と「自由」と「平等」を結びつけるが、しかしわたくしたちの性生活と政治生活における実際の権力と支配は無視する。現代の同意理論はこの体制を、あたかも同意の要請に合致しているかのように、平等な個人の自由な合意によりつくられているかのように描く。「同意」を自由民主主義体制のイデオロギーの一「要素」へ矮小化すると、同意論者は多くの重要な疑問に答えられない。そのなかには、わたくしたちの社会政治体制は果たして、男性または女性が（全面的にか一部）同意すべきか否か、といった問いが含まれる。たいていのリベラリズムの理論家は、同意すべきでない関係が少なくともひとつある、と論じたいところだろう。個人は奴隷になるという同意を決してすべきでないのだ。そうすれば、個人の自由と平等を完全に否定し、その個人が同意する能力を有することを否定するという自己矛盾に陥るからである。[60] 仮にこの主張を受け入れたとしよう。しかしだからといって、保障すべき個人としての地位そのものを否定したり否定する傾向性はないといいたいために、同意論者は既存の制度を厳しく吟味してはならないのだろうか（J・S・ミルはかれの時代の結婚を検討したというのに）。同意をめぐって三世紀にわたってしてきた議論を覆さなければならず、男女を両方とも含むような主意主義を批判する理論を理論家は定式化しなければならないのではないか。

いま同意論者は、政治的義務に関する世論の明らかな問題点も、女性の「個人」としての地位の不安定性も、認識していない。女性の男性に対する従属も、自由民主主義国家における階級構造も、検討していない。同意論者は婚姻契約を論じず、資本主義的生産における雇用契約や「専制的な組織」[61]についても考察しない。女性が同意してもしなくても関係ないと見なし、男性が「同意をまったく表明しなかった」としても政治生活・日常生活ですでに同意済みと想定する。ウォルツァーは、同意を、あるいはその不在を、真に道徳的・政治的な問題として扱ってきた唯一の理論家である。かれは、リベラル・デモクラシーのシティズンシップが直面する事実は「現代国家の道徳性の反映である。現代国家の道徳性について根底的な再構築を行うために、こうした事実が十分な論点をたぶん設定してくれるだろう」と結論づけている[62]。しかしウォルツァーもまた、女性と同意の特別な問題を考慮しない。この問題も考慮するようになってようやく、自由主義国家の民主的再構築のみならず、わたくしたちの性生活も同時に再構築するべく、十全な議論を手にすることになる。実際、わたくしたちの社会生活を民主的に変容させる必要があるなら、この二つの次元は切り離せない。

以上のような再構築は、同時に、初期の契約論者の遺産を変える試みでもある。リベラル・デモクラシー理論における同意の重要性は、三世紀前の近代理論の元祖たちの議論に照らしてはじめて、完全に理解できる。だが、そうした議論の伝統には、「同意」と「同意理論」は主意主義に基づく政治理論と同一だという前提が含まれている。この前提は、自由民主主義国家の実体を正しく理解するのを妨げてしまう。同意は、自由かつ平等な個人が互いに関与したり義務を引き受けるやり方のひとつにすぎず、もっとも重要というわけでもない。拙著『政治的義務の問題』では、同意と主意主義のより広範な関係性と、デモクラシーにとっての意味について検討したが、女性と同意に関する重要な論点をここで示しておくべきだろう。従来のように「同意」という言葉を用いると、男女の「生まれながらの」性質に関する思い込みと、本章で論じてきた性に基づく二重基準を強固にしかねない。同意とはつねに、何かに対してするはずだ。男女関係では、女性は必ず男性に同意するものと考えられている。「生まれながらに」有能で能動的で性的に攻撃的な男性は、主導権を握り、契約を提示する。「生まれながらに」従属的で受動的な女性は、それに「同意」する、というわけである。平等な性的関係は、こうした基盤の上に成り立つはずがない。性的関係を平等にしようと思えば、「同意」はその根拠とはなり得ないのだ。二人の平等な人が永続的な関係を共に築くために進んで合意する、という形で個人的生活をつくり上げる言葉をわたくしたちが持ち合わせていないことが、おそらく、女性と同意をめぐる一番の問題である。

1 P. H. Partridge, *Consent and Consensus* (London: Macmillan, 1971), p. 23. こうした自己満足に対して、マイケル・ウォルツァーの次の著作はひとつの例外である。M. Walzer, *Obligations: Essays on Disobedience, War and Citizenship* (New York: Simon & Schuster, 1971)〔M・ウォルツァー／山口晃訳『義務に関する11の試論――不服従、戦争、市民性』(而立書房、一九九三年)〕. ウォルツァーは、「こうした同意が現実にあたえられてきたものであるという証拠を探すことなしに」同意の存在を仮定などしない、と述べている (p. viii〔同訳、七頁〕)。

2 R. E. Flathman, *Political Obligation* (New York: Atheneum, 1972), p. 209.

3 同意の理論のこうした側面に関する詳細な議論と、政治的義務論（同意は投票によって得られるという主張も含む）については、次の拙著を参照されたい。C. Pateman, *The Problem of Political Obligation: A Critique of Liberal Theory*, 2nd ed. (Cambridge: Polity Press, 1985; Berkeley, CA: University of California Press, 1985). 女性の市民としての地位と、女性に「ふさわしい」場所についての世論の間に、矛盾があることを実証的に示したものとしては、以下の文献を参照。M. M. Lee, “Why So Few Women Hold Public Office: Democracy and Sexual Roles”, *Political Science Quarterly*, 91 (1976), pp. 297–314.

4 前掲拙著では、この概念を詳細に検討し、古典的な契約論者とその後継者たちにとってそれが重要であることを論じている。

5 J. Locke, *Two Treatises of Government*, ed., P. Laslett, 2nd ed.（Cambridge: Cambridge University Press, 1967), II, §119〔J・ロック／加藤節訳『統治二論』（岩波書店、二〇〇七年）、二八四頁〕.

6 T. Hobbes, *Leviathan*, ed. C. B. Macpherson（Harmondsworth, Middlesex: Penguin Books, 1968), pp. 253–4〔T・ホッブズ／水田洋訳『リヴァイアサン』（二）（岩波文庫、一九九二年）、七二頁〕.

7 Flathman, *Political Obligation*, p. 230.

8 ホッブズは、こうした一般化に対する注目すべき例外である。かれは個人主義を徹底しており、性別とは無関係に、すべての個人の自然状態での自由・平等を論じた。そこには、女性はつねに男性の権威（保護）に対して（服従することに）「同意」するだろうといった想定はない。この点や、自然状態・市民社会における夫婦の関係に関するホッブズとロックの議論のより詳細な説明としては、以下を参照。T. Brennan and C. Pateman, “‘Mere Auxiliaries to the Commonwealth’: Women and the Origins of Liberalism”, *Political Studies*, 27(2)（1979), pp. 183–200.

9 これらの表現は、ロックの友人ティレルのものであり、以下の文献に引用されている。G. J. Schochet, *Patriarchalism in Political Thought*（Oxford: Basil Blackwell, 1975), p. 202.

10 Locke, *Two Treatises*, II, §75, 76; I, §47–80〔ロック／加藤前掲訳、二四八―二四九頁、五九―九八頁〕.

11 婚姻契約と統治契約との類推については、当時大いに議論された。以下を参照。M. L. Shanley, “Marriage Contract and Social Contract in Seventeenth Century English Political Thought”, *Western Political Quarterly*, 32（1979), pp. 79–91.

12 性による二重基準は「男性には女性を所有する権利があるという見方の反映」である。これに関する優れた議論としては、以下を参照。K. Thomas, “The Double Standard”, *Journal of History of Ideas*, 20（1959), pp. 195–216.

13 J.-J. Rousseau, *Politics and the Arts*, tr. A. Bloom（Ithaca, NY: Cornell University Press, 1968), pp. 107, 105〔J－J・ルソー／西川長夫訳「演劇に関するダランベール氏への手紙」、『ルソー全集』第八巻（白水社、一九七九年）所収、一

二九頁、一二七頁〕.

14 ルソーがいう「真の」自然状態では、男女は自分自身を守る能力を等しく持っている。ルソーは自然状態の推測的歴史を描いているが、そこでかれは突然、「幸福だった時代」において「両性の生活様式のなかに最初の差異が確立した」と主張している。その差異とは、未来における女性の従属を要求するものである。J.-J. Rousseau, "Discourse on the Origin and Foundations of Inequality", in *The First and Second Discourses*, ed. R. D. Masters (New York: St Martin's Press, 1964), p. 147〔J－J・ルソー／本田喜代治・平岡昇訳『人間不平等起源論』(岩波文庫、一九五七年)、九一頁〕. ルソーがなぜ、女性の「本性」が必然的に男性の市民的徳性を破壊すると見なしているのか、その理由については本書第1章で論じておいた。女性に関してルソーが一般的にどう論じているかは、以下の文献が詳細に検討している。S. M. Okin, *Women in Western Political Thought* (Princeton, NJ: Princeton University Press, 1980)〔S・M・オーキン／田林葉・重森臣広訳『政治思想のなかの女——その西洋的伝統』(晃洋書房、二〇一〇年)〕.

15 J.-J. Rousseau, *Emile*, tr. B. Foxley (London: Dent, 1911), p. 332〔J－J・ルソー／今野一雄訳『エミール』(下)(岩波文庫、一九六四年)、三〇頁〕.

16 Rousseau, *Politics and the Arts*, p. 84〔ルソー／西川前掲訳、一〇四頁〕.

17 Rousseau, *Emile*, p. 348〔ルソー／今野前掲訳、六五―六六頁〕.

18 Rousseau, *Politics and the Arts*, p. 85〔ルソー／西川前掲訳、一〇五頁〕.

19 Rousseau, *Emile*, p. 443〔ルソー／今野前掲訳、二七〇頁〕.

20 J. A. Scutt, "Consent in Rape: The Problem of the Marriage Contract", *Monash University Law Review*, 3 (1977), pp. 255–88. この文献は、このような思い込みは主要判例から反論できると述べている。女性には性欲がなく、男性よりも「道徳的」である、というヴィクトリア朝時代の主張も、既婚女性は自分の最初の「同意」を撤回できないとする思い込みの文脈のなかで、検討しなければならない。以下の文献における優れた議論を参照。N. F. Cott, "Passionlessness: An Interpretation of Victorian Sexual Ideology, 1790–1850", *Signs*, 4(2) (1978), pp. 219–36, especially p. 234.

21 Sir W. Blackstone, *Commentaries on the Laws of England* (Maxwell, London: Sweet, 1844), p. 442.

22 B. Toner, *The Facts of Rape* (London: Arrow Books, 1977), p. 95.

23 Sir M. Hale, *The History of the Pleas of the Crown* (London: Emlyn, 1778), vol. I, p. 629.

24 J. S. Mill, "The Subjection of Women" in *Essays on Sex Equality*, ed. A. S. Rossi (Chicago, IL: University of Chicago Press, 1970), pp. 159–60〔J・S・ミル／大内兵衛・大内節子訳『女性の解放』（岩波文庫、一九五七年）、八三―八四頁〕.

25 レイプおよび被害届が出されていないレイプが注目されるようになったのは、最近のことにすぎない。被害届が出された（結婚外の）レイプは、全体のおおよそ三分の一でしかないと思われる。アングロサクソン諸国では、届け出られたレイプの割合が過去二〇年間で増えてきたようである。その具体的な数字については、以下を参照。E. Shorter, "On Writing the History of Rape", *Signs*, 3(2)（1977）, p. 480. また、次の文献は、届け出られていないレイプについて探究している。P. R. Wilson, *The Other Side of Rape* (Brisbane: University of Queensland Press, 1978). レイプの実体は、堅牢な文化的神話とステレオタイプによって隠蔽されている。そのうちもっとも一般的なのは、レイプとは、それを「促した」はずの女性に対して見知らぬ人がなす行為である、というものである。しかし実際は、たとえそれが七〇歳を過ぎた女性であれ、幼女であれ身重の妊婦であれ、またシェルターにいようと自宅であろうと、いずれにせよレイプを免れる女性など存在しない。届け出の約半数では、加害者は被害者の知り合いの男性で、なかには親族も含まれる。詳細は以下の文献を参照。B. Smart and C. Smart, "Accounting for Rape: Reality and Myth in Press Reporting", in *Women, Sexuality and Social Control*, B. Smart and C. Smart (London: Routledge, 1978); L. R. Harris, "Towards a Consent Standard in the Law of Rape", *University of Chicago Law Review*, 43（1975）, pp. 613–45; C. Le Grand, "Rape and Rape Laws: Sexism in Society and Law", *California Law Review*, 61（1973）, pp. 919–41; S. Brownmiller, *Against Our Will: Men, Women and Rape* (Harmondsworth, Middlesex: Penguin Books, 1976). 犯人を逮捕すべきはずの警官にレイプされた女性もいる。たとえば、一九七九年にパリでは、三人の保安士（Guardiens de la Paix）が一三歳の少女をレイプして有罪となり、二人の巡査が「退屈だったので」車内でドイツ人旅行者をレイプして有罪となった（*Guardian Weekly*, 21, October 1979）。

26 L. Bienen, "Mistakes", *Philosophy and Public Affairs*, 7(3)（1978）, p. 229. レイプは、加害者よりも被害者に社会的汚名を着せる犯罪である。「自業自得」といわれる被害者も多い（心理学者は、非難されるべきは女性であって男性ではない、という決めつけを後押しした。この点については以下を参照。R. S. Albin, "Psychological Studies of

Rape", *Signs*, 3(2) (1977), pp. 423–35)。より一般的に、レイプ被害者に対する警察と裁判所での手続き・態度については、以下を参照。Toner, *The Facts of Rape*, chaps. 7–10. 報道の仕方については以下を参照。Smart and Smart, *Women, Sexuality*, 1978.

27 慣習的にレイプは、女性器への男性器の挿入と定義されるが、それ以外の物体を挿入して被害者を侮辱する行為も含まれる。

28 J. A. Scutt, "The Standard of Consent in Rape", *New Zealand Law Journal*, November (1976), p. 466.

29 Harris, "Towards a Consent Standard", p. 632.

30 以下を参照。K. L. Koh, "Consent and Responsibility in Sexual Offences", *The Criminal Law Review* (1968), pp. 81–97, 150–62; J. A. Scutt, "Fraudulent Impersonation and Consent in Rape", *The University of Queensland Law Review*, 9(1) (1975), pp. 59–65.

31 Scutt, "Fraudulent Impersonation", pp. 64–5.

32 Toner, *The Fact of Rape*, p. 9.

33 *Guardian Weekly*, 4 November, 1979, p. 17.

34 以下の議論を参照。J. A. Scutt, "Consent versus Submission: Threats and the Element of Fear in Rape", *University of Western Australia Law Review*, 13(1) (1977), pp. 52–76; Harris, "Towards a Consent Standard", pp. 644–5.

35 Scutt, "Consent v. Submission", p. 61; Harris, "Towards a Consent Standard", pp. 642–3.

36 Bienen, "Mistakes", p. 245.

37 以下を参照。Toner, *The Fact of Rape*, p. 104.

38 以下で引用されている判例を参照。P. C. Wood, "The Victim in a Forcible Rape Case: A Feminist View", *The American Criminal Law Review*, 11 (1973), pp. 344–5. 司法改革を主張する人々は、原告のそれまでの性的な経歴、服装、一般的な評判、等々に関して、レイプ事件でふつうに行われている証拠の使い方に注目してきた。ハリスの前掲論文で言及されているが、同意があったという抗弁は基本的事実を認めるものであるからには、被告人の弁護士はほとんど必然的に、その女性が同意を与えたに違いない「タイプ」の人であることを示そうとする。Harris, "To-

wards a Consent Standard", p. 617.

39 以下を参照。Bienen, "Mistakes", p. 237; Harris, "Towards a Consent Standard", p. 626.

40 Hale, *History of the Pleas*, p. 635.

41 オーストラリアのヴィクトリア州では、一九七四〜七五年に四つの警察署管内において、レイプ被害を申し立てた女性のうち「根拠がある」とされたのはわずか五〇パーセントでしかない。以下の文献を参照。*Royal Commission on Human Relationships* (Australian Government Publishing Service, Canberra, 1977), vol. 5, pt 7, p. 178.

42 Toner, *The Fact of Rape*, p. 112.

43 T. C. M. Gibbens, "More Facts About Rape", *New Society*, 10 February 1977, p. 276.

44 以下を参照。Bienen, "Mistakes", pp. 242, 244.

45 H. L. A. Hart, *Punishment and Responsibility: Essays in the Philosophy of Law* (Oxford: Oxford University Press, 1968), p. 115. 犯意に必要なもうひとつの要素は、そのような行為が自発的に遂行されたということである（Hart, p. 90）。レイプや男性の「生まれながらの」性的性質に関する一般的な見方によれば、レイプで訴えられた男性でかれらの行為に責任がある者はほとんどいないことになる。レイプが起きるのは、男性が「抑制不可能な情念」や「制御不可能な衝動」に支配された存在だからであり、その意味で男性は真に自発的に行為していない、と社会が広く信じているためである。こうした神話は、レイプについての経験的証拠とは著しく相違している。

46 一九七五年のモーガン事件判決と、この評決の基礎となった判例については、以下の文献が詳細に論じている。E. M. Curley, "Excusing Rape", *Philosophy and Public Affairs*, 5(4) (1976), pp. 325–60. 一九七五年のメイベリー事件判決は、次の文献で検討されている。Bienen, "Mistakes". いずれも優れた分析である。ビーネンによれば、メイベリー判決のひとつの結論は、カリフォルニア州ではレイプで訴えられた被告人は事実の錯誤を抗弁するために証人台に立つ必要がないということだ（Bienen, pp. 238–9）。モーガン判決の影響力は、一九七五年性犯罪（改正）法によって、幾分限定的であった。

47 Bienen, "Mistakes", p. 230.

48 以下を参照。Curley, "Excusing Rape", p. 342; Scutt, "Consent in Rape", pp. 259–60.

49 Toner, *The Fact of Rape*, p. 107.

50 以下を参照。Curley, "Excusing Rape", p. 341.

51 以下の文献に引用されている。Toner, *The Fact of Rape*, pp. 106–7.

52 Le Grand, "Rape and Rape Laws", p. 923.

53 Brownmiller, *Against Our Will*, p. 187.

54 Wilson, *The Other Side of Rape*, p. 112. クイーンズランド州インガムの片田舎の町に、ひとつの事例がある。その町では一九七二年以降、「社会的活動としての」集団レイプが組織化されている。ホテル（あるいはパブ）である女性がレイプの対象に選ばれ、その女性を襲うとの合図がそこにいる男性集団（おそらく三〇人強）に伝えられる、というものである。インガムにおける組織化されたレイプの歴史と社会学については、シュルツが論じ、以下の文献で紹介されている。Wilson, *The Other Side of Rape*, pp. 112–25. なお注意すべきは、複数の相手から襲われたというだけでは、自分は同意しなかったという女性の主張を支持するには必ずしも十分でないことである。ニューサウスウェールズ州のある法務次長は次のように述べている。集団レイプが「レイプ」であるには、被害者は「事実上意識を失っていたり、恐怖や疲労のために倒れてしまっているのでないならば、可能な限りで、各々の行為に関してたとえわずかであっても抵抗すべきである」と。H. A. Snelling, "What is Non-Consent in Rape?", *The Australian Journal of Forensic Science*, March (1970), p. 106. 最近では、コネチカット州の裁判官が、集団レイプ事件のひとりの被告人（かれは「性的不能」だと主張した）に対して、「被告人は他の誰かがレイプしようとするのを非難できない」として無罪にした。これについては、以下の雑誌で言及されている。*Ms.* November 1978, p. 20.

55 Curley, "Excusing Rape", p. 348.

56 Bienen, "Mistakes", p. 241.

57 Curley, "Excusing Rape", p. 355.

58 *The Times*, 22 June, 1977.

59 以下を参照。P. Foa, "What's Wrong with Rape", in *Feminism and Philosophy*, eds. M. Vetterling-Braggin, F. A. Elliston and J. English (Totowa, NJ: Littlefield, Adams, 1977).

60　同意の問題のこうした側面、特に服従すると約束することについては、以下の前掲拙著でさらに言及しておいた。C. Pateman, *The Problem of Political Obligation*, pp. 19–20, 169–171.

61　このように特徴づけるのは、以下の文献である。B. Clark and H. L. Gintis, “Rawlsian Justice and Economic Systems”, *Philosophy and Public Affairs*, 7 (1978), pp. 302–25. 婚姻契約における妻の「同意」のもうひとつの側面として、夫に生計を立ててもらう代わりに家庭内での（無償）労働を引き受けるというものがあることにも、注意すべきである。婚姻契約の歴史と同意に関する分析としては、以下の文献を参照。C. Delphy, “Continuities and Discontinuities in Marriage and Divorce”, in *Sexual Divisions and Society: Process and Change*, eds. D. L. Barker and S. Allen (London: Tavistock, 1976) and D. L. Barker, “The Regulation of Marriage: Repressive Benevolence”, in *Power and the State*, eds. G. Littlejohn, B. Smart, J. Wakeford and N. Yuval-Davis (London: Croom Helm, 1978).

62　Walzer, *Obligations*, pp. 186–7〔ウォルツァー／山口前掲訳、二三九頁〕.

（一九八〇年）

第5章　昇華と実体化

――ロック、ウォーリン、政治的なるもののリベラル・デモクラシー的概念

政治生活についてどんな研究をする場合も、「政治的なるもの《ザ・ポリティカル》」自体をいかに適切に概念化するかは根源的な問題である。政治生活は何のためにあるのか。誰が政治生活に参加すべきで、どのように参加するのか。政治生活はどんな原理に基づくべきで、その原理をもっともよく表す組織形態は何か。政治的なるものを理論的にどう概念化するか、生活の政治的領域には経験的に何が含まれ含むべきかによって、結論は実にさまざまだろう。

英語圏では最近、既存の自由民主主義体制についての政治理論が主流であり、通常、政治的なるものの特定の概念を自明としてきた。しかし、リベラル・デモクラシーやその論者をラディカルに批判する人々、特に女性解放運動の人々がこの概念に異議を唱えるようになった。「個人的なことは政治的である」というスローガンは、こうした反論をうまくとらえている。それは、政治的なるものを近代国家の側から見た「常識的な」考え、つまり制限された政府、立憲政治、代議制というリベラルな観念から発展したリベラル・デモクラシーの考えと真っ向からぶつかる。リベラル・デモクラシーの概念では、政

治的なるものは、生活を二つの別個の領域に分離した上にある。その一方は、私的生活（厳密にいえば、個人的な生活）であり、各個人は日常の生活や必要に目を向けて、政治生活にはほとんど関心を持たない。もう一方は、政治的領域、つまり国家である。特別に選出された代表者が、私的領域の生活を守り、利害の衝突を調停し、共同体全体の便益あるいは公共の利益を得ようと政治的な決定を行う。

本章の論議の出発点には、リベラル・デモクラシーの政治的なるものの適切な概念について正反対の主張、すなわち昇華（sublimation）論と実体化（reification）論がある。近代西洋の資本主義的でリベラルな社会政治システムがある面で発展したことについて、両者の解釈は対立している。そのうちの一方は、本章の第一節で論じるシェルドン・ウォーリンの『政治とヴィジョン』に見出せる。リベラリズムが発展すると、社会に共通し一般的な領域である政治的なるものが、固有の概念を失ったとウォーリンは主張する。

ウォーリンの見解の核心部分には、ロックの政治理論をめぐるかれ独自の解釈がある。それに対して、本章の第二節と第三節で、わたくしのロック解釈を提示してみたい。わたくしの見るところ、ロックは、制限された代表制すなわち未発達の自由民主主義国家こそ、唯一のあるべき政治的統治だと考えていた。奇妙な解釈と思われるかもしれないが、ロックの死後もこの理念は生き続けたのだから、注目する価値はあるだろう。今日、リベラル・デモクラシー理論へ明確に政治的な要素を提供したのはリベラリズムだと主張する人もいれば、さらに踏み込んで、真に政治的なのはリベラル・デモクラシーの概念だけだといい切る、『政治の弁証』の著者バーナード・クリックのような人もいる。少なくとも、『政治の弁証』は暗にそう論じている。クリックは「政治」という抽象概念を検討しているのだが、かれの主張はリベラル・デモクラシーにしか通用しない。また、かれが具体的に「政治」に含めたもの、つまり衝突する利害の調停、代表、責任政党政治、定期的選挙は、明らかに自由民主主義国家を示している。[2] クリックによれば、「政治」が生じるのは、旧来の支配や専制統治にもはや満足できなくなったときである。「政治」は西欧の経験にしかない起源を有し、「複雑な先進社会以外では見られない」[3]。

ロックの「穏健かつ常識的な[4]」理論を正しく認識することは、かれの後を継いだリベラル・デモクラシー論者による政治的なるものの概念の本質を理解する上で重要である。こうした理論は、ロックと同じく、わたくしがシティズンシップの虚構と呼ぶものを土台に、政治的なるものについての実体化された概念を構築している、と本章で論じたい。リベラル・デモクラシーによる政治的なるもののこの第二の特徴は、マルクスの有名な表現では以下のようになる。

> 政治的国家が真に成熟をとげたところでは、人間は、ただたんに思想や意識においてばかりでなく、現実において、天上と地上との二重の生活を営む。天上の生活とは政治的共同体における生活であって、そのなかで人間は自分を共同的存在と考えている。地上の生活とは市民社会における生活であって、そのなかでは人間は私人として活動し、他の人間を手段とみなし、自分自身をも手段にまで貶め、疎遠な諸力の遊び道具となっている。政治的国家は市民社会に対して、ちょうど天上界が地上界に対するのと同様に、精神主義的にふるまう。……宗教的人間と政治的人間との間に存在する矛盾は、ブルジョアとシトワイアンとの間に存在する矛盾、市民社会の構成員とその政治的なライオンの皮との間に存在する矛盾にほかならない。[5]

現代のリベラル・デモクラシー理論、すなわち成熟をとげた近代「政治的国家」に関する理論は、政治的なるものを、日常の社会関係からかけ離れて自律し隔たったものとして示し続けている。国家とその代表者は、社会生活という私的領域における不平等な関係や衝突する利害を超越し、社会のあらゆる構成員が共有するものを保護しているかのようだ。本章の目的のひとつは、政治的なるものの概念のリベラルな背景を、さまざまな角度からより詳細に検討することである。こうした概念化は決して自明でも常識的でもなく、ある重要で不可避の矛盾に依拠しており、リベラル・デモクラシーの社会政治システムの実体やそのシティズンシップの性質を隠蔽するのに役立っていると論じたい。

近年、政治科学者《ポリティカル・サイエンティスト》は、政治的なるものの「正統でない」定義や内容を実は提示している。もっともよく知られているのは次の二つであろう。ひとつはイーストンによる「社会に対する価値の権威的配分」の研究であり[6]、もうひとつは「政治システムは、権力、支配、権威をかなりの程度ふくむ人間関係の持続的なパターン」だとするダールの研究である。ダールは、「おそらく家族でさえも、この定義によると政治システムと見なし得る」と述べている[7]。だが、定義した当人たちでさえ、政治生活について議論するとき、この定義を真剣に取り上げることはめったにない。「私的な」団体や組織を政治的なものと見なすとしたら、リベラル・デモクラシーにとっての重要性を本当に問えば、大半の政治科学者はもっと批判的な態度を強めなければならなくなるだろう。徹底的にリベラル・デモクラシーを批判するには、そうした核心を突く問いを立てなければなるまい。リベラル・デモクラシーの政治的なるものの概念が定める視点から、自由民主主義体制の理論や制度を見るときは、つねにその概念が依拠する政治生活やシティズンシップ、民主主義の価値といった前提は暗にまるごと受け入れられているのだ。リベラリズムを乗り越えて、非リベラルなデモクラシー理論に向けて決定的な一歩を踏み出すべきならば、手はじめに政治的なるものの再概念化をしなければならない。非リベラルな参加デモクラシー型の政治的実践は、それがいかなるものであれ、リベラルでないデモクラシー理論の発展を必要とする。そしてそのような理論は、政治的なるものに関する適切な概念を含んでいなければならない。ゆえにこの試みは、本章で論じるように、複雑で、一見難解な問題に直面したのである。

ウォーリンと政治的なるものの昇華

ウォーリンの『政治とヴィジョン』は全般的に、政治的なるものの固有で自律した概念が近代には失われ、昇華してしまったと論じている。「国は違いイデオロギーに差異があったとしても、政治思想の主潮は、均しく特殊政治的であるものを蝕む働きをした」[8]。ウォーリンは、この過程が進むのに、ロックが重要な役割を果たしたと考えている。

政治的なるものの「昇華」をウォーリンがどう考えているかは、必ずしも明瞭ではない。先ほど引用した一節にあるように、かれは政治的なるものの侵食の他にも、たとえば政治的なるものの喪失、断片化、転移、吸収を語る。だが、わたくしの以下の概説で、かれの主張をうまく説明できていれば幸いである。ウォーリンは、政治的なるものは古代以来、共同体全体にとって公共《パブリック》のもの、共通《コモン》のもの、一般的《ジェネラル》なものに関わる領域とされ、私的領域とは鋭く対立し区別され自律した領域と見なされてきた、と強調する。伝統的に、政治的なるものは社会が存在するために不可欠で、政治参加とシティズンシップは独自かつ自己充足的な活動と考えられてきた。しかし近代になると、リベラリズム理論（特にロックのそれ）が発展するにつれ、こうした伝統的な政治的なるものの概念は失われはじめた。「社会的なるもの」がほとんど自己制御の領域と考えられるようになったためである。ロックのいう自然状態はまさにそうである。ウォーリンによれば、そうした「社会の賛美」[9]は、二〇世紀までに「政治的なるものの固有性を曖昧にし、その地位を下落させる」[10]。政治的なるものはもはや重要ではなく、シティズンシップは内実を奪われ、政治参加は防御的な活動まで価値が引き下げられた。政治的なるものは、社会にとって「不可欠な前提条件」ではなくたんなる「上部構造」になってしまったのだ。[11]

ウォーリンは、この過程を表すのに「昇華」という用語を用いるわけだが、これは精神分析的な意味合いを帯びている（手元の辞書には、昇華とは「性的衝動を何らかの性的でない活動へと無意識に振り向けること」とある）。人が報われない恋心を重労働などへ「昇華」させることは、心身症など一見無関係な現れ方をするかもしれない。ゆえに、政治的なるものの独自かつ自律的な概念が昇華してしまうと、近代政治理論でかつてなら私的なものとか非政治的なものと見なされてきた他の社会領域で、政治的なるものが再現するかもしれない。少なくとも、他の社会領域に政治的なるものの概念を再適用することになるだろう。ウォーリンは、近代の理論家はみな「政治的なるものに代り得る愛の対象」を求めたと見なす。[12]たとえば、産業を政治的なものとして扱うよう指導した人々もいたが、その行きつく先は「行止りの繰り返し」と政治的人間の「細分化」であったとウォーリンはいう。社会は、「より包括的な統一体とはどんな自然的結合関係も持たないような……一連の緊密にまとまった小さな島々」と見られるようになったのである。[13]

政治的なるものの昇華の過程を決定的に推し進めたのは、ロックの理論であった。ウォーリンによれば、ロックは社会的であるのみならず政治的でもある自然状態を想定し、市民社会に固有の政治的地位を曖昧にしてしまっているからである。ロックの自然状態は、政治権力が「構成員全体に分散されて」いる「理想の」政治社会である、とウォーリンは論じる。[14]自然状態がこうした「理想の」状態であるなら、ロックの個人はなぜそこから離れる必要があるのか。そして、ロックは戦争状態にも言及しているが、なぜホッブズ流の結論を回避できるのか。この二つの謎に対する答えとしてウォーリンは、ロックが自然状態のなかに「第三の状態」をさしはさんだと主張する。これによって市民社会の基盤が形成され、ウォーリンはそれを「堕落した自然状態」と呼ぶ。これこそまったく「不便」な状態であり、ウォーリンによれば、そうした堕落とその救治策は「理想状態において具現される規範に照らしてはじめてわかるはずである」。ゆえに、ロックの市民社会で唯一真に「新しい」政治的要素は、人々が一連の共通の規則を受け入れ、多数者の意思決定に服従すると明確に合意することである。[15] 政治的秩序は、「雨露をしのごうと死にもの狂いで建てた仮小屋というよりは、むしろすでに家を所有している人々にとっての、より良い設備ともいうべきもの」になるというのである。[16]

ロックの理論をこのように解釈すれば、前に素描したリベラル・デモクラシー理論の先駆けとは考えられない。だがウォーリンはそもそも、リベラル・デモクラシー理論に関しても、おそらくわたくしとは異なった説明をするのだろう(特にそうした議論をしていないが)。かれは、政治的なるものの昇華はいまやすべての政治理論の主要な特徴だ、と主張しているからである。『政治とヴィジョン』の末尾では、「一般的な政治的次元を再び強調すること」が要請されている。[17]

ロックによる政治的なるものの概念化

ロックによる政治的なるものの概念化については、かれの理論の他の側面に比べて言及されることが少なかった。おそらく、二〇世紀のリベラル・デモクラシーの政治哲学者にとって、かれの理論はあまりに簡単でわかりやすく、理に適ってはいるが未熟なやり方でこの社会政治的世界を見ているように思えたからであろう。ウォーリンの議論がいろいろな意味で非常に啓蒙的なのは、ロックの理論のこの面〔=政治的なるものの概念化〕を強調しているからである。にもかかわらず、以下でわたくしはロックの解釈に関して、ウォーリンに批判的にならざるを得ない。

ロックについて議論する場合は、ウォーリンの言葉を用いるなら「ロック流のリベラリズムは、伝統主義に対する攻撃であるとともに、また、ラディカルなデモクラシーに対する防壁にもなっている」と、つねに念頭に置くことがまず重要である。[18] ロックの政治理論は初期の著作から(明示的な同意に言及したにもかかわらず)、政治的領域は個人が「私的な判断」を下す場ではないという前提に一貫して基づいている。こうした前提こそ、いま述べた防壁の一側面であり、特にロックによる政治的なるものの概念化に当てはまる。次に重要な点は、ロックは正統な統治形式について、社会経済的な発展の歴史の評価に依拠して議論していることである。ロックの自然状態の説明には二面性があり、それを見抜けないせいで多くの誤解が生じた。アッシュクラフトが指摘したように、ロックの議論には「人間の道徳状態」論とともに、「人間の歴史的状態」に関する推測的な説明が含まれている。[19] そして後者で、前政治的な統治形式の起源とその欠陥を論じたのだ。

ロックが描く人間の道徳状態は、ウォーリンのいう「理想の自然状態」である。これは、神が人間をつくった目的という文脈に位置づけられた、形式的な描写にすぎない。この点はきわめて重要である。ロックの理論が、個人の私的な判断は決して自由というわけではないと前提していることを意味するからである。各個人の判断は、道徳に縛られ、神が与えた自然法に制約される。こうして、自然法の前に平等なすべての個人の、同等の自由が保証される。法のないところには放縦しかなく、みな相手構わず勝手気ままに振る舞う。これは（ホッブズが見事に示したが）自由などではまったくない。ゆえにロックのいう個人は、自然法によって、相互関係の体系である「社会」に縛られるのだ。アッシュクラフトが主張したように、ロックの論議は「人間が従うべき規則を神が発したはずがないという神学的な信念に基づいている。神は、その命に必ずしも従わない存在を創造したのである」[20]。

自然法は個人の判断を制約するかもしれないが、ロックの自然状態では、自然法を「ふまえ」解釈し強制する方法は、各個人の判断と行動の他にないということが問題である。各人は生まれながらに自然法の執行権力を持つという、ロックの「奇妙な教説」はこれである。自然状態は「人々が理性に従って共に生活しながら、しかも、かれらの間を裁く権威を備えた共通の上位者を地上に持たない場合」である、とロックは述べる（§19、邦訳二〇四頁）[21]。自然状態においては私的な判断はどうしても避けられないため、自然法をふまえるという義務を怠り、自然法を正しく解釈し強制できない者がいる可能性はつねにある。これは必ずしも、個人が邪悪であるという意味ではない。そうではなく、怠惰とか意志薄弱、特に自分自身の係争事件では自分に肩入れすることなどに見られる、「生まれもった」道徳的弱点により生じるのである。ロック本人も、こうした理由で「奇妙な教説」に反論があるだろうと指摘している（§13、邦訳一九七頁）。

自然状態における「不便」は、このように個人が判断を誤る可能性のため生じるという。だが、こうした不便は戦争状態と同じではないと強調しておくべきだろう。「実力行使それ自体や、他人の身体に対する実力行使の公然たる企図」が存在するときは戦争状態であり、ロックによれば実力行使とは「冷静で確固とした意図をもって他人の生命をねらうこと」である。それは「一時の激情や性急さに駆られた」言動ではない。よくある道徳的堕落から「自然に」生じるような「不便」ではないのである（§16、

§19, 邦訳二〇二頁、二〇四頁)。故意に実力行使を試みる人は、一平民か統治者かにかかわらず、道徳的に弱いどころか自分の道徳性そのものを否定する。ロックは、市民社会をつくる「いちばんの」理由は戦争状態を回避するためであると述べている。だがなぜ、自然状態は「不便な」状態(この程度なら許容範囲だろう)であるのみならず、戦争状態でもあるのだろうか。ウォーリンのように「堕落した自然状態」を仮定しても、問題をいい換えたにすぎない。「堕落」はなぜ起こるのか疑問が生じるからである。この難問に答えるには、自然状態についてのロックの推測的歴史をたどり直さねばならない。ロックの議論は複雑だが、その政治的なるものの概念化を検討するには、次の二つの側面に注目しなければならない。所有権論と、統治の起源論である。

私的所有権を正当化するロックの議論は、二段階に分かれる。歴史発展の第一段階では、一般的な平等という状況のなかで、「労働を混合する」ことで個人の専有が生じる。自然法によれば、神が万人に与えたものを腐敗させたり浪費するほど、所有物を専有できる権利は誰にもない。第一段階では、個人の欲望は単純で満たしやすい。「人々の生活様式が等しく単純で貧しかったために、人々の欲望は各人のささやかな所有権の狭い範囲に限定されていたから、紛争が生じることはほとんどなかった」(§107, 邦訳二七四頁)。そこでは「権利をめぐる疑問や争いの余地」などなかった(§39 また §31, §51, 邦訳二二一頁、二二五頁、二二八頁)。しかし、貨幣が発明されると、このような「黄金時代」(§111, 邦訳二七八頁)は終わり、自然状態は第二段階をむかえた。[22] 貨幣には腐敗も浪費もなく、貯蔵が可能である。こうして各人は、自分の必要を越えて、しかも自然法に反することなく、所有物を拡大できるようになった。ロックはまた、貨幣の発明を欲望の拡大に結びつけている。「ある人間が隣人との間に貨幣としての用途と価値とを持つ何かを見出すと、その人間は、直ちに、その所有物を拡大しはじめることがわかるであろう」という（§49また§48，邦訳二二八頁，二二七頁）。

ロックによれば，貨幣の導入を黙認するにあたって，「人々が土地の不均衡で不平等な所有に合意したことは明らかである」（§50，邦訳二二八頁）。歴史的発展の第二段階では，各人は非常に不平等な所有物を合法的に（つまり自然法を犯すことなく）貯蔵できる。この段階では争い事が頻発するようになり，道徳的な堕落と不公平が増大し，自然法を犯す者が処罰を回避しようという動機を強く持ってもおかしくはない。もっともロック自身は，これについてほとんど説明しないままである。特に所有物の多い人にとって，「不便」は切実な問題となり，しかも欲望が急速に拡大し野心も増大するため，欲するものを力ずくで得ようとする者も出はじめるだろう。自然状態が戦争状態になるのである（これは「第三の」自然状態ではなく，歴史的発展における別の段階である）。ホッブズのいうような戦争状態ではない。だが，危険にさらされた富や所有物を守るために実力行使しようと「企図する」個人は相当数いるのである。[23] こうしてロックは，市民的社会すなわち政治的社会をつくることを正当化する。

ロックの推測的歴史で，検討を要するもうひとつの側面は，統治の起源に関する説明である。「統治の起源」を検討してただちにわかるのは，ロックが自然状態を実は政治的なものと考えていたことである。発達した商業経済が非政治的な状況で存在できたことに，ロック研究者は違和感を覚えたようだ。だがこれは，統治がないという意味ではない。ロックは自然状態を非政治的と見なしたが，統治がないといっているのではない。かれは，「統治」と「政治」を同義語として扱ってはいないのである。ロックは，「社会」「市民社会」「政治社会」「統治」といった用語の使い方が，つねに一貫していたわけではない。たとえば，ある箇所では自然状態と統治を対比させている（§101，邦訳二六九頁）。にもかかわらず，真に政治的な社会に関しては，非常に一貫した議論を行った。

ロックはフィルマーを批判する一環で統治の起源を推測し、『統治二論』第二篇ではおもに、父権的な権威と政治的権威の区別について論じた。[24] 実際ロックは、人間の自然状態を、理性的で自由で道徳的に平等な状態と定義してこの区別を導き出した。子どもは未成熟で、成人してようやく理性的・道徳的な存在になると見なされる。子どもでいるうちは、両親がかれらに自然の権威を正当に行使する。しかし成人に対して行使される統治的権威や政治的権威は、成人が同意したときしか正当とは考えられない（§104, §112, §119, 邦訳二七一頁、二七九頁、二八四頁）。だがロックは、神が統治を「指定した」のだから（§13, 邦訳一九七頁）、「自然」に違いないとも論じている。ここに、ロックがなぜ父親の子どもに対する権威に統治の権威の起源を見たのかを説明する手がかりがある。

最初の統治は、ひとりの男性による支配、君主制であった。父親の権威が子どもを「ひとりの人間の支配」に慣れさせ、「また、かれらに、支配に服する者たちに対する配慮と巧みさと、情愛と愛とをもってその支配が行われれば、かれらが社会において求める政治的幸福がすべて十分に保証され、保全されることを教えた」からだ、とロックは示唆している（§107, 邦訳二七三頁）。だがロックはさらに、父親は「目に見えない変化を通じて」（§76, 邦訳二四八頁）実際の支配者になるとも論じている。それは、子どもが成人に達するときに起きるという。ロックによれば、一度成人すれば、「何らかの統治が存在しなければかれらが共に生活することは困難」である。したがって、（いまや成人した）子どもが、自然状態ではすべての個人にあった自然法を執行する権利を父親だけに許し、父親に「君主的な権力」を委ねるのは、まったく自然なことではないか。つまり、父親の自然的権威が支配者の慣習的権威へと変わることに、すべての人々が暗黙のうちに合意したというのである（§74-5, §105, 邦訳二四六―二四八頁、二七一―二七三頁）。

初期の支配者に関しては、権力を制限する必要はまったくなかった。誰しも、「公共善および公共の安全以外のものを目的として支配権を信託された者はなかった」ことを理解していたからである。そしてロックは家父長制的な隠喩を用いて、そのような「公共の福祉を優しく気遣う育ての父祖たち」がいなかったならばこうした初期の社会は滅びていたであろう、と付け加えている（§110, 邦訳二七七―二七八頁）。最初の被支配者は、自分たちが同意を与えたひとりの人間の「誠実さと思慮深さ」に、ちょうど子どもが父親にするように頼ることができたという（§112, 邦訳二七九頁）。

だが、この統治形態のわかりやすさと利点は、やがて歴史的発展によってかき消された。こうした統治は、自然状態の第一段階、すなわち貨幣が発明される前の段階にもっとも適している。支配者の「誠実さと思慮深さ」を頼りにできるのは、こうした「無邪気な時代」（§94, 邦訳二六三頁）である。だが、貨幣経済が発展し、所有物に大きな格差が生じると、君主が「公共善」のために権威を行使するはずだとは、なかなか信じられなくなる。支配者も私的個人のように、欲望が拡大し「野心と奢侈」に影響されるのだ。しかも支配者の場合、欲望の拡大は「周囲の追従によって助長される」。君主は「人民から切り離された別個の利害」を持ち、ロックの時代には、君主は神授権にもとづいて支配するとさえいわれるようになった（§111-12, 邦訳二七八―二七九頁）。フィルマーらの理論を前にして、ロックは統治の起源を改めて検討しなければならなかった。もっとも、「かつてそうであったということから当然そうであるべきであるということを導く論法は、いかにうまくやっても、さして説得力をもつものではない」と慎重に付け加えるのを忘れなかったが（§103, 邦訳二七一頁）。

統治の起源をいくら推測しても何の結論も出ない、とロックは述べたかもしれない。だが、これはべつに、自然状態の歴史的発展に関するかれの説明が、「ひとつの記述的ないし道徳的に中立な人類学」[25]

とか、「論理的に本質的」なものではなくたんに「説明的で論争的」であるにすぎない[26]、ということではない。資本主義市場経済が未発達な当時の社会を勘案すると、人間の道徳的状態に関する形式的説明と歴史的説明は、正統な統治形態はひとつしかないというロックの道徳的・政治的論議に不可欠だった。かれは市民的・政治的な統治こそ正統と考えた。ロックは特定の統治形態を正当化する際、推測的歴史を中心に置いたのである[27]。

ひとりの人間による支配は、決して政治的統治・市民的統治ではない、とロックはいう。絶対王政は「政治社会とはまったく相容れず、政治的統治のいかなる形態でもあり得ない」(§90、邦訳二五九頁)。絶対王政は、個人の判断への依存という自然状態の基本的な「不便」を決して解消できないため、矛盾している。非政治的な自然状態では、「多数の者を支配するひとりの人間が自らの係争事件の裁判官となる自由を持つ」(§13、邦訳一九八頁)。誠実で思慮深く信頼でき、ロックが適切な「審判」と見なす最初の父親が支配者である場合でさえ、自然法を解釈するのは、道徳的に判断を誤るかもしれない個人であり、たとえ「無邪気な」時代はそれでよかったとしても、社会秩序を支えられないのである。

富と所有物が不平等で、信条や利害が多様な状況にあっては、政治的な(すなわち個人の私的な判断を排除するような)統治形態しか、正統で有効ではなかった。人々は、「元老院にせよ、議会にせよ、名称は何でもよいのだが、ある集合的な人間の集団のうちに立法部が置かれるまでは、政治社会のうちにあると考えること」はできなかった、とロックは主張する(§94、邦訳二六三頁)。市民社会・政治社会をつくり、社会契約を結ぶとき、各人は自然法を解釈し執行する権利を放棄し、共同体に委ねる。そして共同体はその権利を、代表者へ委ねる。代表者は今度は、自分たちの制定した法に拘束される(万人は従来どおり自然法に拘束される)。「こうして、個々の成員の私的な判断がすべて排除され、すべての当事者にとって公平で同一である一定の恒常的な規則によって、共同体が審判となるのである。そして、その規則を執行するために共同体から権威を授与された人々の手を通じて……」（§87、邦訳二五七頁、強調は引用者）。

共同体のための「審判」が代表者であり、かれらは私的な判断ではなく政治的な判断を下す、といった方が正確だろう。ロックは、多数決で意思決定することが経験的に必要だと述べ、初期の自由民主主義国家を唯一適切な政治的統治だと正当化する。そして、政治的なもののこうした概念化こそ、資本主義が未発達の社会経済システムに適していると正当化する。ロックは市民社会の政治的性格を「曖昧に」したとウォーリンはいうが、かれはむしろ、唯一「市民的」・「政治的」社会と呼ぶにふさわしい市民社会のきわめて重要な「新しい要素」をはっきり示したのである。

実体化と政治的なるものの矛盾

真に政治的な統治は市民的統治だけだというロックの主張には、克服できない難点がひとつある。ウォーリンのいうとおり、ロックの自然状態が政治的状態でなければならないということである。自然状態についてのロックの形式的説明からは、そうならざるを得ない。市民的統治の特徴は、その政治的な性格ではなく、政治的なるものの特定の概念を体現しているという事実である。後述するように、この概念は実体化されている。

ロックによれば、自然状態における正統な統治はつねに、個人が自然法を解釈・執行する自然権を放棄し、ひとりの支配者が万人を代表して権利を行使することに同意して生じる。ゆえにどんな人も、政、治的権利を、他の自然権と共に生まれながら持っているはずということになる。そうでなければ、道徳的に皆が平等な状況では、支配者の被支配者に対するこの「新しい」政治的権威は生まれない。そんな政治的権威は魔法じみて見えるか、さもなければ個人がそれを放棄するしかない。各人が生まれつきこの政治的権威を持たず、神から道徳的な自己を与えられていなければ、ロックにとって、政治的権威などの問題は起こるはずがなかった。事実、ロックはある箇所で明白に、「政治権力とは、誰もが自然状態で持っていた権力を［市民］社会の手に引き渡し、その社会のなかでは、社会が、自らの上に設立した統治者に対して引き渡したものである」と述べている（§171 また§9, 邦訳三三〇頁、一九五頁）。そして、引き渡された権力は同時に、「奇妙な教説」の権力や権利でもある。

　これがどうして政治的権利なのだろうか。自然状態についてのロックの形式的説明では、「自然法」は、「社会」がなんとしても存在するべきならば、相互の扶助と自制に必要な基礎的で最低限の社会的ルールを宣言したものと見なせる。だが、自然状態では、自然法を解釈し強制するのは個人だけである。いわば、秩序ある平和な社会生活を送るのに必要なこうしたルールを「決定」し解釈し強制するという、歴史的には君主が、市民社会では代議政府が担っていた役割を、自然状態では各人が果たさねばならないのである。ロックはこの自然権について、「全人類を保全」し「この目的のためなら何をしてもよい」という各人の権利だと述べている（§11, 邦訳一九六頁）。つまり、人を個人としてではなく、社会で他者とともにある一構成員として保全する権利が自然権なのである。生まれもった政治的権利を行使するにあたっては、共同生活の保全のためにするべき正しく善きことは何なのか、各人が「直接」判断し[28]、それに基づいて行動しなければならない。各人は、自然法が定めた枠組みのなかで、「直接」政治的問いを立てなければならないが、しかし奇妙なことに、そうした枠組みは一般に知られてもいなければどこにも示されておらず、各人の「私的な判断」に完全に任されている。これが、自然状態の「不便」なのである。

生まれもった政治的権利が、自然状態の形式的説明を構成していることをここで強調しておくべきだろう。推測的歴史に照らすと、生まれもった政治的権利は「すぐに失われる」。統治もまた「生来のもの」であり、子どもの「第一」世代が成人になるとすぐに両親と政治社会を形成する。生まれもった政治的権利は父親に引き渡され、その父親は最初の支配者となって、すべての子どもを代表して政治的権利を行使する。行使できるのは父親だけである。こうして、ロックの政治理論と続いて発展したリベラル・デモクラシー理論では、政治的なるものに関して本質的な矛盾がある。各人の政治的権利は、生命、自由、財産といった他の自然権と同じく「生まれもった」ものなのに、他の権利とは異なってつねに放棄されなければならないのだ。

ここには、いくつか重要な意味が含まれている。もっとも重要なのは、各人に政治的権利以外の自然権を保持させ、しかも政治的権利は放棄させるために、社会生活を二つの自律的な領域、つまり私的領域と政治的領域に分離することである。また、ロックの政治理論と後のリベラル・デモクラシー理論における政治的なるものの実体化にとってもこれは根本的な矛盾であり、「ラディカルなデモクラシー」に抗してリベラリズムとリベラル・デモクラシーが自己を防衛する際の中核にあるものである。

この時点で、なぜ生まれもった政治的権利がつねに放棄されなければならないのかというわかりきった疑問が浮かぶ。その答えはすでに一部出ている。ロックは、統治は神から与えられたものであり、ひとりあるいは少数の人間が万人を代表して政治的権利を行使するものである、という。だが、他の答えはもっと複雑である。近代のリベラルな市場社会の発展など、自然状態の第二段階では、リベラルな個人主義も登場する。そうした個人主義はいわば、「個人」およびその社会関係についての特定の概念化なのである。[29]個人はもはや、前近代的な、神が与えた序列的な社会秩序には拘束されず、自らの良心に従ってものごとを自由に決定し、宗教を含めた自分のあらゆる生活領域において私的な判断を下すものと見なされる。ロックは『寛容についての書簡』で、この考えを非常に明確に示した。宗教に関しても、財産の管理や家庭内のことと同じように、国家や教会から干渉されずに「だれでもみな自分の都合のよいように考え、自分のいちばん好むやり方をしている」という。[30]

前近代では、神が創出した世界への信仰があった。個人とその両親は、その信仰に基づいた共通の原則が律する社会に閉じ込められていた。しかし近代のリベラルな世界には、そのような共通の信仰や原則はもはや存在しない。社会やそこでの自己の「利益」に関する各人の私的な判断が、それに取って代わったのだ。個人の世界観は、あらゆる面で私化され内面化された。やがてこの流れは、宗教改革で近代的になった個人の良心という観念を、「利益」の観念へと変容させ包摂させた。ウォーリンのいうとおり、「リベラリズムの庇護のもとで、個人の良心が「個人の利益」に取って代わられるという、大変革が起こった。利益は、しだいしだいに、良心が宗教のなかで営んできたと同じ役割を、政治思想、社会思想のなかで営むようになってきた[31]」。

欲望が拡大し、所有物の不平等がはなはだしい状況では、各人の判断や利害は衝突しがちであった。そこに付随する社会秩序の問題についてリベラルは、社会生活を二つの領域に分け、共通原則の代わりに「政治的方法[32]」をとるべきと考えた。これは、各人の利害の衝突を調停し、「公共の利益」に関して決定する手続きである。社会生活の私的領域では、個人が非政治的な自然権を表現する。私的領域は、個人が私的な判断を下し自己利益を追求するのにふさわしい領域である。それに対して、個人の私的な判断が排除される政治的領域では、生まれもった政治的権利は放棄され、特別に選出された代表者が個人を代表して決定を下すのである。

生まれもった政治的権利の「放棄」というと、ある意味では誤解を与えやすい。個人には、特権的に行使できる自然権と同じように、放棄すべき政治的権利があるように見えるからである。だが、生まれもった政治的権利とはそういうものではまったくない。政治的権威を正当化するために、ロックは、個人には生まれつき政治的な側面があると認めなければならなかった。しかし、すでにわたくしが強調したように、たんに形式的にそういっているだけである（それもあって、ロックは自分の教説を「奇妙」といったのだろう）。これは、個人の政治的権利は虚構にすぎず、ある種の政治的権威を特別なやり方で正当化するためだけに仮定されたことを意味する。個人の政治的権利は、自然状態（の推測的歴史）においても、市民社会においても、現実には見られない。あらゆる個人は「生まれながらに」自由かつ平等だというのがリベラリズムの出発点であるため、ひとりあるいは少数の代表者が政治的権威を行使するのを正当化する際、個人の政治的権利という概念的な仮定を用いたのだ。

以上から、次のように論じてよいかもしれない。放棄される権利が仮に虚構だとしても、それと引き換えに、（ロックの広い意味での）所有権の保全・保護という具体的なものが得られるではないか、と。だからこそ、歴史的発展のある段階で、市民的統治に正当な同意がなされなければならないのであり、社会契約を通じて個人は市民社会に参加しなければならない。社会契約が必要なのは、個人が政治的判断を下す権利を放棄することを正当化するためではない（放棄は自然状態で行われる）。そうではなく、その権利を、（不平等な）所有権を効果的に保全できる一定の統治形態へ引き渡すことを正当化するために、社会契約が必要なのだ、と。しかし、社会契約の導入は虚構に虚構を重ねることになる。社会契約が実際になされたはずだとか、可能だったといえる人はいないからだ。それにしても、社会契約は何についての虚構なのだろうか。その答えこそ、政治的なるものを実体化しているロックの理論、リベラル・デモクラシー理論の中核にある。社会契約とは、シティズンシップに関する虚構なのである。

ロックの理論では、代表者が周知の手続きを経て公平な法を公的に制定し、その法を公平に有効に執行する統治形態で、所有権は保護される。すべての人々（代表者を含む）は、貧困者であれ英国の田舎に広大な土地を所有する者であれ、法の下で形式上は平等である。各人は、不平等な「利益」を平等に保護してもらえるのである。わたくしの意見をこの点で批判する人は、虚構の権利を放棄する代わりに、契約によって得るものがあるというかもしれない。実際には、そうした権利が、少なくとも現在では完全な虚構でないことがはっきりしている。形式的な法の下の平等と共に、シティズンシップという平等な政治的地位も形の上では確立したのである。シティズンシップは、たんに保護を受けるというだけの平等ではない。理論的には、政治的平等ゆえに個人は何らかの活動に関与する。政治的な資格で、つまり私的な個人としてでなく市民として活動に取り組むのである。これは、「保護者を保護する」ための活動である。[33] 個人は市民として、保護者を守るために、ふさわしい代表者へ投票することができる。繰り返しになるが、ロックの理論ではこの点は未発達な形で表れているにすぎない。代議制のリベラリズム理論が普通選挙権の導入によってリベラル・デモクラシー理論になったとき、はじめて、すべての個人の実質的な不平等を越えて、シティズンシップの形式的平等、投票者としてのすべての人（すべての成人）の形式的な政治的平等が確立するのだ。

だが、個人の政治的権利は、見かけしか回復していない。シティズンシップは虚構にとどまる。ここで政治的なるものの矛盾がすぐさま現れていることに注目しよう。市民は投票で代表者を選ぶが、それは代表者が市民に代わって政治的決定をできるようにするために他ならない。またしても、政治的判断を下す〔個人の〕権利は放棄されるのだ。いうなれば代表者は、共同体構成員の政治的自己、市民的自己を体現している。[34] 構成員はこれらの自己を、別の自律的な領域、すなわち政治的領域で「見る」ことができる。代表者の役割はまさに、すべての市民の利益を代表することである。個人の衝突し合う利害ではなく、政治的利益や公益を代表するのである。代表者は政治的領域に入ると、自分たち用の「政治的なライオンの皮」を身にまとうといえよう。ロックが強調するように、私的な判断はいまや排除される。代表者は、私的にではなく政治的に判断する。彼らが下す政治的決定は、市場競争において衝突する利害を判定する際の、手続きとか専門知識といった原則とそれほど変わらない。[35] だが、形式上の地位だけでつながった市民の、集合的・政治的な利益とは、一体何であろうか。この問いに答えることは、たとえ不可能ではないとしても、困難である。

私的個人が虚構の政治的権利を放棄しても、政治的領域には、共同体にあった具体的な実体が何も残らない。個人は互いを結びつける共通のものを持たない。ゆえに、社会にとって「共通」のもの、すなわちウォーリンがいう政治的なるものの「伝統的」概念は、次のようにしか見えない。つまり、何か社会を超越し、私的個人の実際の社会関係から分離し、自律していて虚構の地位をうわべは体現したもの、である。[36] 市民は、そうした政治的領域を見ることはできても、そこで活動はできない。いい換えれば、ロックの理論やリベラル・デモクラシー理論における政治的なるものの概念は、実体化されている。社会の構成員にすれば、政治的領域は、対象化された外部の「もの」、すなわち「国家」と思われるのである。

リベラル・デモクラシーの政治的領域は、実体化された抽象概念と考える他なく、私的領域と政治的領域を架橋することなどできない。政治的領域とはあくまで実体化された存在であって、市民には手が届かない。形式上シティズンシップは政治的地位であり、市民は政治アクターとして投票するため、理論的にいえば、民主的な選挙権を行使している間は私的領域と政治的領域が合致するはずだが、実際にそんなことは起こらないし、起こるはずがない[37]。リベラル・デモクラシーの市民は政治アクターとして投票するのでなく、私的利益を守るために投票するのである。これこそ、ウォーリンがリベラリズムを批判する点のひとつである。

シティズンシップは、もともと私的生活を送る個人が一時的にかぶる「政治的なライオンの皮」にすぎない。政治社会に参加することに同意したというロックの個人に相当するのは、現代では市民的人間（*Homo civicus*）だが、ダールがあけすけにいったように、市民的人間は「本来的に、政治的な動物ではない[38]」。市民的人間は「私的な市民」という矛盾に満ちており、しかも矛盾はそれだけにとどまらない。つまり、リベラル・デモクラシーの「政治的国家」が成熟をとげ、普通選挙権が導入されると、私的な判断は排除されるどころか再び持ち込まれたのである。私的な市民は、虚構の政治的権利を放棄した象徴としてライオンの皮をまとい、私的利益に基づいて投票するのみである。市民が形式上の政治的地位にふさわしい行動をするなら、リベラル・デモクラシーが「ラディカルなデモクラシー」を防ぐ土台がひとつなくなってしまう。土台とは、個人は私的生活ではあらゆる事柄について自分で判断できるしそうすべきだが、政治生活でそうすることは不可能だという前提である。真に政治的な社会では、政治的決定は、定期的に選挙で選ばれる代表者がしなければならないのである。

ロックの理論とその後のリベラル・デモクラシー理論についての、このように異なる二つの解釈を視野に入れるには、もう少し議論を続ける必要がある。まず、ウォーリンのロック解釈を、異なった視点から見てみたい。

ロックが政治的な自然状態を仮定したのが誤りだとすれば、では非政治的な自然状態からどうやって政治的領域が生じるのか、という問題が出てくる。政治的領域が社会の「不可欠な前提条件」だというなら、いったい何に由来するのか。非政治的な社会秩序に押しつけられた外部領域なのか（誰が、どのように押しつけたのか）。さらに、政治的秩序がなくなると、ウォーリンの身も蓋もない表現では、個人は雨露をしのごうと死にもの狂いの状態に置かれるというが、そうだとしたらそもそも「社会秩序」について語ることなどできるのか。孤立して抽象的な原子化された「個人」のたんなる集まりを仮定して議論をはじめるなら、「社会」を、ましてや「政治的社会」をどう考えるべきなのかという問題が生じる。まさに、ホッブズの理論が示すとおりである。[39]「人間の道徳状態」についてのロックの形式的説明は、わたくしが別稿で概念的論議と呼んだものの[40]一種と見なせる。概念的論議とは、「社会」という一貫した概念の前提として、ロックが「自然法」に込めた「権利」「義務」「支配」「権威」の概念を想定している。「権威」が「社会」に不可欠ならば、政治的なるもののいくつかの定義（たとえば、本章の冒頭で引用したダールの定義）によれば、あらゆる社会は政治的社会だということになる。これは、政治的なるものを近代国家という観点から見、その他の社会生活から区別される自律的な領域と考えるなら、ただ奇妙というよりない。[41] その場合には、ロックの市民的統治はそれほど特異ではなく、政治的な自然状態がすでに予示していたもののように見える。

だが、自然状態についてのロックの説明には二面性がある。ひとつは、市民的統治と自然状態（ウォーリンのいう「理想的な」自然状態）を対比する形式的説明・概念的論議であり、もうひとつは、私的領域の実際の社会関係とその上位にあるリベラルな国家を対比する説明である。そのうち、ロックの政治的なるものの概念に関係するのは、この後者の説明なのだ。だからといって、自然状態が無関係というわけではない。それどころか、こうした社会関係も、自然状態の推測的歴史で予示されていた。ロックは、個人の性質について経験的な仮説をいくつか提示する。たとえば、いったん貨幣が導入されれば個人は欲望を（無限に？）拡大するとか、個人には統治が生来的に必要である（つまり、政治的判断の権利は「当然」放棄しなければならない）とかである。ロックはこうして、同時代の未発達の資本主義システムの社会関係（私的領域）を正当化し、いまの自由民主主義国家へ発展させた統治つまり真に政治的な統治を正当化している。

これは驚くべきことではない。政治理論は、概念だけの問題ではないし、そうではあり得ない。概念は、時間を超越した空間にあるのではなく、社会生活に不可欠な要素であって、具体的な社会関係と切り離して抽象的に扱うことなどできない。後述するように、政治的なるものの昇華についてのウォーリンの論議は、抽象的な概念に焦点を当てている。たとえウォーリン自身が『政治とヴィジョン』の冒頭で「政治的なるもの」はつねに「つくり出された」領域であると述べたにせよ、[42] 一般的で「伝統的で」時間を超越して抽象的な政治的なるものの概念を、現代の自由民主主義国家の現実に適用できるはずと強調することに重点を置いたのである。

政治的なるものは共通で一般的であるという従来の概念を「再び強調」することが、現実の制度や関係性から見てどのような意味を持つのか、ウォーリンの主張ではよくわからない。「昇華」が実際に起きているのか、それともそれはもっぱら政治理論家が概念化した政治的なるものの問題なのか。ウォーリンははっきりいわないが、おもにこの後者を追究している。ここでは、ウォーリンのいう「自律的な」政治的領域の中身を問うべきである。近代の（自由民主主義）国家が答えのように思われる。この点についてかれの考えは曖昧だが、マルクスとデュルケムの理論を批判しながら、「国家を拒否することは、政治的なるものを指示する中核的実体を否定すること」であると断言した。[43]『政治とヴィジョン』の終章でウォーリンは「全体主義」に言及するが、何とも皮肉なことに、かれの求めに合致するものこそリベラル・デモクラシー的な国家概念であるとここで判明する。ウォーリンは、政治的なるものの概念が昇華し、視野から消えてしまったと主張するが、しかしリベラル・デモクラシー理論は依然として（「再び強調」するまでもなく）、非常に「自律的な」政治的なるものの概念を示しているのだ。

後述するように、ウォーリンがこの可能性を考慮できないということは、はじめからかれがリベラル・デモクラシー理論を誤解しているためであろう。ロックの解釈にも表れているようにウォーリンは、政治的なるものの「昇華した」初期の形だと片づけてしまった。この誤解はおもに、政治的領域ははじめから自律的であるように見えなければならないとかれが考えていたせいである。つまり、「生まれながらの」人間関係は「無防備」なため、政治的領域の基盤になり得ないというのである。ウォーリンは続けて、近代世界にはなかったとかれがいう社会の「包括的な統一体」をもたらすには、自律的な政治的領域やその概念が必要だと主張する。少なくとも、政治理論家の間ではそうした概念が要ると。かれは、二つのことを見落としている。ひとつは、自由民主主義国家が、たとえ「伝統的な」やり方でなくても、そうした包括的な統一体の役割を果たす可能性。もうひとつは、リベラル・デモクラシー理論が自由民主主義国家をありのまま示している事実である。

ウォーリンは、現代のリベラルな国家が果たしている役割や性質を検討していないし、リベラル・デモクラシー理論がこの国家をどのように示しているかも考察していない。産業のような「私的」領域を熱心に研究して「政治的」だという現代の政治理論家は、かれからすれば異常としか思えない。いま現在の自由民主主義体制で、政治的領域はいかに特徴づけるべきなのか。この点こそ、昇華か実体化かで問われている問題なのだが、しかし『政治とヴィジョン』はそれを曖昧なままにしている。別のいい方をすれば、「政治的」領域にとって、より正確には民主政治の理論と実践にとって、ロックが「常識的な」理論を定式化した時代より後の甚大な歴史的変容がどのような意義を持つかという、重要な問いが曖昧にされているのである。市場経済が勃興し(いい換えれば、「政治的な」ものの昇華でなく発展に必要だったとクリックがいう、「社会的な」ものが登場し)、それに続いて、資本主義は国営へと変容した。これは同時に、ロックのいう自律的で代表制的な「審判」たる市民的統治の変容でもある。審判は、いまや選手のひとりである。自由民主主義国家は、社会生活のあらゆる領域、特に経済的領域に大きく介入するようになった。これを別の角度から見れば、経済など社会生活の領域は、国家機構の巨大な軍事的・産業的・政治的・イデオロギー的複合体に絡め取られているのだ[44]。

ハンナ・アレントは『人間の条件』で、近代の資本主義世界の発展について説明したが、これとウォーリンの論議を比べると興味深い。アレントは、古代の(「伝統的」な)私的領域と公的領域の概念、および両者の対立が、今日ではどれほど変化したかを強調する。「社会的領域の出現は……近代の出現と時を同じくし、その政治形態は国民国家に見られる[45]」。古代では私的な家庭に閉じ込められていた経済活動は、近代世界になると解放されて「公的に重要」となった。こうして政治生活の概念と私的領域との関係は変化した。経済活動は労働力に基づく資本蓄積となり、政府からの保護を求める私的な財産所有者と就業者の組織として「社会」が登場した。アレントによれば、政治領域は現在、全国規模の「家政」を担う行政機関になり果てた。[46] 近代のリベラルな世界での経済的・政治的変容を前にして、アレントが、政治的なるものの「伝統的」概念をそのまま強調し直せるといっているわけではない。だが彼女は、私的領域も政治的領域もともに社会的領域のなかに消え去ったと論じている。[47] これはウォーリンの昇華に関する主張と一致するように思われる

しかし、アレントの論議はただ概念的なのではない。彼女は著作で、歴史的変化だけでなく今後の発展の可能性についても言及しており、なかでも過去に起こった革命の大きな特徴に注目しながら、将来的に自主管理型の評議会が待たれるとしている。[48] 自由民主主義国家の現代的役割に照らせば、昇華論が説得力を持つには、もう少し実証的に見える必要があろう。それでもなお、そうした説得力の有無はやはり、現代では「失われ」たり昇華したり社会生活に埋もれた政治的なるものを、本質的には自律した領域だと見なす概念（アレントが支持する概念）に左右される。[49] そもそもこうした出発点がなければ、「昇華」の問題は存在しない。あるとしても、ウォーリンが重視するような問題ではない。現代の自由民主主義諸国とその国営資本主義における、政治的領域の役割、性質、正しい特性づけに関しては、依然としておびただしい問題が残されており、わたくしはそれらのごく一部分を検討しはじめたにすぎない。[50] また、政治的なるものを自律した領域だと概念づけなければ、本章の冒頭で触れたように、政治科学者が政治的なるものを正統でないやり方で定義しても、それが「行止りの繰り返し」だということにもならない。政治科学者は、現代の自由民主主義国家の現実を認識しようとしていると見なすこともで

きるのである。

前の段落は、政治的なるもののリベラル・デモクラシー的な概念は実体化され自律的な領域に関するものであり、昇華論よりも自由民主主義国家の特徴に適合する、というわたくしの最初の議論に矛盾するのではないか。そう思われる向きもあるかもしれない。ここで改めて、概念と社会・政治生活には相互関係があり、その関係は複雑であると強調すべきだろう。自由民主主義国家は他の社会生活から「自律」していないとか、ロック＝ウォーリン的な「上部構造」では自由民主主義国家ははるか昔から取り残されていた（本当にかれらがいうような形で上部構造が存在したとすればだが）とか、いくらそのように主張したとしても、「政治的なるもの」がリベラル・デモクラシー理論においてどのように提示されているかについては何も語っていない。政治制度が人々の社会的な相互交流とは無関係の（あるいは自律した）ものではないと教えてくれるのは、社会学と哲学の知見である。そして、リベラリズム理論とリベラル・デモクラシーは、個人の政治的権利は「生まれもった」権利であり、政治的関係の基盤は「自然の」社会関係のなかにある、と論じることができる。だからといって、政治理論は政治制度を「自律的」なものとは考えないとか、政治的相互行為のパターン（政治制度）が市民の手に届かず管理できないように確立されることなどない、とかいっているのではない。

先のロックに関する議論が示すように、リベラリズム理論は、表面に見えない「生まれもった」政治的権利の矛盾に根ざしており、それを基盤として、マルクスがいう自由民主主義国家の「天上」において実体化された、あたかも「自律的」といわれる政治的領域が正当化される。こうして、一方では、リベラル・デモクラシー理論は、政治生活のさまざまな現実を神秘化し、他方では、自由民主主義国家と現代のシティズンシップに関する重要な真実を包み隠している。それは、現代のシティズンシップは虚構であり、国家は市民の手に届かず管理できない外部の存在だ、ということである。政治参加の価値の切り下げと「政治的人間の細分化」というウォーリン的な問題（かれはそれらを政治的なるものの昇華と結びつける）は、リベラル・デモクラシーの理論と実践に内在的なのである。その答えは、自由民主主義国家でも、政治的なるもののリベラル・デモクラシー的な概念でも、容易には見つからないだろう。

政治的なるものを参加型に概念化するために——いくつかのコメント

シティズンシップが虚構にすぎないこと、そして、「生まれもった」権利がつねに放棄されなければならないという矛盾は、政治的なるものをリベラル・デモクラシー的に概念化し、自由民主主義体制を「ラディカルなデモクラシーから防衛」しようとするなかにはらまれている。シティズンシップがたんなる「ライオンの皮」でなく、ウォーリンが望むように有意義な自己実現の活動ならば、リベラリズム理論が（いかに曖昧にであろうと）認めている個人の「生まれもった」政治的権利をもっと具体的に示さなければならない。その場合、自由民主主義国家を乗り越える非リベラルなデモクラシーの理論と実践を前提しなければならない。ある政治人類学者は近年、「国家が政治理論家に長らく影響を及ぼしてきた魔力」について言及している。[51] 国家を論じない近代政治理論家は、ほんの一握りしかいなかった。[52] リベラル・デモクラシー理論の主要な論敵であるマルクス主義は、政治的なるものを同様の観点からしか見てこなかったし、奇妙なことにマルクス主義は、資本主義経済秩序としての自由民主主義国家を、唯一正しい、あるいは「成熟をとげた」政治的国家と見なすことに貢献しさえした。その証拠にマルクスは、「発展の進むにつれて、階級の差別が消滅し……公的権力は政治的な性格を失う」と述べているではないか。[53]

ロックの理論では、個人の政治的権利とはあくまで概念的な仮説にとどまっている。しかし社会契約は、個人が政治的権利を放棄し、「政治的」代議政府へ引き渡す段階を象徴している。そして、ロック版の社会契約を詳細に検討すれば、市民が政治的に判断し活動する「生まれもった」権利を放棄せず保持できるような、広範で一般的な政治的なるものの概念が得られよう。ここで、ルソーの理論と比較してみるのもよいだろう。[54] ルソーは自然状態の推測的歴史を展開し、リベラルな社会契約を、個人が進んで自分を鎖につなぐような欺瞞的な思想だと非難した。かれは『社会契約論』で、市民が代表者に政治的権利を譲渡せず、参加デモクラシーや「ラディカルな」デモクラシーの枠内にその権利を維持する、社会契約の代替案説を披露している。

ロックの社会契約は、最初に社会が、次に政治的社会が形成される二段階と見なされることが多い。しかしこうした解釈は、ロックの自然状態を非社会的とする誤解に基づく。だが実は、契約の第一段階で、自然状態という「分散した」政治社会から、新たな政治共同体がつくられる。つまり、個人は自分の政治的権利を放棄して共同体に委ねるのである。ここで、これがいかなる「放棄」なのか問わなければならない。ルソーによれば、第一段階の「放棄」は第二段階の「放棄」とはまったく異なる。後者は、政治的権利を少数の代表者に譲渡するものである。第一段階でできる新しい政治共同体は、契約を結ぶ個人から構成されており（他の誰がいるだろうか）、ゆえに「放棄」とは自分たちに引き渡すものである。各人は、個人が「生まれもった」政治的権利を、個人でなく新たな政治共同体の市民という集合的立場で、自分たちに向けて「放棄」するのである。

結合行為は公共と個々人との間の相互の約束を含み、また各個人は、いわば自分自身と契約しているので、二重の関係で――つまり、個々人に対しては主権者の構成員として、主権者に対しては国家［政治共同体］の構成員として契約しているのである。[55]

単一の参加型の社会契約を結ぶと、各人は参加デモクラシーの市民として活動するたびに、政治的権利を「取り戻す」。共同体の政治的善を決定し実行するために、集合的に行動するのである。こうして、個人の「生まれもった」政治的権利は、矛盾した虚構でも、たんなる形式的な資格でもなくなり、具体的に示される。参加デモクラシーにおける政治的領域は、その他の社会生活よりも優位だったり外部にあるような、区別や自律、実体化された抽象概念ではなくなる。政治的領域は、市民が集って政治的意思決定を行うときはいつでも生じる。つまり政治生活は、全体として社会生活に根ざし、なくてはならない要素を構成する。政治生活は、個人が単独で活動するような、社会生活の私的な側面とは異なるものの、しかしもはや、リベラリズム理論のように両者を二項対立させることはできない。両者は弁証法的な相互関係にある。

このような非常に大まかな概説に対して、ロック派のリベラル・デモクラシー論者は、次のように答えるだろう。そもそもそうした概説には経験的に意味はないのだから、政治的なるものの別の民主的概念が発展する基盤になるかもしれないと指摘してもしかたがない、と。自由で公平で平等な民主的政治共同体があるならば、契約の第二段階もリベラルな代表もあり得ず、ゆえに自由民主主義国家もあり得ない、というルソーの主張は、現実的ではないというわけである。しかし、このような答えが説得力を持つのは、近代国家がかけた「魔力」の効き目が大きいからである。ラディカルなデモクラシーに反対する人々は、政治共同体を、ひとつの単位すなわち国家の観点からしか見ない。だから選択肢は、何百万人規模の議会（これは明らかに非現実的である）か、さもなければ、市民が政治的権利を放棄して、意思決定のために集う少数の代表者、つまり共同体の政治的利益を体現する代表者に委ねる（これは明らかに現実的である）か、どちらかしかないというのである。[56]

ゆえに、政治的なるものの代替概念を発展させたいなら、自由民主主義国家を乗り越えて、多様な参加単位・自主管理単位（おそらく評議会と呼ばれる）から成る政治共同体が実現する可能性があるのか、経験的な論議と結びつけて考えなければなるまい。そのようなシステムでは、政治的権威は「上から動くのでも下から動くのでもなく、水平的に方向づけられて連邦を構成する諸単位が権力を相互に抑制し制御する」。[57]だが、自主管理型デモクラシーも社会契約の第二段階から逃れることはできない、とここでも主張されそうである。参加単位ごとに代表者は必ずいなければならず、「生まれもった」政治的権利の矛盾はついて回るのではないか。

このような異議にも、説得力はかなりある。自由民主主義国家では、「代表者」こそ代表と見なされるからである。いい換えれば、わたくしたちは、ルソーによる「主権者」と「政府」の区別を、検討に値すると考えなくなって久しい。ルソーにとって、「政府」、すなわち参加単位の市民（「主権者」）の代理人・行政官とは、「臣民［個人］と主権者［市民］との間の相互の連絡のために設けられたひとつの仲介団体」なのである。[58]こうした代表者は、市民の政治的権利を譲渡された者でも、契約の当事者でもない。つまり、第二段階は存在しない。第二段階へ進むと、契約は「一方は支配する義務を持ち、他方は服従する義務を持つという条件を、両当事者の間に定める」ようになる。「これは奇妙な契約のやり方だ、とみなさんは認められるにちがいない、とわたくしは信じる」。[59]自主管理型デモクラシーと両立する「代表者」や、それに適した政治的なるものの概念は、「人民の主人ではない」。代表者が特定の領域で特定の期間、政治共同体を代表して活動する場合、「かれらは市民としての義務を果たしているにすぎず、その条件について、かれこれいう権利は全然ない」。こうした代表者は、自身のなしたことに対しては厳格に責任を負う。政治的意思決定をする権利を保持するのは、集合的な市民のみであり、ゆえにそうした市民は、自分の代表者を見物するたんなる傍観者ではなく、自らの政治生活を積極的に創出し統御する者なのである[60]。

自主管理型デモクラシーが実際に可能かどうか、少なくとも答えは出ていないと認めたとしても、本章のテーマに関してさらに二つの異議がおそらく提起されるだろう。その第一はウォーリンの異議である。「国家を否定し」、脱中心的に連合した参加型評議会で国家を置き換えると、政治的なるものの昇華とリベラリズムの発展に伴ってはじまった「政治的人間の細分化」の傾向がさらに強まる、というものである。このような異議は当然ながら、リベラル・デモクラシー的なシティズンシップはたんなる虚構ではなく、個人にとって何か意義のある一般的・統一的な準拠点をもたらすと前提している。実際、自由民主主義国家の「私的市民」は、自らのさまざまな役割や能力を、分離され断片化されたもの、異質で衝突することの多い「利益」を体現するものと見なすよう促されている。主婦、母親、消費者、工場労働者、秘書、運転手、友達、恋人……こうした人々を「私的シティズンシップ」はどうやって結びつけるというのだろうか。それとは対照的に、多様な参加単位において拡大した実際のシティズンシップは、さまざまな社会領域や役割や能力が相互に複雑に絡み合った、具体的な経験をもたらした。

第二の異議は、多くの「私的」な組織や領域を政治生活に引き込み、たとえば大企業を参加デモクラシーの自主管理型単位ととらえると、個人の「生まれもった」権利や自由が拡大されるどころか減退してしまう、というものである。ここでわたくしは、リベラルな消極的自由観にくどくど反論するつもりはない。それよりもこの論点を、本章の冒頭で引用した「個人的なことは政治的である」というスローガンとわたくしの主張を区別するために提起したい。

女性が、ロックがいう「人身の所有権」を自分の身体にも適用するよう主張しても、自由民主主義諸国はほとんど軽視する。だがわたくしは、このスローガンには影響力がないというつもりではなく、字面以上に深読みすべきではないといいたいのだ。政治的なるもののリベラル・デモクラシー的な概念に対する代替案として、このスローガンは敵の姿を映しているだけである。「個人的なことは政治的である」とは、私的領域と政治的領域とを同化させることで、私的生活と政治生活の二項対立に終止符を打とうとする。確かに、個人的なものと政治的なるものの相互関係は認識できる。いかなる関係も、特定の状況で政治的影響力を持つのは事実だからである。しかしだからといって、市民としてのわたくしたちの相互作用や意思決定を統御すべき基準や原理が、友達や恋人との関係性を支える基準や原理とまったく同一でなければならない、ということにはならない。それでは、「公共的な道徳的価値をまるごと剝奪してしまったひとつの政治体」[61]でのテクノクラートの手続き主義的な「政治的方法」を変えるのに、個人的なものの道徳性さえあればよいと主張するようなものだ。しかし、自主管理型デモクラシーの構成員なら自らの政治的実践を統御するために自覚的に身につけることができるような、公共的な道徳性や政治的道徳性や政治的権利の原理もまた、政治的なるものの参加型概念とともに発展すべきである。しかも、「個人的なもの」は、虚構のシティズンシップや政治的なるものの実体化と同様に、自由民主主義体制の一部分である。ゆえに、自由民主主義体制を変えようとするならば、社会生活の両方の領域が変わり、両者の弁証法的な相互関係性のなかでそれぞれの独自性が変わらなければならない。

ハンナ・アレントは、自主管理型評議会について、「この制度がまったくのユートピアであるかないかは、わたくしにはわからない」と述べた。[62] いまのところ、そうした評議会は国家に敗北し、国家の理論家や歴史家によって葬られている。自主管理型の参加デモクラシーは本当に、ありえないユートピアなのだろうか。政治理論だけでは、この問いに答えることはできないが、本章をルソーの言葉で締めくくることにしよう。わたくしたちが忘れてはならないのは、「道徳的〔社会的〕領域の限界は、われわれが考えるほど狭いものではない。限界を狭くしているものは、われわれの弱さ、悪徳、偏見」なのだということである。[63]

1 G. Sartori, *Democratic Theory* (Detroit, MI: Wayne State University Press, 1962), pp. 362, 370.

2 B. Crick, *In Defence of Politics* (Harmondsworth, Middlesex: Penguin Books, 1964), revised ed., pp. 29, 145, 164〔B・クリック／前田康博訳『政治の弁証』(岩波書店、一九六九年)、一九頁、一五六頁、一七八―一七九頁〕. このような制度的な背景なしには、クリックの同書の一六一頁(邦訳一七五頁)に見られるような描写がなぜ可能なのかわかりかねる。以下の文献は脚注で、「立憲主義的な政府の「多元主義的」理論は「リベラル・デモクラシー」と呼ばれることがあり、クリックは紛らわしいことに同じ現象を「政治」と呼ぶ」と指摘している。B. M. Barry, *Sociologists, Economists and Democracy* (London: Collier-Macmillan, 1970), p. 59.

3 Crick, *In Defence of Politics*, pp. 17, 24〔クリック／前田前掲訳、四頁、一三頁〕.

4 J. Plamenatz, *Man and Society* (London: Longmans, 1963), vol. 1, p. 241〔J・プラムナッツ／藤原保信ほか訳『近代政治思想の再検討II　ロック〜ヒューム』(早稲田大学出版部、一九七五年)、一三七頁〕.

5 K. Marx, "On the Jewish Question", in *Writings of the Young Marx on Philosophy and Society*, ed., L. D. Easton and K. M. Guddat (New York: Anchor Books, 1967), pp. 225–6〔K・マルクス／城塚登訳「ユダヤ人問題によせて」、『ユダヤ人問題に

よせて ヘーゲル法哲学批判序説』（岩波文庫、一九七四年）所収、二四―二六頁（傍点は原文イタリック）〕.

6 D. Easton, *The Political System*, 2nd ed.（New York: Knopf, 1971）, p. 134〔D・イーストン／山川雄巳訳『政治体系――政治学の状態への探求』（ぺりかん社、一九七六年）、一三五頁〕.

7 R. A. Dahl, *Modern Political Analysis*（Englewood Cliffs, NJ.: Prentice Hall, 1963）, p. 6〔R・A・ダール／高畠通敏訳『現代政治分析』（岩波書店、一九九九年）、四―五頁〕.

8 S. S. Wolin, *Politics and Vision: Continuity and Innovation in Western Political Thought*（London: Allen & Unwin, 1961）, p. 290〔S・S・ウォーリン／尾形典男・福田歓一ほか訳『西欧政治思想史――政治とヴィジョン』（福村出版、一九九四年）、三三六頁〕.

9 Ibid., p. 363〔同訳、四二〇頁〕.

10 Ibid., p. 305〔同訳、三五三頁〕.

11 Ibid., p. 306〔同訳、三五四頁〕.

12 Ibid., p. 368〔同訳、四二五頁〕.

13 Ibid., pp. 430–2〔同訳、四九五―四九七頁〕.

14 Ibid., p. 306〔同訳、三五四頁〕.

15 Ibid., pp. 307–8〔同訳、三五五―三五六頁〕.

16 Ibid., p. 306〔同訳、三五四頁〕.

17 Ibid., p. 434〔同訳、四九九頁〕.

18 Ibid., p. 294〔同訳、三四一頁〕.

19 R. Ashcraft, "Locke's State of Nature: Historical Fact or Moral Fiction?", *American Political Science Review*, 62(3)（1968）, pp. 898–915.

20 Ibid., pp. 900–1.

21 本文中に記すカッコ内の引用パラグラフは、ロックの次の著作からである。J. Locke, *Two Treatises of Government*, ed. P. Laslett, 2nd ed.（Cambridge: Cambridge University Press, 1967）, II〔J・ロック／加藤節訳『統治二論』（岩波書店、

22 二〇〇七年）、第二篇）.

23 ロックの論議にとって貨幣の発明が持つ重要性については、以下を参照。C. B. Macpherson, *The Political Theory of Possessive Individualism* (Oxford: Oxford University Press, 1962), pp. 203–11, 233–5〔C・B・マクファーソン／藤野渉・将積茂・瀬沼長一郎訳『所有的個人主義の政治理論』（合同出版、一九八〇年）、二三一―二三八頁、二五八―二六二頁〕.

24 マクファーソンは『所有的個人主義の政治理論』で、自然状態の「快適な」像も「不快な」像もいずれも、市民社会へと移行する直前の時期に表れたことを根拠に、自然状態のこの二つの描写は貨幣前と貨幣後の二つの段階に対応したものだとする主張を検討している。Macpherson, *Possessive Individualism*, p. 242〔マクファーソン／藤野・将積・瀬沼前掲訳、二六八頁〕. だが、専制的な政府に対するロックの抵抗理論が主張しているのは、社会の構成員が信頼によって結びつき相互に義務を負うこと（つまり、「快適な」あるいは形式的な自然状態像）は、決して消え去らないということである。自然状態の第二段階が困難を抱え、市民社会において専制的な支配者が存在するとしても、「社会」は存続するというのである。

25 ロック理論のこの側面に関する優れた議論としては、以下を参照。G. J. Schochet, "The Family and the Origins of the State in Locke's Political Philosophy", in *John Locke: Problems and Perspectives* (Cambridge: Cambridge University Press, 1969). ショチェットは同書八八頁で、ロックの用語法が錯雑としていることを指摘するが、しかしかれはロックが「政治」と「統治」を区別している点を見落としている。

26 Schochet, "Origins of the State", p. 92.

27 J. Dunn, *The Political Thought of John Locke* (Cambridge: Cambridge University Press, 1969), p. 106.

マクファーソンは、ロックが「資本主義社会に対するひとつの積極的な道徳的基礎」を提供したと述べるが（p. 221, 邦訳二四八頁）、そのことに同意するとしても、マクファーソンが主張する差別的合理性を受け入れる必要はない。ロックがそうした道徳的基礎を提供すると「述べた」かどうかは、また別の問題である。ダンの以下の論議を参照。Dunn, *The Political Thought of John Locke*, chaps 15–17. また、労働者に対するロックの態度に関しては、以下を参照。E. J. Hundert, "The Making of *Homo Faber*: John Locke Between Ideology and History", *Journal of the History of*

Ideas, 33 (1972), pp. 3–22.

28 「直接」的な政治的判断に関しては、以下を参照。H. C. Mansfield Jr., "Hobbes and the Science of Indirect Government", *American Political Science Review*, 65 (1971), pp. 97–110.

29 以下を参照。S. Lukes, *Individualism* (Oxford: Blackwell, 1973)〔S・ルークス／間宏監訳『個人主義』（御茶の水書房、一九八一年）〕.

30 J. Locke, *A Letter on Toleration* (Oxford: Oxford University Press, 1968), ed., J. W. Gough, p. 89〔J・ロック／生松敬三訳「寛容についての書簡」、世界の名著32『ロック・ヒューム』（中央公論社、一九八〇年）所収、三六六頁〕.

31 Wolin, *Politics and Vision*, p. 338〔ウォーリン／尾形・福田ほか前掲訳、三九〇頁〕. ロックの理論では、宗教はこうしたウォーリンの所見が示す以上に大きな役割を果たしていた。その意味で、ロックの理論はホッブズの理論よりも近代性に乏しい。以下を参照。R. Ashcraft, "Faith and Knowledge in Locke's Philosophy", in *John Locke: Problems and Perspectives*, ed. J. W. Yolton (Cambridge: Cambridge University Press, 1969).

32 以下を参照。J. A. Schumpeter, *Capitalism, Socialism and Democracy* (London: Allen & Unwin, 1943), chap. 22〔J・A・シュムペーター／中山伊知郎・東畑精一訳『資本主義・社会主義・民主主義［新装版］』（東洋経済新報社、一九九五年）、第二二章〕. この章では、民主的な「政治的方法」について論じられている。

33 以下の文献での議論を参照。M. Walzer, *Obligations: Essays on Disobedience, War and Citizenship* (New York: Simon & Schuster, 1971), chap. 10〔M・ウォルツァー／山口晃訳『義務に関する11の試論——不服従、戦争、市民性』（而立書房、一九九三年）、十章〕. この一節は、ホッブズからの引用である。T. Hobbes, *Leviathan*, ed. C. B. Macpherson (Harmondsworth, Middlesex: Penguin Books, 1968), chap. XXIX, p. 375〔T・ホッブズ／水田洋訳『リヴァイアサン』（二）（岩波文庫、一九九二年）、二五五頁〕.

34 以下を参照。E. M. Wood, *Mind and Politics: An Approach to the Meaning of Liberal and Socialist Individualism* (Berkeley: University of California Press, 1972), p. 156.

35 ウォーリンによるリベラリズム批判のひとつは、統治あるいは政治的意思決定が「分業原理のもとに」組み入れられてしまったということである（p. 304、邦訳三五二頁）。つまり統治は、原則に基づいた熟議の領域ではなく、職業的・技術的な専門性が支配する別領域になったというのである。以下の論議も参照。J. Habermas, "Technology and Science as 'Ideology'" in *Towards a Rational Society* (London: Heinemann, 1971)〔J・ハーバーマス／長谷川宏訳「イデオロギーとしての技術と科学」、『イデオロギーとしての技術と科学』（平凡社ライブラリー、二〇〇〇年）所収〕. もっとも、正統化やイデオロギーが変化したとするハーバーマスの主張は、リベラル・デモクラシー理論が国家の理論・政治的なるものの理論として生き延びていること、そしてテクノクラティックな国家がもともとリベラリズムに内在的であったことを、看過しているように見える。ジェームズ・ミルの政治理論では、もっと効果的な手段が発見されたら政治は「なしで済ませることができる」といわれるが、それに関する以下のコメントを参照されたい。A. Ryan, "Two Concepts of Politics and Democracy", in *Machiavelli and the Nature of Political Thought*, ed. M. Fleischer (New York: Atheneum, 1972), p. 110.

36 以下を参照。Wood, *Mind and Politics*, pp. 152–3.

37 ヘーゲルの政治哲学に関する初期の議論のなかで、マルクスは普通選挙権を、市民社会と国家の分裂を乗り越える手段と見なしていた。K. Marx, *Critique of Hegel's 'Philosophy of Right'* (Cambridge: Cambridge University Press, 1970), ed. J. O'Malley, p. 121〔K・マルクス／城塚登訳「ヘーゲル法哲学批判序説」、『ユダヤ人問題によせて　ヘーゲル法哲学批判序説』（岩波文庫、一九七四年）所収、九〇―九一頁〕.

38 R. A. Dahl, *Who Governs?* (New Heaven: Yale University Press, 1961), pp. 223–5〔R・A・ダール／河村望・高橋和宏監訳『統治するのはだれか――アメリカの一都市における民主主義と権力』（行人社、一九八八年）、二八三―二八五頁〕.

39 ルソーはこの問題をよく自覚していた。かれは『人間不平等起源論』の第一部で、特にホッブズを批判して、自然状態における非社会的な「個人」は人為的能力のすべてがはぎ取られていると主張する。ルソーは、いかにしてそのような状態が克服されて社会が「創始される」のかを説明しようとはしない。同書の第二部では、かれは個人の社会的性質を前提とした上で、統治の起源に関する推測的歴史を示している。これはロックの説明とは対照的である。

40 C. Pateman, "Political Obligation and Conceptual Analysis", *Political Studies*, 21 (1973), pp. 199–218.

41 このことは、非国家的な「未開な」社会の地位に関する問題を生じさせてきた。「もっとも「未開な」社会にさえも組織的統治が存在し・かつ重要だという最近の発見は、またしても、統治一般と、特殊・政治による体制との、相当な混同なしには済まなかった」。Crick, *In Defence of Politics*, p. 180〔クリック／前田前掲訳、一九七頁〕.

42 Wolin, *Politics and Vision*, p. 5〔ウォーリン／尾形・福田ほか前掲訳、七頁〕.

43 Ibid., p. 417〔同訳、四八〇頁〕.

44 以下の文献での議論を参照。R. Miliband, *The State in Capitalist Society* (London: Weidenfeld & Nicholson, 1969)〔R・ミリバンド／田口富久治訳『現代資本主義国家論——西欧権力体系の一考察』（未來社、一九七〇年）〕.

45 H. Arendt, *The Human Condition* (New York: Anchor Books, 1959), p. 27〔H・アレント／志水速雄訳『人間の条件』（ちくま学芸文庫、一九九四年）、四九頁〕.

46 Ibid., p. 55〔同訳、九〇頁〕.

47 Ibid., p. 61〔同訳、九八頁〕.

48 以下を参照。H. Arendt, *On Revolution* (Harmondsworth, Middlesex: Penguin Books, 1973), chap. 6〔H・アレント／志水速雄訳『革命について』（ちくま学芸文庫、一九九五年）、第六章〕. H. Arendt, "Thoughts on Politics and Revolution", in *Crises of the Republic* (Harmondsworth, Middlesex: Penguin Books, 1973)〔H・アーレント／山田正行訳「政治と革命についての考察」、『暴力について——共和国の危機』（みすず書房、二〇〇〇年）〕.

49 これと同じ理由から、アレントは『革命について』で、工場評議会は「政治」体でなければならないために方向性を誤り失敗したと述べる（もっとも、彼女が「政治と革命についての考察」でもこの立場を堅持しているかどうかは、定かではない。以下を参照。Arendt, "Thoughts on Politics", pp. 189–90〔アーレント／山田前掲訳、二三一—二三三頁〕）。しかしわたくしは、広範な議論からアレントを除外してきた。彼女の立場はウォーリンよりはるかに複雑であり、政治的なるものの「自律性」を強調してはいるものの、彼女はリベラリズムやリベラル・デモクラシーに対しては鋭く批判的だからである。

50 この問題に関する議論としては、以下を参照。A. Wolfe, "New Directions in the Marxist Theory of Politics", *Politics and Society*, 4(2)(1974), especially pp. 146–51. ウルフは、マルクスによる商品の分析を、自由主義国家に対する自身の

コメントと対比させており、有益である。

51 G. Balandier, *Political Anthropology* (Harmondsworth, Middlesex: Penguin Books, 1972), p. 187.

52 以下を参照。T. Skillen, "The Statist Conception of Politics", *Radical Philosophy*, 2 (1972), pp. 2–6.

53 K. Marx and F. Engels, "The Communist Manifest", in *Selected Works*, vol. I (London: Lawrence & Wishart, 1968), p. 53〔K・マルクス、F・エンゲルス／マルクス＝レーニン主義研究所訳「共産党宣言」、『共産党宣言　共産主義の原理』（国民文庫、一九五二年）所収、五六頁〕.

54 ウッドによるルソー論も参照されたい。Wood, *Mind and Politics*, p. 152 and pp. 162–73.

55 J.-J. Rousseau, *The Social Contract*, tr. M. Cranston (Harmondsworth, Middlesex: Penguin Books, 1968), I, chap. 7, p. 62〔J－J・ルソー／桑原武夫・前川貞次郎訳『社会契約論』（岩波文庫、一九五四年）、三二―三三頁〕.

56 自由民主主義国家はテクノロジーによって参加デモクラシーへ転じることができる、といわれることがある。すべての家庭に投票用の装置を導入することで、あらゆる政治的争点について即座のレファレンダムが可能になる、というわけである（たとえば以下を参照。R. P. Wolff, *In Defense of Anarchism* (New York: Harper & Row, 1970), pp. 34–7; P. Singer, *Democracy and Disobedience* (Oxford: Oxford University Press, 1973), pp. 106–7）。だがこのような提案は、「私的なシティズンシップ」という問題を克服しない。こうした主張がむしろどんな論理的帰結をもたらすかは、アイザック・アシモフの描く物語で語られている。I. Asimov, "Franchise" in *Earth is Room Enough* (London: Panther Books, 1960)〔I・アシモフ／小尾芙佐ほか訳『地球は空地でいっぱい』（早川書房、一九七三年）〕. そこでは、ひとりの「代表」投票者がコンピュータで選ばれ、他の人々に代わって投票するために電子機器に縛りつけられているのである（この文献を参照するにあたって、同僚のデニス・アルトマンから示唆をいただいた）。

57 Arendt, "Thoughts on Politics", p. 188〔アーレント／山田前掲訳、二三〇頁〕.

58 Rousseau, *The Social Contract*, III, chap. 1, p. 102〔ルソー／桑原・前川前掲訳、八四頁〕.

59 Ibid., chap. 16, p. 144〔同訳、一三七頁〕.

60 Ibid., chap. 18, p. 146〔同訳、一四〇―一四二頁〕. マルクスの以下の記述と比較されたい。「コミューンは、議会ふうの機関ではなくて、同時に執行し立法する行動的機関でなければならなかった。……〔すべての〕公僕は……選挙され、責任を負い、解任され得るものとならなければならなかった。普通選挙権は、およそどこかの雇い主がその事業のために労働者や支配人をさがす際に、個人的選択権がかれの役に立つのと同じ仕方で、コミューンに組織された人民の役に立たなければならなかった」。K. Marx, 'The Civil War in France', in *Selected Works*, pp. 291-2〔K・マルクス／村田陽一訳『フランスにおける内乱』（国民文庫、一九七〇年）、八一―八三頁〕. 自由民主主義的な代表については、以下の拙稿でさらに言及しておいた。C. Pateman, "A Contribution to the Political Theory of Organizational Democracy", *Administration and Society*, 7(1) (1975), especially pp. 15-18.

61 J. B. Elshtain, "Moral Woman and Immoral Man: A Consideration of the Public-Private Split and its Political Ramification", *Politics and Society*, 4(4) (1974), p. 471. この優れた論文は、わたくしとは異なった立場から、本章で取り上げた諸問題のいくつかを扱ってもいる。

62 Arendt, "Thoughts on Politics", p. 189〔アーレント／山田前掲訳、二三二頁〕.

63 Rousseau, *The Social Contract*, III, chap. 12, p. 136〔ルソー／桑原・前川前掲訳、一二七頁〕.

（一九七五年）

第6章　公／私の二元論に対するフェミニズムの批判

　この二〇〇年、フェミニズムの著作や政治的闘争の多くで、その中心的なテーマは、公的なるものと私的なるものという二元論であった。フェミニズム運動は、つまるところこの二元論に関わってきたのである。フェミニストのなかには、この二元論は普遍的で歴史や文化を超越した人間の特色だという人もいるが、しかしフェミニズムの批判はおもに、リベラリズムの理論と実践で、公的領域と私的領域が分離され対置させられることに向けられている。

　フェミニズムとリベラリズムの関係は、きわめて密接であるが、同時に非常に錯綜してもいる。両者は共に、社会生活の一般理論として個人主義が登場したことに、その淵源を持つ。リベラリズムもフェミニズムも、個人は自由かつ平等な存在（つまり、伝統社会での生得的・序列的な紐帯から解放された存在）だという概念を抜きに考えることはできない。だが、リベラリズムとフェミニズムは同じ起源を持つかもしれないが、過去二〇〇年もの間、それぞれの信奉者はよく対立してきたのである。公的なるものと私的なるものに関するリベラルな概念に対し、フェミニズムの側からの批判の方向性や射程は、フェミニズム運動の局面ごとに依然として実に多様である。こうした多様な批判を分析しようとすれば、話はさらに複雑になる。何が「公的なるもの」で何が「私的なるもの」であるか、リベラリズムの解釈はもともと曖昧だからである。また、フェミニストとリベラリストとでは、この二つの領域の境界線はどこに引かれるべきで、それはどうしてか、現代のフェミニズムの論議によれば、そもそもそうした境界線が引かれるべきか、見解が異なっているからでもある。

フェミニズムは、リベラルな革命・ブルジョワ革命を完成させるにすぎないと見なされることが多い。つまり、リベラルな原理・権利を、男性同様に女性にも拡大するのがフェミニズムだと考えられている。いうまでもなく、平等な権利を要求することは、現在に至るまでフェミニズムの重要な側面である。だが、リベラリズムを普遍化させようという試みは、ふつう考えられる以上の結果をもたらす。そうした試みは結局のところ、リベラリズムそのものに異議を申し立てることになるのは避けられないからである。リベラル・フェミニズムにはラディカルな意味も含まれ、たんに、リベラルな理論と実践の基盤となる公的領域と私的領域の分離と対置に異議を唱えるだけではない。リベラルな公私の対比は、二種類の社会的活動を区別するだけではない。公的領域およびそれを支配する諸原理は、私的領域のさまざまな関係とは切り離され、独立したものと見なされる。こうしたありがちな主張については、参加をめぐる二つの立場、すなわちリベラルな政治学者とラディカルな政治学者の間で、延々と論争が戦わされている。政治的平等、普通選挙権、それに関わる公的領域での市民的自由をめぐる問題を論じる際、私的領域の社会的不平等を云々しても意味がないというリベラルな主張を、ラディカルな立場は否定するのである。

だが、フェミニストがすべてリベラルなわけではない。「フェミニズム」は、リベラル・フェミニズムよりはるかに広範囲である。公的なるものと私的なるもののリベラルな概念をはっきり拒絶し、リベラリズムの社会構造を、平等な権利を主張できる出発点などではなく、政治的問題と見るフェミニストも存在するのである。このような立場の人々は、（ベンとガウスの用語を用いるならば）[2]「有機的」理論に依拠しラディカルで社会主義的にリベラリズムを批判する人々と共通点が少なくないが、リベラルな国家の分析に関してかれらはまったく異なっている。要するにフェミニストは、他のラディカルな立場とは異なり、リベラリズムの家父長的性格という一般的に無視されてきた問題を提起するのである。

リベラリズムと家父長制

公的なるものと私的なるものに関するリベラルな概念を、ベンとガウスがどう説明しているかは、リベラリズム理論の主要な問題を浮き彫りにする格好の事例である。ベンとガウスは、公的なるものと私的なるものがリベラリズムの中心的範疇であることを認めている。しかし、二つの用語がなぜ重要であり、私的領域がなぜ「政治的」領域ではなく「公的」領域と対比され対置させられているのかは説明していない。またベンとガウスは、市民社会が公的なのか私的なのかに関してリベラルな論議は不明確なままであると指摘している。だが、公的な市民社会と私的な市民社会というリベラルのモデルではいずれも家庭は私的領域の典型例である、と述べているにもかかわらず、次の問いを追究できずにいる。つまり、もしそのとおりならば、市民社会を私的と見るリベラルも多いのはなぜか、という問いである。ベンとガウスの説明の仕方は、リベラリズムの抽象的で非歴史的な性格を表しており、説明で省いたり軽視していることにこそ、フェミニストが現在鋭く批判する理論的な議論の好例が見られる。かれらの説明は、「公的生活・私的生活のイデオロギー」はつねに「公的生活と私的生活の区分を……ブルジョワ国家の家父長的な秩序としてでなく、ブルジョワ・リベラル国家の発展が反映されたものとして」表象している、というアイゼンステインの主張を裏書きしている。[3]

ここで「イデオロギー」という用語を用いているのは適切である。なぜなら、公・私のリベラルな概念がきわめて曖昧なため、リベラリズムも手を貸してできた社会的現実を見えなくし、不可解にしてしまうからである。フェミニストからすれば、リベラリズムは階級関係だけでなく家父長的な関係によっても構造化されており、公的なるものと私的なるものという二元論は、見かけ上は普遍的・平等主義的・個人主義的な秩序にいながら、実は女性が男性に従属していることを、隠蔽してしまうのである。ベンとガウスの説明は、わたくしたちの社会生活の現実は多かれ少なかれリベラルな概念に適切に位置づけられる、と想定してしまっている。かれらは、「リベラリズム」が家父長的リベラリズムであり、公的領域と私的領域を分離し対置させれば男女の不平等な対置になると認識していない。こうして、リベラリズム理論で語られる「個人」なるものを字面どおりに受け取ってしまうのである。社会契約論者が家父長主義者を批判した時代以降、リベラルな理論家は一見して普遍的な自分たちの論議の射程から女性を排除してきたというのに、である。[4] このような排除が見過ごされてきた理由は、公的なるものと私的なるものとの分離がリベラリズム理論では、あたかもすべての個人に等しく当てはまるかのように考えられているからである。二つの領域は分離しているが、どちらも同じように重要であり価値がある、とたいてい主張される。現代の反フェミニストもそう主張するが、「分離した領域」というイデオロギーを受け入れていた一九世紀のフェミニストも多くが同様の主張をした。わたくしは、女性と男性は異なった形で私的生活と公的世界に位置づけられている、という場合のその位置づけ方自体が複雑な問題であることを示そうと思う。だが、複雑な現実の根本には、女性は本性《ネイチャー》からして男性に従属すべき存在であり、女性にふさわしい場所は私的な家庭内の領域なのだ、という考えがある。男性は、公的領域と私的領域の両方に住まうのがふさわしく、その両方で支配者だというのである。「分離すれど平等」というイデオロギーやリベラリズム理論の表向きの個人主義・平等主義が、不平等な社会構造の家父長的な現実と男性による女性の支配を隠蔽している、というのがフェミニズムの基本的な主張である。

理論的には、リベラリズムと家父長主義は対立し合う定めにある。リベラリズムは、個人主義的・平等主義的・慣習的な教説である。他方、家父長主義は、序列的な服従関係は男女の生まれながら《ナチュラル》の性質から必然的に導かれると主張する。誰が自由で平等な個人なのかという破壊的な問いに、一七世紀の社会契約論者が与えた答えのおかげで、これら二つの教説はうまく和解してしまった。家父長主義者との衝突は、女性や夫婦関係までは及ばなかった。女性や夫婦関係は、個人主義の論議からは排除されてしまい、もっぱら成人した息子とその父親の関係をめぐって議論が戦わされたのである。

リベラリズムが公的なるものと私的なるものを分離する、その理論的な基礎を提供したのは、ロックの『統治二論』であった。かれはフィルマーに対抗して、政治権力は慣習的なものであり、自由で平等な成人個人の同意によってのみ、そうした個人に対して正当に行使できると主張した。政治権力は、私的・家族的な領域で子どもに対して行使される父権的権力と混同されてはならない。私的・家族的な領域とは、子ども（男子）が大人になって自由で平等となる時点で、終わりをむかえる自然な関係性である。たいていの解説者は、家族と政治的なるもののロック的分離が性的な区分でもあることに気づかない。ロックは、年齢や能力といった生来的な差異とは無関係に男は政治的に平等である、との議論を立てた。だが一方で、男女には生来的な差異があるのだから女性は男性に（より厳密には、妻は夫に）従属する、というフィルマーの家父長的な主張には同意しているのである。現にロックは、政治権力をなぜ〔父権的権力から〕区別するのかを示そうとして、『統治二論』の冒頭で、妻に対する夫の支配が他の（非政治的な）形態の権力に含まれるのは当然だといっている。ロックは、夫に妻が従属するのには「自然のなかにその根拠が」あり、夫は生まれながらに「より有能でより強い」のだからかれの意思が家庭内で支配的になるべきである、とする点で明らかにフィルマーと同意見なのである。だが、生まれつき従属的でありながら、同時に自由で平等であるなどあり得ない。こうして、女性（妻）は「個人」の地位から排除され、平等、同意、慣習といった公的世界への参加から排除されるのである。

　ロックが父権的権力を政治権力と分離するのは、私的なるものと公的なるものの分離といえるかもしれない。ある意味では、そのとおりである。つまり公的領域は、家庭生活を除くすべての社会生活を含むものと見なし得るのである。ロックの理論はまた、私的領域と公的領域が、たとえば男女の対立する地位のような、人間関係《アソシエーション》に関して相反する原理にいかに基づいているかをも示している。生まれつきの従属は、自由な個人主義とは相容れない。家族は、感情と血縁という自然な紐帯と、妻と夫（母親と父親）という性的属性を持つ地位とを基盤とする。それに対して公的領域への参加は、業績、利益、権利、平等、所有といった、普遍的で非個人的で慣習的な規範（要するにリベラルな規範）に支配されており、それは男性にのみ当てはまる。こうした私と公の概念がもたらすひとつの重要な帰結は、公的な世界あるいは市民社会が、リベラリズム理論（実際には、ほぼすべての政治理論）において、私的・家庭内領域から引き離され、そこから分離したものとして概念化され議論されている、ということである。

　この時点で、以下の点を強調しておくのは重要である。それは、公／私の二元論に対する現代フェミニズムの批判が、この二つの範疇をめぐるロック流の見方にやはり立脚している点である。フェミニストにとっても家庭生活は、ロックの理論（のこうした解釈）と同様に、私的なものの典型とされているのである。だがフェミニストは、公的なるものと私的なるものの分離が男女の生まれながらの性質から必然的に導き出せる、との主張をはねつける。フェミニストは次のように主張する。リベラルな社会生活を正しく理解できるのは、家庭（私的なもの）と市民社会（公的なもの）という、分離され対置させられている二つの領域が、切っても切れない相互依存関係にあると認めたときだけだ、と。要するにその二つの領域は、リベラルな家父長制という一枚のコインの表と裏なのである。

公的なるものと私的なるものの共有された概念をめぐり、ある理論段階でフェミニストとリベラルが対立するとすれば、両者は別の段階では公私の範疇そのものについて争う。公私の対置には、ロック流の父権的権力と政治権力の対置とはまるで異なる、別の意味が存在する。リベラリズムが市民社会を家庭生活から切り離して抽象的に概念化するからこそ、家庭生活は理論的な議論で「忘れられた」ままにされる。こうして、公私の分離は、市民社会内での区分、男の世界のなかの区分として、再定式されるのである。このような分離は、私と公にとどまらず、たとえば「社会」と「国家」、「経済」と「政治」、「自由」と「強制」、「社会的なもの」と「政治的なもの」といったように、実に多様に表現される。[6] さらに、こうした公私の分離では、一方の範疇である私的なるものが主導権を握りはじめる（ここでは、J・L・オースティンがぴったりの場面で使っていた喩えを利用させてもらった）。市民社会の公的側面あるいは政治的側面は、たとえばウォーリンが『政治とヴィジョン』で指摘したように、失われる傾向にある。[7]

公的領域が不明確な位置づけのまま発展してきたのは、十分な理由がある。つまり、市民社会を支配する一見普遍的な基準は、実際には男の個人というリベラルな概念（「個人」なるものとして表象される概念）に結びついている。個人とは、自分の人身に属する財産の所有者である。いい換えれば、家族とか仲間といった帰属関係と切り離した抽象概念として見られているのである。かれは「私的な」個人だが、自らの権利を行使したり機会を享受し、（私的な）利益を追求し、財産を保護・増進できるよう、そうした領域を必要とする。あらゆる男性（＝「個人」）が秩序正しく行為するなら、ロックが自覚していたように、公的に認識された公正な法をつくり強制するために、ひとりの公的な「審判」（見えざる――私的な？――手ではなく）とか代議制的リベラル国家が必要となる。ベンとガウスが述べているように、個人主義は「リベラルな理論と言説において支配的なモードである」ために、以下のことはいずれも意外ではない。つまり、公的なるものと私的なるものがリベラルの区分では「明らかな」対であるように見えること、また、公的なるものがそのズボンをはぎ取られ〔個人が抽象化されて、公的領域の家父長的な構成が忘れられ〕、何よりもそれ以上に、市民社会が私的利益と私的企業と私的個人の領域だと見なされること、である。[8]

二〇世紀後半になって、資本主義経済と国家の関係はもはやロックのいう審判と市民社会の関係のようには見えないし、私的なるものと公的なるものとの境界線に関しては大きな混乱が見られる。だが、公私の間にある別の境界線を「忘れている」ような理論では、この混乱は解決しそうにない。ひとつの解決策は、公的生活で政治的なるものを復権させることである。これは、ウォーリンやハーバーマスが示した解決策である。ハーバーマスは、市民が理性的な政治的判断が下せる公的領域の「原理」について、やや不明瞭な議論をしている。[9] しかしこれらの理論家とは違い、フェミニズムの批判は、リベラルな概念の代替案には公的生活と家庭生活の関係も含まれなければならない、と強調する。フェミニストは、非政治化した公的領域を私的生活から切り離すことの家父長的な性格がなぜこうもやすやすと「忘れられる」のか、と問いかける。市民社会内部での公私の世界を分離すると、なぜ、公的生活が暗黙のうちに男性の領域として概念化されてしまうのだろうか。

その答えは、以下の歴史を検討してはじめて得られるだろう。家庭からの生産の分離と、私的なものの典型としての家族の出現が、結びついた歴史である。ロックが家父長主義（の一側面）を批判した時代、家長は夫であったが、生産に関わる非常に多くの分野において、妻が活動的で自立した役割を担っていた。だが、資本主義と、階級的な労働分業だけでなく性別分業という資本主義特有の形態が発展するにしたがって、妻たちは、限られた仕事の低い地位に追いやられたり、経済生活そのものから完全に排除され、私的な家族的領域の「自然」で依存した場へ放逐された[10]。今日では、市民の平等に関する多くの基準があるにもかかわらず、妻が夫に生計を頼っているというそれだけの理由で、妻が従属的なのは自然だと見なされている。そして、リベラルな社会生活は、従属の領域、自然な関係、女性について言及しなくても理解できると当然視されている。自然とか女性の本性を根拠とする古い家父長的な論議は、このように、近代化されリベラルな資本主義に組み込まれたのである。理論でも実践でも、公的領域や市民社会（「社会的なるもの」あるいは「経済」）にのみ関心は固定され、家庭生活は社会理論や政治理論に無関係だ、実務家である男性の関心事ではない、とされた。家父長主義はリベラリズムの理論と実践の本質であり、リベラリズムそのものをつくっているという事実は、市民社会内の一見非個人的で普遍的な公私の二元論によって、隠蔽されたままである。

ベンとガウスは、公的なるものと私的なるものを歴史的に抽象化して説明するだけでなく、この根源的・構造的な公私の分離を表現するリベラリズム内での多様な仕方からも切り離して議論している。これでは、私的なるものと自然なるものの緊密な関係は隠蔽されてしまう。すでに見てきたことだが、この公私の分離を市民社会内部に位置づけると、公私の二元論の語り方は多様である（そして、リベラリズムを十分に説明しようとするならば、説明の仕方もさまざまあるといわなければならないだろう）。同様に、フェミニズムの公私についての理解と、この両者の分離と対置についての批判は、リベラルな用語法で語られることもある。だがそうした論議は、自然と文化、個人的なるものと政治的なるもの、道徳性と権力、そしてもちろん女性と男性、雌と雄といった区分も使って定式化される。一般的・学術的合意によれば、雌雄の二元論は一連のリベラルな分離と対置（あるいはその範囲）を要約したり表現するのに役立つことが多い。一方には雌――自然、個人的、感情的、愛、私的、直観、道徳性、帰属、個別的、従属――があり、他方には雄――文化、政治的、理性、正義、公的、哲学、権力、業績、普遍的、自由――がある、というわけである。なかでももっとも根源的で一般的なのは、女性を自然《ネイチャー》に結びつけ、男性を文化《カルチャー》に結びつける対置である。現代のフェミニストには、こうした言葉の使い方に批判の矛先を向けてきた人もいる。

自然と文化

家父長主義は、その主張の根拠を自然に求める。女性が生まれながらに持つ出産機能が、女性の家庭における従属的な位置を命じる、という主張に依拠しているのである。一九世紀にJ・S・ミルは、自然に訴えかけるという感覚は、「古い制度と慣習とをごたごたと守っているすべての感情のうちでも、もっとも深刻でもっとも根深いもので」あると書いた。[三] それに対して一九八〇年代は、自由民主主義諸国の女性はすでにシティズンシップや男性と平等な法的措置をたくさん勝ち取っているものの、しかし組織的な反フェミニズム運動の主張を見ると、自然に訴えかけることへの共感は少しも失われていない。一七世紀以来、「男性がみな生まれながらにして自由であるのなら、なぜ、女性はみな生まれながらにして奴隷なのか[12]」と女性たちは根強く問うてきた。この問いへの答えは、メアリ・ウルストンクラフトの一七九二年の著作『女性の権利の擁護』で力強く示され、今日ではフェミニストが児童書や学校教育やメディアの性差別に対して行う批判にも表れているが、要するにふつうは次のようなものである。女性のいわゆる生まれながらの特性とは、実際には、ウルストンクラフトの言葉を借りれば「人為的につくられた」ものであり、女性の教育をとおして、あるいは女性の教育の欠如によって、生み出されたにすぎない、と。だが、教育を抜本的に変革しても、女性に備わる自然で生物学的な出産能力には何ら影響しないであろう。男女のこの差異は、歴史と文化には影響されない。それゆえに、自然な差異、および（女性の）自然と（男性の）文化という対置が、女性の一見普遍的な従属について説明する、フェミニズムの周知の試みの中心にあったのは意外ではない。自然か文化かに注目する論議は、大きくいって、人類学的フェミニズムとラディカル・フェミニズムという二つの範疇に分けることができる[13]。

もっとも影響力のある人類学的な議論で、オートナーは次のようにいっている。一般に女性および女性の活動に与えられる価値が、男性および男性の仕事に与えられる価値よりも低い理由は、「すべての文化がその文化自体より低い秩序にあると規定する」一切のものを「象徴」するのが女性だからとしか説明できない、と[14]。つまり、女性と家庭生活は、自然のシンボルだというのである。人類は、つねに自然を文化より低い地位のものと見なせるように、たんなる自然存在を超越しようとする。文化は男性の創造物であり世界であるとされる。女性はその生態と身体性ゆえに男性よりも自然に近いと位置づけられるからだし、非社会的な幼児と生《なま》の材料を扱う育児・家事は女性を自然に近づけるからである。こうして女性と家庭領域は、文化的領域や男性の活動に比べて劣ると考えられ、女性は必然的に男性に従属すると見なされるというのである。

　オートナーが、女性の家庭での活動は自然を象徴すると論じているのか、自然の一部だと論じているのか、いや、こうした活動で女性は自然と文化を媒介する位置に置かれるのだと論じているのか、はっきりしない。彼女は、「女性＝自然」対「男性＝文化」という対置そのものがひとつの文化的構築物であり、所与のものではないと論じている。「女性は「現実に」男性よりも自然に近い（もしくは遠い）わけではない。両性ともに意識を備え、両性ともに死にゆく存在である。しかし……女性がそのように見られるにはそれなりの理由がある」という。[15] だが、男性も女性も社会的・文化的存在であり、だからこそ「自然」はつねに何らかの社会的意味を持つ。この意味は、社会や時代により非常に多様である。こうした根源的な事実を、オートナーはしっかり重視できていない。確かに、女性および女性の役割は、これまで一般的に価値を貶められてきたかもしれない。しかしだからといって、普遍的用語で問い、普遍的な二元論で定式化された一般的解を求めても、人間存在のこうした重要な事実を理解できることにはならない。家庭の私的な女性の生活と、男性の公的世界という区分は、近代以前のヨーロッパ社会と現代のリベラルな資本主義とでは、同じ意味を持たない。近代以前のヨーロッパ社会や現代のリベラルな資本主義と狩猟採集社会を、自然と文化、公と私といった一般的な対立図式で見ても、生態や「自然」を強調するだけであろう。ロザルドは近年、女性の従属をめぐる論議（オートナーのような、「それはいかにしてはじまったのか」という問いに暗黙のうちに基づいた論議）を批判している。普遍的に当てはまる答えを追求すると、必然的に「男性」に「女性」を対置させ、女性に備わる「おそらく汎人間的な機能」ゆえに、家庭生活を「文化」や「社会」から切り離すことにつながる、とロザルドは指摘するのだ[16]。

なぜ女性が男性に従属することになるのか。なぜ自然と文化の完全な対置となるのか。この問いに普遍的な答えを見つけようとするもっとも徹底した試みは、自然こそ男性支配の唯一の原因であると論じるラディカル・フェミニストの著作に見出せる。この論議でもっとも有名なのは、ファイアストーンの『性の弁証法』である。この本も、あるフェミニズムの議論が、公私というリベラルな分離を批判しているにもかかわらず、社会生活の区分を形づくる抽象的・個人主義的な枠組みにいかにとらわれているか、事例を提供してくれる。ファイアストーンは、文化と自然、公私の関係史を、男女の対置に矮小化する。彼女は、こうした二元論は「生理そのもの＝生殖[17]」――女性の抑圧の基礎にして、男性の権力の源である、自然で原初的な不平等――に由来する、と主張する。男性は女性を再生産（自然）に閉じ込めて、自分たちを「世界に関わる事柄へと」解放し[18]、文化を創出し掌握してきた。ファイアストーンが提案する解決策は、人工生殖を導入して、男女間の生来的な差異（不平等）を取り除くことである。「自然」および家族という私的領域は廃止され、あらゆる年齢の個人は、差別なき文化的（公的）秩序のなかで平等な存在として交流するだろうというのである。

『性の弁証法』が広く読まれたのは、その哲学的な主張のためというよりも、女性が自分の身体や出産能力を自らコントロールするため戦い続ける必要があったところが大きい。同書は、女性は「本質的に過酷な生物学的条件」に必ず苦しむという前提を鍵とする[19]。だが、生理自体が抑圧的だったり解放的だったりすることはない。生理や自然が、女性の従属を生む源泉になったり、女性の自由な創造性につながったりするのは、ひとえに、生理（自然）が具体的な社会関係のなかで意味を持っているからである。ファイアストーンの主張は、社会的概念である「女性」と「男性」を、生物学的な区分である

「雌」と「雄」に還元してしまい、男性と女性、公的領域と私的領域の間には重要で複雑な歴史的関係性があることを否定してしまうのである。彼女は、出産能力を持った自然で生物学的な雌としての個人、という抽象概念に依拠する。雌はこの出産能力のせいで、雄としての個人のいいなりとなる。そして雄は、雌を服従させる本能を持つと前提される。[20] このような、個人を徹底的に自然状態に還元してしまう現代版ホッブズ風論議の先には、理論的な袋小路しかなく、おそらく驚くに値しない次のような結論が待っている。女性の従属はもともと運命づけられているという家父長的な主張を、暗黙のうちに受け入れる以外にないのである。ここから先へ論議を進めようとするならば、自然と文化、雌としての個人と雄としての個人、といった普遍的な二元論には道は見つからない。むしろ、ロザルドが論じるように、歴史的に特定の支配・服従構造における男女の社会関係を考慮に入れるような、そうしたフェミニズムの理論的視座を発展させねばならない。それは、「公的なるもの」と「私的なるもの」の特定の解釈という文脈を考慮して、男女の社会関係を考察するような理論的視座でもあろう。

道徳性と権力

女性が選挙権を獲得する長い戦い——これこそ、私的なるものと公的なるものという二元論に対するフェミニズムの攻撃のうち、理論でも実践でももっとも重要な例のひとつである。選挙権拡大論者の主張は、リベラルな原理を普遍化しようとすれば、リベラリズムそのものに異議を唱えることになる様を示す。このことは暗黙に、J・S・ミルの著作によく表れている。この三〇年、投票はたいそう注目を浴びてきたにもかかわらず、政治理論家も経験的な政治科学者《ポリティカル・サイエンティスト》も、男性の選挙権と女性の選挙権の政治的意味合い・帰結について、驚くほど注意を払ってこなかった。だが、近年のフェミニズムの文献には、女性の選挙権獲得が公的なものと私的なものの分離にとっていかなる意味を持つか、二つの異なった見方が見られる。選挙権拡大運動が、社会生活における性的分離を強めるのに寄与したのか。あるいは、選挙権拡大運動はそうした性的分離を解消するひとつの手段であったのか。一九世紀半ば、フェミニズムが組織的な社会・政治運動として登場した時代に、自然に依拠した論議は、分離した領域というイデオロギーへと練り上げられていった。男性と女性は生まれながらに、それぞれの社会的地位にある。両者の地位は分離されてはいるが、同時に相互補完的で同等の価値を持つ、と主張されたのである。初期のフェミニストと、選挙権拡大論者や現代のフェミニストとの、もっとも大きな相違は、一九世紀にはほとんどすべての人がこの分離した領域というイデオロギーを受け入れていたことである。

初期のフェミニストは、女性の置かれた著しく不平等な地位を痛烈に批判した。だが、そうしたフェミニストが達成を賭けて戦った改革（たとえば、妻を私有財産にして市民的存在でなくすような、夫の法的支配を終わらせること、未婚の女性が自立できるように教育機会を開くこと）はふつう、あくまで私的領域のなかに居続けている女性にとっての平等の手段と考えられていた。選挙権も男性と女性とでは異なった意味を持つ、と暗黙の前提とされていた。これは、分離した領域というイデオロギーに関するもっとも情熱的で情緒的で反フェミニズム的な言葉にはっきり示された。「王妃の庭園について」で、ラスキンはこう主張する。

国家社会の一員としての男性の義務とは、国家の維持・進歩・防衛に助力することである。国家社会の一員としての女性の義務とは、国家の秩序・愉安・美しい装飾の達成に助力することである。[21]

こうして、女性にとってのシティズンシップは、私的な家庭の役割を練り上げたものと見なすことができるようになった。また、選挙権拡大論者のおもな主張のひとつに、選挙権とは女性専用の領域を保護し強化するのに必要な手段である、というものがあった（このような主張は、議会が女性の領域に関わる社会問題に次第に関心を示すようになったため、一九世紀末には重要性を増した）。その上、選挙権拡大にもっとも激しく反対した人々も、熱烈な選挙権拡大論者も、女性は男性よりも弱いがより道徳的で徳が高いという点では意見が一致していた。ゆえに選挙権拡大に反対する人々は、女性は武装したり武力を使えないのだから、女性に参政権を与えては必然的に国家の弱体化をもたらすと論じた。それに対して、選挙権拡大論者は、女性の優れた道徳性と誠実さこそ、国家を変革し平和な世をもたらすと応じた。こうして、エルシュテインは次のように論じることになった。選挙権拡大論者が「自分の思いどおりにやったのにしくじった」のは、かれらが分離した領域というイデオロギーを前提として受け入れていたからである、と。かれらは公的なるものと私的なるものという分離に異議を唱えるどころか、「自分たちと対立する制度を整えるのに役立つような、教理のごまかしと吟味されない前提を永久に残した」だけであった。[22]

エルシュテインの論議の大半は、道徳性と権力という二元論の見地からなされている。このような二元論は、公私の分離が市民社会の内部に位置づけられる場合に、その分離を定式化するひとつの方法である。リベラルな理論家はしばしば、権力・強制力・暴力の領域である政治領域（国家）と自発性・自由・自生的調整の領域である社会（私的領域）を対比させる。[23] だが、女性がなぜ道徳的に優れているかという論議や、エルシュテインの道徳性と権力という二元論は、公的生活や市民社会とは根本的に分離される私的な家庭領域についてむしろ言及する。そして、道徳性と権力の対置は、実力行使と侵略

（男らしさ《マンリネス》の自然な属性であり、国家の軍事力がよい例とされる）と、愛と利他主義（女らしさ《ウーマンフッド》の自然な属性であり、妻や母が道徳性の守り手である家庭生活が典型とされる）を対抗させる。[24] エルシュテインに示唆される限りにおいて、女性参政権を獲得する戦いは、家父長的リベラリズムの分離と二元論のなかに、いい換えれば道徳性と権力の二元論（繰り返しになるが、この二元論は、分離した領域というイデオロギーを示す方法のひとつである）のなかに、すっかり閉じ込められていたのだろうか。投票とは、つまるところ政治的行為である。実際、投票は、リベラル・デモクラシーの市民の政治的行為そのものと見なされるに至った。そしてシティズンシップは、正式な市民的《シヴィル》・公的平等の状態を示すものである。

選挙権拡大運動について異なる評価を、近年デュボイスは下している。デュボイスによれば、選挙権獲得運動の両陣営〔賛成派と反対派〕が選挙権をフェミニストの要求の鍵と見ていたのは、選挙権が「家族という制度や家庭内の女性の従属に基づかないような社会秩序との結びつき」を女性に与えたからである。「……市民すなわち有権者として、女性は、妻とか母親という従属的な位置から間接的に社会に参加するのではなく、個人として社会に直接参加するのである」[25]。デュボイスは、選挙権拡大論者は女性が家庭生活に「特に適している」かどうかを問題にせず、選挙権の要求は女性が生まれながら私的生活にのみ適しているとの考えを拒絶した、と強調する。こうして選挙権の要求は、家父長主義とリベラリズムの相互依存関係の核心部分に到達した。選挙権を勝ち取るということは、少なくともある点で、女性が「個人」と承認されなければならないことを意味したからである。これこそ、男性と同じ公的地位を望む女性の要求は「男性は女性に対し権威があるという前提を公けにし、異議を唱えるものであった」[26]、とデュボイスが主張できる理由である。男性と同じ政治的・法的な（ほぼ）正式な平等という現代の女性の地位をもたらした、選挙権の獲得等数々の改革は、長期にわたって重要な意義を持った。市民的平等と社会的・家族的な従属との矛盾（その矛盾の要因でもあるいろいろな思い込みも含む）が、いまや完全に露わになったのである。公的領域と私的領域というリベラルで家父長的な分離は、政治問題となったのである。

公私の分離が政治問題であることは、ジョン・スチュアート・ミルのフェミニズム的著作『女性の解放』および女性参政権に関する論議において、後知恵的に見るならば非常に明快に説明されている。ミルの著作は、次のような前提を結局支持できないことを示す。私的領域という女性に割り当てられた場に個人の政治的地位を付与でき、しかもその私的領域はそのままか強化さえされる、との前提である。別のいい方をするなら、リベラルな原理は、私的生活の家父長的な構造に関する深刻な問題を提起しなければ、公的領域で女性まで及ぶようにただ普遍化するなど不可能である。フェミニズム運動が実践で明らかにしてきたように、公的領域と私的領域は相互依存関係にあり、公的領域で女性に完全・平等なメンバーシップを付与することは家庭領域の変革なしにはあり得ない。ミルはそれを理論的に示しているのである。

ミルは『女性の解放』で、男女の関係、より厳密には夫婦の関係は、リベラルな原理に対して不当で不条理な例外をつくる、と述べる。リベラルな原理とは、個人の自由と平等、選択の自由、機会均等、能力に応じた職業の分配であり、これらは（ミルが信じるところによれば）一九世紀英国では他の社会的・政治的諸制度を貫く原理であった。女性の社会的従属は、「他のあらゆる事柄においてははやくも打破された古い思想と慣習の世界のただひとつの残骸」なのである。[27] ミルはこの著作の冒頭で、自然に訴えかけることを批判し、次のように述べている。男女に自然な差異がたとえあるにしても、それは知り得ない。なぜなら現時点では、男女が上下関係ではなく平等な人として関わるような関係や制度になっておらず、それぞれの属性の証拠が揃っていないからだ、と。ミルは、妻に対して奴隷主のように振舞ってよいと夫に法的に認められた権力の批判に、論議の多くを割いた。法を改正し、家族を「専制主義の学校」から「対等者相互の共感の学校」「自由の徳の真の学校」にしなければならない、とかれは主張する。[28]だが、近年のフェミニストが批判するように、ミルは自分が批判したはずの自然に基づく同じ論議に、最終的に依拠してしまうのである。またミルは、一般的な女子教育の環境、教育や就職の機会の欠如、法的・社会的な圧力のせいで、女性は結婚するかしないか自由に選べない、と述べている。それなのに、たとえ社会改革が実施されても、たいていの女性は夫に依存することを選択するであろうと決めつける。女性は結婚するとき、ちょうど男性が就職するのと同じく、彼女は「天職《キャリア》」を選んだのだ、と世間は理解するとミルはいう。「女性は家政と育児とを自己の第一の任務として選んだのであり、……この任務と両立しないすべて［の仕事］を放棄した」というのである。[29]結婚が「天職」であるならば、機会の（公的な）均等というリベラルな論議がなぜ女性にも当てはまるのか、という問いはこうして巧妙に回避されるのである。

ミルは一八六七年に、女性参政権を求める法案をはじめて英国下院に提出した。かれは、男性の選挙権を支持するのと同じ二つの理由に基づいて、女性参政権を主張した。選挙権は、自衛すなわち利益を守るのに必要であり、また政治参加が女性ひとりひとりの能力を広げるからである。しかし、ミルは性別分業を受け入れ、公的生活から家庭生活を切り離したため、選挙権を求める主張を自ら掘り崩していることは、ふつう認識されていない。女性は妻として、家族という小さな世界にたいてい閉じ込められるので、自衛の手段として選挙権を行使するのはむずかしいと気づくだろう。この点が、ミルの主張の明らかな難点である。女性は、家庭生活の外を経験しなければ、何が自分の利益なのか学ぶことはできまい。ミルが唱える参加を通じた政治的発展や政治教育にとって、女性のこうした現状は大いに問題となる。ミルは、ベンとガウスが「代議制リベラルの教科書」と呼ぶ本で、市民による「公共精神」の発展を論じる。[30]『女性の解放』では、人は自由に基づく統治の「人心を高尚ならしめる影響力」の下で「道徳的、精神的、社会的存在として」より高い見地に立つようになると述べる。[31]だがこれは、定期的な投票を求めるにしてはいささか大げさな主張であり、ミル自身も選挙権だけでそのような成果を得られると考えていたわけではない。かれは、普通選挙権の意味でのシティズンシップに関し、「近代生活においてはほんのわずかな部分を占めるのみで、日々の習慣や心の奥底の感情には匹敵できない」と述べている。[32]さらに、（改革した）家庭は自由を学ぶ真の学校だとも論じる。しかしこうした主張は、自由民主主義の投票に精神的な効果を期待するのと同じく、説得力がない。独裁的で家父長的な家庭が、民主的なシティズンシップの学校であるはずがない。では、平等な家庭ならよいのかといえば、それだけで、より広範で多様な社会組織（特に職場）への参加の代わりになるはずもない。ミルは社会や政治について論じた別の著書では、そうした社会参加こそシティズンシップの教育に必要だと主張しているのだ。私的生活を「選択」した妻は、どうすれば公共精神を磨けるのだろうか。こうして女性は、利己的で私的な存在の典型とされ、正義感覚のない者だとされてしまう。ミルによれば、公的生活を経験しない個人は、このような利己的な人間になるというのである。

ミルは、「自然な」性別分業を本質的に問い直していないため、女性の平等な公的地位を求める主張が力を持たないのである。『女性の解放』では、政治的原理を家庭領域まで拡大しようと主張する。そうなるとたちまち問題になるのが、私的なるものと公的なるものの分離と、その二つの領域における人間関係の原理との対置である。ミルが、公私の分離という家父長的リベラルのイデオロギーを少しでも擁護しなかったなら、かれはベンとガウスのいうように「典型的な」リベラルな理論家ではなかっただろう。だが、父権的権力と政治権力というロックにさかのぼる分離に疑問を投げかけ、政治生活と同じ政治的原理を家庭生活の構造にも応用しようと主張することで、ミルは家族の地位について大きな問題を提起したのである。「奴隷」「主人」「平等」「自由」「正義」といった言葉は、家族という人間関係が自然でなく慣習的であることを意味する。ミルは、家族とは政治的なものだと結論するのをよしとしないだろう。しかし、現代のフェミニストの多くはそうした結論に達している。今日のフェミニズム運動でもっとも普及しているスローガンは、「個人的なことは政治的である」だ。このスローガンは、私的なるものと公的なるものというリベラルな分離をはっきり拒絶するのみならず、この二つの領域は区分できないし区分すべきではないといっているのである。

「個人的なことは政治的である」

「個人的なことは政治的である」というスローガンは、有益な視点を提示してくれる。ここから、公的なるものと私的なるものがリベラルな家父長主義では曖昧だと言及でき、文字どおりのフェミニズム解釈は、政治的なるものの概念のフェミニズム的な代替案を提起することができる。このスローガンが衝撃的なのは、おもに、私的なるものと公的なるものに関するリベラルな主張のイデオロギー性を暴露したことだ。「個人的なことは政治的である」というスローガンは、わたくしたちが社会生活を個人の関係（結婚相手にふさわしい男性や暮らすのによい場所を見つける個人の能力や運の問題）として見るよう促す方法に、女性の関心を向けさせる。フェミニストは、個人の環境が、公的ファクターや、レイプや堕胎の関連法、「妻」という地位、育児や福祉手当の配分、家庭と職場の性別分業等に関わる諸政策により、いかに構築されてきたかを強調してきた。ゆえに、「個人的な」問題は、政治的手段と政治的活動でしか解決できないというのである。

このスローガンがフェミニストの間に広まり、強い影響力を持ったのは、現代のリベラルで家父長的な社会における女性の位置づけが複雑だからである。私的なるもの・個人的なものと、公的なるもの・政治的なるものは、分離されるべきで、互いに無関係であるべきとされている。女性の日々の体験は、こうした分離の存在を確証するが、同時にこの分離を否定し、二つの領域は一体だと主張もする。私的なるものと公的なるものの分離は、わたくしたちの現実の生活の一部であり、リベラルで家父長的な実体をイデオロギー的にごまかしてしまうのである。

女性の私的な家庭生活と男性の公的世界の分離は、家父長的リベラリズムの出発点から重要であった。一九世紀半ば以降、経済的に依存する妻は、社会の上流階級の人々すべてにとって理想の姿と考えられてきたのである。女性と家庭領域の同一視は、反フェミニスト組織が復活し、自然に依拠する主張を社会生物学者が「科学的に」再定式化したため、いまなお強まっている。[33] もちろん、女性は公的生活から完全に排除されてきたわけではない。だが、その包摂のされ方は、家庭領域における女性の位置づけと同じように、家父長的な信条と実践に強く基づいている。たとえば、女性参政権に反対する多くの人々でさえも、よき母親となるために女性が教育を受けることについては前向きであった。かれらは、女性が地方政治や慈善活動に関わることも、積極的に奨励した。こうした活動は、投票とは異なり、家事の延長と考えられたからである。今日、女性はせいぜい、正式な公共団体の名目的な代表を得たにすぎない。公的生活は、そこに女性がまったくいないわけではないものの、やはり男性の世界であり依然としてかれらに支配されているのである。

繰り返しになるが、多くの労働者階級の妻は、家族の生存を確保するために、とにかく賃金雇用という公的世界に参入しなければならなかった。そして、第二次世界大戦後の資本主義のもっとも顕著な特徴のひとつに、既婚女性の雇用を着実に増やしてきたということがある。だが、彼女たちの存在は、家庭内の性別分業と、職場の性別分業の、家父長的な連続性を浮かび上がらせた。フェミニストの研究は、女性労働者が、低賃金で地位も低い非管理職の限られた職種（いわゆる「女の仕事」）にいかに集中しているかを明らかにした。[34] フェミニストはまた、自由放任主義《レッセ・フェール》的なリベラルであれマルクス主義者であれ、経済活動は家庭生活と切り離して理解できるといつも想定して議論する事実に注意を促した。労働者（必ず男性とされている）は、働く準備ができ、食事の支度や掃除・洗濯、育児といった日常の必要もなく仕事に専念できると見なされ得ることが「忘れられている」。こうした家事を妻が無償でしてくれるから、それは可能なのである。賃金労働者でもある妻ならば、このような「自然な」活動でさらにやりくりする。資本主義がいかなる構造を持ちどのように機能しているかは、労働者には妻が付随すると捉えられてはじめて、完全に分析・説明できるようになるだろう。

フェミニストは、私的生活と公的生活を分離するリベラルな世界においては、両者は相互依存関係にあり、しかも家父長的構造と結びついている、と結論を下す。この結論は、家族という「自然な」領域の地位がかかえる問題を再び明らかにする。家族という領域は、市民社会の通常の関係とは切り離され無意味なものと見なされているが、実は市民社会の前提とされている。家庭生活の領域は、市民社会から隔たっていたり分離されているどころか、むしろ市民社会の核心にあるのである。そうした確信は、文明的な道徳生活の防波堤とされる核家族の危機、衰退、解体に対する現代の懸念によって、明らかにされる。家族が主要な「社会問題」であることは重要だ。「社会的なるもの」は市民社会に含まれる範疇であり、その外部にあるわけではないからである。より正確にいえば、市民社会を社会的なるもの（私）と政治的なるもの（公）に分割したうちの一方である。ドンズロは近年、社会的なるものの出現がいかに「社会事業《ソーシャル・ワーク》」の出現でもあり、家族を「秩序維持」して母親に社会的地位を与えたり子どもを管理する多様な（政治的）手法となったかを調査した。[35] フェミニストも、個人や家族の生活がいかに政治的に規制を受けているか、研究している。この研究は、国家の令状は家の門からなかには入れないとする、従来のリベラルの主張を否定する。フェミニストたちは、国家にとって家族がいかに重要であるか、そして、女性の従属的な地位が、結婚と性行動に関する法規制と福祉国家政策をつうじて国家権力によって前提とされ、維持されているか、を示すのである。[36]

公私の二元論に対するフェミニズムの批判は、公と私という範疇が、リベラルな家父長主義の構造に備わる相互に関係する次元を指すと強調する。これは必ずしも、個人的なことと政治的なことは区別できないし区別すべきでない、という批判ではない。だが、「個人的なことは政治的である」というスローガンは、文字どおり受け取ることができる。たとえば、ミレットは『性の政治学』で、ロックによる父権的権力と政治権力の区別を暗黙のうちに拒否している。政治学において政治的なるものはしばしば権力の観点から定義されるが、政治学者は自分たちの定義を論理的結論に結びつけられない、というのである。ミレットは、その定義を受け入れはする。しかし、あらゆる権力は政治的であり、男性は個人生活のなかで女性に対してありとあらゆる方法で権力を行使するのだから、「性の政治」について語ることには意味があり、「性による支配は……もっとも基本的な権力概念を与えている」と論じる。[37] 個人的なことは、政治的になるのである。こうしたアプローチは、性的生活や家庭生活の多くの不快な側面（とりわけ、あまりにも隠蔽されたままの、家庭内性暴力）を明らかにしはするが、しかし家父長的リベラリズムに対するさらなる批判を促すわけではない。ちょうどラディカル・フェミニストが二元論の一方の自然を消去しようとしたように、ミレットは権力の消去を求める。この姿勢は、政治を道徳的に変革しようとする選挙権拡大論者の構想と共鳴する。だが、権力を消去しようとしても、政治的なるものと権力を結びつける（あるいは同一視する）リベラリズムを問い直すことにもならなければ、女性と二元論の「道徳」を結びつける考え方を問い直すことにもならない。

　政治的なるものと権力の同一視を拒否するフェミニストもいる。だが、リベラルな家父長主義をひっくり返して、正しく理解するならば、政治生活は本質的に女性的であると時おり主張されるにすぎない。[38] これよりも実りある議論は、フェミニストによる「男性的な」権力の拒絶だが、これもまた、政治的なるものの代替概念に依拠している。政治的なるものは「価値観とシティズンシップが共有された領域」であるとか[39]、「価値観と市民的《シヴィック》関心事の共有を含み、権力は一側面にすぎない[40]」などと論じられる。だが代替概念は、依然としてフェミニストの著作で未発達のままである。けれども、市民社会が非政治化したことや、リベラリズムが政治的なるものの固有の意味を失ったことを深く憂慮する批判者たちの論議と非常に関連性はある。たとえばハーバーマスは、本質的な政治問題を理性的に評価できるように、公的で共有されたコミュニケーションを擁護する。またウォーリンは、「公共の」もの・「共通の」ものは「政治的なものと同じ意味」であり、「政治的なものの基本的な性格……は、「公共」のものとの関連である」と述べている。[41] これらの批判者とフェミニストは、個人的でないことは公的である、そして公的なことは政治的である、という点では一致している。そこには、市民社会の内部に区分はなく、市民社会とは共同体の公的で集合的で共通の政治生活の領域である、ということが含意されている。だが、こうした主張はふつう、公的＝政治的領域という概念がいかに家庭生活と関連しているかを考慮しなかったり、そもそもそうした問題があると指摘しないままなされてしまう。フェミニストは、この根源的な問いを立てたが、まだ答えを出してはいない。しかし、個人的なことが政治的でないとしても、その二つの領域は、将来の民主的なフェミニストの社会秩序にとって、相互に関係する不可欠な次元である、ということはいえるだろう。

リベラルな家父長主義に対するフェミニズム的代替案の条件

公私というリベラルで家父長的な対置に対するフェミニズムの批判は、根源的な理論的問題を提起すると共に、社会をいかにして根源的に変革するかという複雑な実践的問題も提起した。だが、フェミニズムの議論に対する反論が、わたくしたちのプロジェクトは賢明ではないといって否定する。ウルフは近年、フェミニズムに理解を示す立場から、公と私という二つの分離に打ち勝とうとすれば決して解決できない問題が生じる、と主張している。「その分離と戦う」ことは無意味である。せいぜい、現存する秩序にその都度その都度合わせることしかできない。公私の分離は、二つの「等しく妥当性があるもののまったく相容れない人間性《ヒューマン・ネイチャー》概念」に由来する。つまり、一方は「本質的に、理性的で時間を超え歴史を超越した存在としての人間《マン》「ママ」」概念であり、他方は「本質的に、時代に拘束され、歴史的・文化的・生物学的に条件づけられている存在としての人間《マン》」概念である、というのである。[42] 公的世界では誰もが性・階級・肌の色・年齢・宗教といった事実とまるで無関係であるかのように扱われるべきだと論ずるのは、わたくしたちが人間のもっとも基本的な事実を否定すべきで、ゆえに現在の非人間性と疎外を強調すべきと主張するに等しい。だが、ウルフのいう二つの〔人間性の〕概念は、唯一の「人間の《ヒューマン》」本性《ネイチャー》などではなく、いずれも等しく妥当性があるわけでは到底ない。この概念は、〔私的な〕女性と〔公的な〕男性の真の本性という、リベラルで家父長的な見方を表している。人間というものは、時代に拘束され、生物学的にも文化的にも制約を受ける特殊な生物なのである。リベラルで個人主義的な視点は〔これ自体が家父長的な視点であることは見落とされているが〕、男の個人を、かれの妻が自然な隷属状態に置かれている領域〔＝家庭〕から引き離し、こうした公的人間《マン》という抽象化を一般化する。このような視点からだけ、「人間の」本性、女性と男性、私と公といった対置が、哲学的・社会学的にもっともらしく見えるにすぎないのである。

　フェミニストが発展させようとする社会的実践の理論は、個人的生活と集合的生活あるいは個人的生活と政治的生活を、分離し対置させるのでなく、相互に関連するものと理解し、男女を等しく包摂した、西洋世界ではじめての真の一般理論となるであろう。実践レベルですぐにでもこうした一般理論が必要なことは、フェミニストによる批判のおそらくもっとも明快な結論に表れている。女性が社会生活に完全に平等に参加するべきなら、男性は育児その他の家事を平等に負担しなければならない、という結論である。女性はこうした「私的」労働と一体視されるため、その公的な地位はつねにその土台を崩される。先の結論は、しばしば主張されるように、男性でなく女性が子どもを産むという自然な生物学的事実を否定しているのではない。そうではなく、この自然の事実から育児ができるのは必然的に女性に限られるとする家父長的な主張を否定しているのだ。平等に育児をし、家庭生活でその他のもろもろの家事に等しく参加しようとすれば、公的領域や生産組織、わたくしたちが「仕事」という言葉で意味するものやシティズンシップの実践のなかで、何らかの根源的な変革がされる必要がある。フェミニズムは職場や政治組織の性別分業を批判し、政治的なるもののリベラルで家父長的な概念を拒否する。これは、参加デモクラシーやマルクス主義が過去二〇年間行ってきたリベラル資本主義批判をさらに拡大・深化し、それらを乗り越える。

ウルフの主張が示すように、女性が公的な「個人」になることに関して対立があるとすれば、リベラリズムの普遍化の仕方についてだ、と考えがちである。しかし、そのように考えてしまうと、リベラリズムの家父長的な性格と、リベラルな公私の概念の曖昧さと矛盾を明るみに出したフェミニズムの功績を無視することになる。だが、公的なるものと私的なるものの二元論にもさまざまな現れ方があることについては、さらなる分析を要する。また、家庭生活を市民社会から分離し、市民社会内部で私的なるものを公的なるものから分離するという、二重の分離の意味についても、本章で検討した以上に深く探求しなければならない。フェミニズムの批判は、家父長的リベラリズムの二元論や対置への代替案として、社会生活に関する弁証法的な視座を示す。フェミニストたちが自ら示したように、対置を否認に取り代える（フェミニズム秩序では自然は高い地位を占めないとする）か、あるいは、対置に代わるのは一致と同一化（個人的なことは政治的である、家族は政治的である、など）だと想定するか、いずれかの方向に行きたくなる。家父長的リベラリズムを前提とすれば、このいずれかしかなくなるが、しかしフェミニズムの批判は第三の選択肢があると考えている。

フェミニズムは、差異化した社会秩序に期待する。そこでは、多様な次元が区別されてはいるが、切り離されたり対置させられてはいない。女性と男性を、生物学的な差異はあるが同等でない人間とはせず、両方とも包摂するような個人という社会的概念に立脚した秩序である。にもかかわらず、女性と男性、私的なるものと公的なるものは、必ずしも一致するとは限らない。女性の出産能力[43]には社会的意味があるため、個人的なことと政治的なこと、愛と正義、個人性と共同体性の間の緊張関係が家父長的リベラリズムと共に消滅すると考えるのは、確かに非現実的である。

フェミニストによる批判のなかに陰に陽に含まれる、哲学的・政治的な問題の広さは、家父長的リベラリズムに対する十分に発展したフェミニストの代替案こそ、はじめての真なる「全面的な批判[44]」となることを示す。ルソー、ヘーゲル、マルクスという偉大な男性の論者が、抽象的・個人主義的なリベラリズムに対してすでに全面的な批判を提示したといわれる。だがこうした主張は退けられねばならない。かれらはそれぞれ、リベラリズムの抽象性と二元論を乗り越え、共同体のなかで個人を保ち続けるという。しかし、ルソーとヘーゲルは明らかにこうした試みから女性を排除し、政治的に危険な存在として家族という自然の世界に閉じ込め覆い隠した。マルクス自身とその哲学も、家父長的な前提から自由ではなかった。公私のリベラルな対立を全面的に批判するフェミニストの哲学者が、待望されているのである。

1 リベラル・フェミニズムの破壊的な性格は、近年、以下の研究によって明らかにされている。Z. R. Eisenstein, *The Radical Future of Liberal Feminism* (New York: Longman, 1981).

2 S. I. Benn and G. F. Gaus eds., *Public and Private in Social Life* (London and New York: Croom Helm, 1983), chap. 2.

3 Eisenstein, *The Radical Future*, p. 223.

4 J・S・ミルは、こうした一般化の例外であるが、ベンとガウスはミルの『女性の解放』について言及していない。たとえばB・ボザンケが『国家の哲学理論』(*The Philosophical Theory of the State*, Ch. X, 6) で、家族の「長である二人の人間」に言及しているではないか、との反論もあるかもしれない。だが、ボザンケが議論しているのはヘーゲルについてであり、しかも、ヘーゲル哲学が、女性を家長から排除したり女性を市民社会や国家への参加から排除するという、明白かつ哲学的に正当化された前提に依拠していることに、何の理解も示していない。ゆえに、ボザンケが「二人の人間」について言及したことは、ヘーゲルをただ解説するのではなく大きな批判を要請するのである。「男性」の代わりに見せかけで「女性と男性」に言及しても、リベラルな論議を普遍化することはできない。ヘーゲルについては以下を参照。P. Mills, "Hegel and 'The Woman Question': Recognition and Intersubjectivity", in *The Sexism of Social and Political Theory*, eds. L. Clark and L. Lange (Toronto: University of Toronto Press, 1979)(ボザンケの見解に注意を促してくれたジェリー・ガウスに謝意を表したい).

5 J. Locke, *Two Treatises of Government*, ed. P. Laslett, 2nd ed. (Cambridge: Cambridge University Press, 1967), I, §47; II, §82〔J・ロック/加藤節訳『統治二論』(岩波書店、二〇〇七年)、六〇頁、二五四頁〕. 社会契約論者と家父長主義者との対立については、以下の文献でより詳細に論じられている。T. Brennan and C. Pateman, "'Mere Auxiliaries to the Commonwealth': Women and the Origins of Liberalism", *Political Studies*, 27 (1979), pp. 183–200.

6 ロールズのいう正義の二原理は、こうした区分の一例である。かれによれば正義の二原理は、「社会構造はおおむね二つに区別し得る部分を有している、ということを前提にしている」。かれはこの二つの部分を、私や公とは呼んでいない。だが通常、「シティズンシップの平等な自由」は「政治的」自由と呼ばれ、もう一つの「社会的・経済的な不平等」は「私的」領域の一部と見なされる。ロールズの最終的な定式化では、正義の二原理が関係するのは市民社会であり、家族はその射程外にあることは明らかである。第二原理(b)の機会均等は家族には当てはまらないし、(a)の格差原理も適用できまい。いうなれば、賢い息子は、他の家族を犠牲にして大学に送られるのかもしれないのである(この最後の点については、わたくしの学生であるデボラ・カーンズから着想を得た)。John Rawls, *A Theory of Justice* (Cambridge, MA: Harvard University Press, 1971), pp. 61, 302〔J・ロールズ/川本隆史・福間聡・神島裕子訳『正義論［改訂版］』(紀伊國屋書店、二〇一〇年)、八四頁、四〇二―四〇三頁〕.

7 S. S. Wolin, *Politics and Vision* (London: Allen & Unwin, 1961)〔S・S・ウォーリン/尾形典男・福田歓一ほか訳『西

欧政治思想史——政治とヴィジョン』（福村出版、一九九四年）〕.

8 それはまた、プライヴァシーの領域でもある。以下の文献は、身体を「所有すること」を「自己」の観念と結びつけ、プライヴァシーの必要性を論じている。J. Reiman, "Privacy, Intimacy, and Personhood", *Philosophy and Public Affairs*, 6 (1976), p. 39. 本文でわたくしは、リベラルの理論家が、なぜ政治的なるものよりも公的なるものと私的なるものについて記述しがちなのか、その理由を説明していない。そのためには、リベラリズムが公的なるものと政治的なるものに関して曖昧な点を十分に検討しなければならず、それは本章の目的をはるかに超えてしまう。もっともこの問題は、「個人的なことは政治的である」というフェミニズムのスローガンを検討する文脈で、本章で再び取り上げることになる。

9 J. Habermas, "The Public Sphere", *New German Critique*, 6(3) (1974), pp. 49–55. だがハーバーマスは、他の論者と同様に、次の事実を無視している。女性は従来、理性に欠けているとされ、公的な世界に参加するに値しないとされてきた事実である。

10 この文脈では、非常に簡略化した説明しかできない。詳しい説明として以下を参照。Brennan and Pateman, "Mere Auxiliaries to the Commonwealth", in R. Hamilton, *The Liberation of Women: A Study of Patriarchy and Capitalism* (London: Allen & Unwin, 1978); H. Hartmann, "Capitalism, Patriarchy and Job Segregation by Sex", *Signs*, 1(3), pt 2 (Supp. Spring 1976), pp. 137–70; A. Oakley, *Housewife* (London: Allen Lane, 1974), chaps. 2, 3.

11 J. S. Mill, "The Subjection of Women", in *Essays on Sex Equality*, ed. A. Rossi (Chicago, IL: University of Chicago Press, 1970), pp. 125–242, at p. 126〔J・S・ミル／大内兵衛・大内節子訳『女性の解放』（岩波文庫、一九五七年）、三七頁〕.

12 M. Astell, "Reflections on Marriage" (published 1706), cited in L. Stone, *The Family, Sex and Marriage in England: 1500–1800* (London: Weidenfeld & Nicholson, 1977), p. 240〔L・ストーン／北本正章訳『家族・性・結婚の社会史——一五〇〇年—一八〇〇年のイギリス』（勁草書房、一九九一年）、一九八頁〕.

13 「ラディカル・フェミニズム」とは、男と女という対置そのものが女性の抑圧の原因であるとするフェミニストを、「リベラル・フェミニスト」や「社会主義フェミニスト」と区別するために使われる言葉である。

14 S. B. Ortner, "Is Female to Male as Nature is to Culture?", in *Women, Culture and Society*, eds. M. Z. Rosaldo and L. Lamphere

(Stanford: Stanford University Press, 1974), p. 72〔S・B・オートナー／三神弘子訳「女性と男性の関係は、自然と文化の関係か?」、E・アードナーほか／山崎カヲル監訳『男が文化で、女は自然か?——性差の文化人類学』(晶文社、一九八七年) 所収、九一頁〕. 自然を賛美し、文化こそ悪徳と不平等の原因と見るような、この二〇〇年間の論者について、オートナーは何も語っていない。だが、こうした主張における「自然」の意味はあまりに複雑であり、女性と自然の関係性が明白だとはいえない。たとえばルソーは、女性の本性は市民的生活 (文化) を脅かすとの理由で、家庭生活においてさえ男女を隔離している。この問題については、第1章で若干述べておいたのでそちらを見られたい。

15 Ortner, "Is Female to Male as Nature is to Culture?", p. 87〔オートナー／三神前掲訳、一一五頁〕.

16 M. Z. Rosaldo, "The Use and Abuse of Anthropology: Reflections of Feminism, and Cross-Cultural Understanding", *Signs*, 5(3) (1980), p. 409. 以下と比較されたい。D. Haraway, "Animal Sociology and a Natural Economy of the Body Politic, Part I: A Political Physiology of Dominance", *Signs*, 4(1) (1978), esp. pp. 24–5〔D・ハラウェイ／高橋さきの訳「動物社会学とボディポリティックの自然経済：優位性の政治生理学」、『猿と女とサイボーグ——自然の再発明』(青土社、二〇〇〇年) 所収〕.

17 S. Firestone, *The Dialectic of Sex* (New York: W. Morrow, 1970), p. 8〔S・ファイアストーン／林弘子訳『性の弁証法——女性解放革命の場合』(評論社、一九七二年)、一四頁〕.

18 Ibid., p. 232〔同訳、二五四頁〕. ファイアストーンはまた、芸術・テクノロジー等の「文化」を、人類の一般的な生活様式である「文化」と区別できずにいる。

19 Ibid., p. 255〔同訳、二七五頁〕.

20 この最後の点は、以下の文献に依る。J. B. Elshtain, "Liberal Heresies: Existentialism and Repressive Feminism", in *Liberalism and the Modern Policy*, ed. M. McGrath (New York: Marcel Dekker, 1978), p. 53.

21 J. Ruskin, "Of Queens' Gardens", in *Free and Ennobled*, ed. C. Bauer and I. Pitt (Oxford: Pergamon Press, 1979), p. 17〔J・ラスキン／飯塚一郎・木村正身訳『この最後の者にも・ごまとゆり』(中央公論新社、二〇〇八年)、三四七頁〕.

22 J. B. Elshtain, "Moral Woman and Imoral Man: A Consideration of the Public-Private Split and its Political Ramifications", *Poli-*

tics and Society, 4 (1974), pp. 453–61.

23 このような対比に依拠した近年の論議には、以下のものがある。J. Steinberg, *Locke, Rousseau and the Idea of Consent* (Westport, CT: Greenwood Press, 1978), esp. chaps. 5–7. 同意を強調すると、私的領域は道徳的であるように見える。だが、（私的な）市民社会を支配する原理とふつう考えられているのは自己利益なのであって、それが道徳的かどうかはおよそ明らかではない。市民社会の内部における区分が、（自己利益としての）自由と権力の対置に見えるとすれば、道徳性が家庭生活にあるということがより強調されるが、リベラルな公的社会・市民社会にとって深刻な秩序の問題を提起することになる。

24 「自然《ネイチャー》」と女性の「本性《ネイチャー》」に関する鋭い問題が、現在もちあがっている。女性は生まれつき、道徳の守り手と見なされると共に、本来的に政治を転覆する存在と見なされているからである。本書第1章を見られたい。

25 E. DuBois, "The Radicalism of the Woman Suffrage Movement", *Feminist Studies*, 3 (1/2) (1975), pp. 64, 66.

26 E. DuBois, *Feminism and Suffrage* (Ithaca, NY: Cornell University Press, 1978), p. 46.

27 Mill, *The Subjection*, p. 146〔ミル／大内・大内前掲訳、六六頁〕.

28 Ibid., pp. 174–5〔同訳、一〇三―一〇四頁〕.

29 Ibid., p. 179〔同訳、一一〇頁〕.

30 ミルの『代議制統治論』に触れた、以下の文献を参照。Benn and Gaus, *Public and Private*, chap. 2.

31 Mill, *The Subjection*, p. 237〔ミル／大内・大内前掲訳、一八五―一八六頁〕.

32 Ibid., p. 174〔同訳、一〇三―一〇四頁〕.

33 社会生物学については、たとえば以下を参照。E. O. Wilson, *Sociobiology: The New Synthesis* (Cambridge, MA: Harvard University Press, 1975)〔E・O・ウィルソン／坂上昭一訳『社会生物学』（新思索社、一九九九年）〕. S. Goldberg, *The Inevitability of Patriarchy*, 2nd ed. (New York: W. Morrow, 1974). これらに対する批判としては、たとえば以下を参照。P. Green, *The Pursuit of Inequality* (Oxford: Martin Robertson, 1981), chap. 5.

34 以下を参照。オーストラリアの場合は、K. Hargreaves, *Women at Work* (Harmondsworth, Middlesex: Penguin Books, 1982). イングランドの場合は、J. West ed., *Women, Work and the Labour Market* (London: Routledge & Kegan Paul, 1982).

アメリカの場合は、Eisenstein, *The Radical Future of Liberal Feminism*, chap. 9.

35 J. Donzelot, *The Policing of Families* (New York: Pantheon Books, 1979).「もっとも驚くべきことは、「社会的なるもの」が、わたくしたちにとって当然のものという地位を獲得したことである」(p. xxvi)。〔J・ドンズロ／宇波彰訳『家族に介入する社会——近代家族と国家の管理装置』(新曜社、一九九一年)〕.

36 結婚に関しては、たとえば以下を参照。D. L. Barker, "The Regulation of Marriage: Repressive Benevolence" in *Power and the State*, eds. G. Littlejohn et al. (London: Croom Helm, 1978). レイプについては、本書第4章および以下を参照。A. G. Johnson, "On the Prevalence of Rape in the United States", *Signs*, 6(1) (1980), pp. 136–46. 福祉国家については、たとえば以下を参照。E. Wilson, *Women and the Welfare State* (London: Tavistock, 1977).

37 K. Millett, *Sexual Politics* (London: Hart-Davis, 1971), pp. 25, 26〔K・ミレット／藤枝澪子・加地永都子・滝沢海南子・横山貞子訳『性の政治学』ドメス出版、一九八五年、七〇—七二頁〕.

38 N. McWilliams, "Contemporary Feminism, Consciousness Raising and Changing Views of the Political" in *Women in Politics*, ed. J. Jaquette (New York: Wiley, 1974), p. 161.

39 Ibid.

40 L. B. Iglitzin, "The Making of the Apolitical Woman: Femininity and Sex-Stereotyping in Girls", in Jaquette, *Women in Politics*, p. 34.

41 J. Habermas, "The Public Sphere", and Wolin, *Politics and Vision*, pp. 9, 2〔ウォーリン／尾形・福田ほか前掲訳、一二頁、五頁〕.

42 R. P. Wolff, "There's Nobody Here but Us Persons", in *Women and Philosophy*, eds. C. Gould and M. Wartofsky (New York: Putnams, 1976), pp. 137, 142–3. ウルフはまた、公私の分離に抗議するフェミニストの戦いにも反対している。なぜならこの分離こそ、新しい形態の社会制度を支えるにあたって、人間性の規範的な前提を構築するとウルフは考えているからである。しかしこれは、家父長的リベラリズムに埋め込まれた女性の本性と男性の本性を前提にした、奇妙なまでに的外れな反論である。

43 以下を参照。R. P. Petchesky, "Reproductive Freedom: Beyond 'A Woman's Right to Choose",' *Signs*, 5(4) (1980), pp. 661–85.

44　「全面的な批判」という言葉は、以下の文献から引用している。R. M. Unger, *Knowledge and Politics* (New York: Free Press, 1975). しかし、リベラリズムを全面的に批判したというアンガーの主張も否定しなければならない。かれは、理論と事実、理性と欲望、規則と価値といったアンチノミーが、同時に、男女間の家父長的なアンチノミーの表現でもあることを見落としている。かれは「恣意的な欲望と形式的な理性との対置は、政治的には、公的存在と私的存在の対照という形となる」と言明している (p. 59) が、これはまた、男女の「本性」の対置でもあるのである。

（一九八三年）

第7章 『市民文化』
――ひとつの哲学的批判

デモクラシーを論ずる人間にとって、経験的なデモクラシー理論は、ガブリエル・アーモンドらの『市民文化』が書かれた頃ほどには正統ではなくなった。* だが、その基本的前提はいまでも広く受け入れられている。こうした前提がデモクラシーの理論と実践に関してどんな結論を形づくったのか理解し、戦後の経験的理論を総合的に批判するには、『市民文化』は最良の事例研究といえよう。もちろん、ひとくちに経験的理論といっても、論者によって違いはあるだろう。しかし、実証的な調査結果を分析する理論的視点が同じであるため、そうした違いは無視できる。『市民文化』のように、経験的理論は、政治に対する個人の態度や能動性に関するデータが「規範的な」デモクラシー理論にとって重要だ、と

* 『市民文化』は、一九六三年刊行の、デモクラシーと政治参加に関する実証的な比較研究。英国、アメリカ合州国、ドイツ、イタリア、メキシコの五か国で実施した面接調査で、約五〇〇〇人の回答者から得たデータに基づいている。

結論を下す傾向がある。『市民文化』の終章は、一九五〇年代末から六〇年代初頭にかけて広く共有されていた英米型政治システムへの信頼を反映しており、この種の理論によくあるように、政治的無関心の役割を重視する。しかし『市民文化』の特色は、どんな社会化過程を経て個人の態度がつくられるか実証したところにある。この研究が示す証拠は、経験的理論を批判する上でも、その欠点や政治的な自己満足を乗り越えたデモクラシー理論が発展する上でも、重要である。

経験的なデモクラシー理論はこれまで数多くの批判を浴びてきた。だが、経験的理論を批判する側も主張する側も、根源的な論点については話がかみ合っていない。批判する側は、「規範的な」デモクラシー理論の伝統を守りたい。この伝統は、時代遅れだとか、さらに重要なことに非科学的だという理由で、経験的理論の側から否定される。こうした科学的アプローチで的を射るものは滅多にないといわれているにもかかわらず、規範的な側は、「科学」とか「客観性」を求められると怖気づいてしまう傾向があった。[2] 自分の土俵で経験論者と議論するつとめを放棄したのである。経験論者は、実証研究のデータに基づけば、デモクラシー理論や民主的市民などの伝統的な概念に固執するのは実に非現実的だと主張する。だが、これこそが批判されなければならないはずなのだ。『市民文化』が明らかにしたように、経験的なデモクラシー理論のおもな弱点は、皮肉なことに実証データの解釈の仕方にある。基本的前提を放棄しない限り、この弱点は克服できない。経験的理論の側は実は、調査結果に示される政治的態度や能動性の類型と、自由民主主義諸国の政治構造との関係を、いうほどうまく説明できていないのである。

かれらは、自らの理論的前提についてほとんど関心を示してこなかった。デモクラシー理論をめぐる両陣営は、古典的な理論があるとする一般的な思い込みにとらわれたために、身動きがとれなくなったのだ。その古典的な理論なるものを受け入れるか、拒絶するか、大幅に修正すべきかはまた別の話だが。[3]いわゆる古典的な理論は、政治生活における大衆参加の本質と場について、二つの非常に異なる論議に関係している。ひとつは、立憲的な代議政府という昔ながらのリベラリズム理論である。これは、J・A・シュンペーターの民主的な政治的方法[4]に関する考えを経由して、経験的なデモクラシー理論へと直接つながっている。もうひとつは、遠い昔の忘れられた参加デモクラシー理論であり、たとえばJ・S・ミルの著作や、あまり注目されないがジャン＝ジャック・ルソーの著作に見出せる。経験的理論を説く人は、この二つの伝統を区別しなかったため、古いリベラリズム理論の焼き直しにすぎないことにほとんど気づかないし、だからこそかれらの論議は注目を浴びる。リベラリズム理論は、英米型システムの政治理論として生まれ現在もそうだが、経験的理論はその二〇世紀中葉版であって、目新しい理論[5]ではない。古典的な理論はひとつしかないという神話のせいで、デモクラシー理論はリベラリズム理論と同一視されるようになった。そして、デモクラシーとは現行の自由民主主義体制（リベラルな代議政府と普通選挙権）なのだと見なされたのである。『市民文化』は、二つの異なった政治的伝統を混同している実例である。そのため、同書は科学的な経験的理論だといわれるが基本的にイデオロギー的で現状を称賛しているだけだ、とよく批判されるのも不思議ではない。確かに、アーモンドとヴァーバは、「わたくしたちの結論が読者を、英国と合州国……におけるデモクラシーへの自己満足へと導くものであってはならない」と序文で述べている。しかし、二人の歴史的視点も調査結果の解釈も終章も、ことごとく、かれらがそうであってはならないと警告した当の自己満足へいざなっている。

アーモンドとヴァーバの社会学的アプローチは[6]、自由民主主義体制を原則的にひとつのシステムと見なし、市民文化と政治構造の関係を解明しようとしている点で優れている。しかし、理論的視座がそうした努力と矛盾するため、目的を達成できていない。リベラリズム理論は、シュンペーターが強調したように「制度的配置」に焦点を合わせ、政治文化を所与のものとする。自由民主主義体制の政治文化における社会的不平等を、シティズンシップの表面上の平等と切り離し、無関係だと見なすのである。ところがリベラリズム理論は基本的に個人主義でもあり、『市民文化』のように政治文化に注意を向けるとそれを個人の属性や態度の問題にしてしまう。個人の属性や態度は、政治構造や制度設計から捨象された政治参加の次元と関わる。経験的なデモクラシー論者は、暗黙のうちに個人主義的なリベラリズム理論に固執しているため、実証的な調査結果が示している根源的な課題を少しでも認め、問題として論じることができないのである。

階級すなわちＳＥＳ（社会経済的地位《ソシオ・エコノミック・ステイタス》）と性別は、「参加型」の政治指向や能動性と関係があるのだが、かれらがこのことを完全に無視したのはとりわけ大きな過ちであった。その関係こそ、政治科学《ポリティカル・サイエンス》が実証し、『市民文化』が証明したものではなかったか。アーモンドとヴァーバは、なぜそうした関係があるのか、それは市民文化を民主的だと考えることとどう関わるのか、問おうとしない。調査結果を、受け入れるべき政治的現実の一面としている。そして、市民の指向は階級と相関関係があることが判明しているにもかかわらず、たまたま個人の態度・属性がそうなっているだけだと片づけてしまう。だが『市民文化』は、市民文化が階級や性別ではっきり分裂しているという驚くべき事実を示している。こうした文化と、政治的に制度化されたうわべの平等との関係について、きちんと検討していないし、問題と見なしてもいない。いい換えれば、市民文化の歴史的展開を、あらゆる市民に便宜を与えその利益を守る政治システムを発展させたかのように語っているのである。しかし、経験的理論家であるならば少なくとも、市民としての指向や参加とＳＥＳには密接な関係があることを示す調査結果が、そうした特定の歴史観と対立しないのかを自問すべきであろう。

なぜかれらの解釈に誰も異議を唱えないのだろうか。それは、他の解釈を示す古典的デモクラシー理論があまりに軽視されているからでもある。古典的な参加デモクラシー理論は、政治文化と政治構造の相互関係を認識するのが基本である。[7] そして、デモクラシーとはすべての市民が参加するシステムであるという見方を伝統・規範とするために、市民文化の特性は何かという問いを立てる。本章で示すように、『市民文化』の論議を批判的に検討すると、ここにもやはりその問題があることが明らかになる。そこで最初の節では、『市民文化』に見られる歴史的視座と「政治文化」概念を検討する。次に主要な課題である、政治的有力感に関する証拠、それとSESとの関係や政治に積極的に関与しないことの合理性、そして政治文化の三つの次元について議論する。最後に、市民文化の民主化という問題と、市民参加の概念を検討する。

以下では『市民文化』の特に英国と合州国を中心に論じる。著者であるアーモンドとヴァーバが両国を、市民文化のモデルであり市民文化を保持する〔安定した〕中心的な国家と見なしているからであり、二人は英国の歴史的発展を非常に重要と考えているためである。[8]

歴史的視座

『市民文化』では、第一章の冒頭から市民文化は「デモクラシーの政治文化」であると述べているにもかかわらず、デモクラシーの意味そのものはまったく議論していないことにひどく驚かされる。なぜそんな省略をしたのか、なぜ市民文化をそのように問題として提示するのか。その一因は、市民文化を論ずる際の歴史的視座にある。これは、戦後のデモクラシー理論を学ぶ読者にとって、決してなじみのないものではない。両大戦間期に起きた立憲主義体制の崩壊と全体主義の台頭によって、デモクラシーの安定が脅かされるようになったと強調する視座である。アーモンドとヴァーバはまた、「近代化と伝統主義との一連の出会い」（p. 7, 邦訳五頁）のなかから、英国では長い時間をかけて市民文化が徐々に発展してきたことも重視する。市民の伝統的な政治指向は、近代の参加型指向と融合し、均衡のとれた市民文化を形成するに至ったというのである。もっともかれらは、市民文化が登場した明確な時期については触れていない。アーモンドとヴァーバによれば、英国や合州国では市民文化をめぐる問題は重要でない。両国にはすでに市民文化があり、政治文化が「民主的」であるのは当然とされる。むしろ（『市民文化』で検討されている）イタリアやドイツやメキシコといった、市民文化が確立していない国で維持・強化したり、まだ市民文化のない第三世界諸国でゆくゆく発展させるほうが重要だ、という。

このような歴史的視座は、『市民文化』の論議から二つの重要な結論を導く。第一にアーモンドとヴァーバは、英国と合州国における個人主義の市民的態度と社会的関係の調査結果には何ら問題がないと見なすため、そのデータが自由民主主義体制にどんな意味を持つか、そこでの新たな発展の可能性はないのか、という問いを封じ込めてしまう。二〇世紀後半の「参加の噴出」（p. 4, 邦訳三頁）は、開発途上国に当てはまるのであって、英国や合州国には関係ないというのである。第二に、このような特殊な視座は、市民文化の歴史的背景について何も語らない。英国に市民文化が徐々に現れたという漠然とした論評以外には、「市民文化」やその理念の発展に関して、同書から学ぶべきものはほとんどないに等しい。西洋のリベラル＝資本主義社会と、その社会における政治理論（リベラリズム理論）の発展という文脈に、市民文化という現代的な概念を位置づける視点が欠けているため、かれらの議論は抽象的で歴史を省みないものになっている。[9] 市民文化を全世界に広めようというアーモンドとヴァーバの関心と、自国の政治制度を輸出しようとする一九世紀英国の関心は、似てはいる。しかし、ホッブズやロックの時代のリベラリズム理論から、一九世紀のリベラリズム理論を経て、二〇世紀後半の経験的なデモクラシー理論に至るまで、市民の役割はどう考えられてきたのか、『市民文化』はその歴史的連続性をまるで把握していない。

リベラリズム理論はつねに、市民に対し、明確ではあるが最低限の役割しか与えてこなかった。代議政府の役割、おおざっぱにいって、アーモンドとヴァーバがいう政治エリートの役割に重点を置いたのである。また、リベラルな政治理論は、西洋の資本主義社会の理論として、一体となって発展してきたことを忘れてはならない。シュンペーターによると、「われわれの競争的リーダーシップ理論のような意味でのデモクラシーは、ブルジョワジーに新しい形を与えた政治的・制度的変化の過程を支配したのみならず、さらにそれ自身の立場から、ブルジョワジーの擡頭に先行した社会的・政治的構造を合理化した」。[10] リベラリズム理論が発展するにしたがって、市民の政治的役割は、ホッブズ理論における完全な不参加から、競争的投票と普通選挙権が確立した成果である参加へと拡がった。[11] だが、リベラリズム理論の基本構造、つまりこの参加の拡大を含意する市民の概念に、実質的な変化は見られなかった。一九世紀にジェームズ・ミルは、選挙で選ばれた代議政府を「近代の偉大なる発見」と呼んだ。[12] 正式な選挙（落選という制裁）があるため、代議士はあらゆる市民の利益を守り促すものだと誰もが考えるようになった。成人はみなそうした制裁を加えられるよう普通選挙権を有すべきだ、との考えが浸透して、ようやくリベラリズム理論はリベラル・デモクラシー理論になったのだ。デモクラシー理論はいずれも、一般大衆が政治家を支配するといった考えを中心に据えている（see p. 476, 邦訳四七五頁）。しかし、リベラリズム理論が民衆の参加を考慮するようになったのは、それが基本的に、政治家に一定の制約を課すからであって、それ自体が重要で価値があったからではないことは強調しておくべきだろう。政治参加はいまもって、必要な防御的装置、つまり誰か市民が時おり支払わなければならないコストと見なされているのであり、支払わないに越したことはないと考えられている。個々の市民の生活にとって必須ではないというのだ。

以上の概説で、『市民文化』の論議の経緯を示せたのではないだろうか。第二次大戦後の多くの理論家と同様に、アーモンドとヴァーバは「デモクラシー」をリベラルに、「個々人が人民の投票を獲得するための競争的闘争を行なうことにより決定力を得る」ような「政治的方法」[13]と見る。市民に対する責任を政治エリートに実際に負わせる上で、きわめて重要なのは、定期的な選挙への参加である。圧力団体などが選挙と選挙の間に政府に働きかけるさまざまな活動は、付随的なものにすぎない。それに対して参加デモクラシー論は概して、市民は代表者を選ぶために投票するだけでなく、実際の政治決定にも参加すべきだという。市民の能動的な役割を重視せず、政治的無関心こそ体制を安定させると強調するデモクラシー理論を見直せば、参加理論とぶつかるのではと考える向きもあるだろう。だが、古典的なデモクラシー理論はひとつしかないという神話は、興味深い結果につながる。『市民文化』の場合のように、見直されるのは何よりリベラル・デモクラシー理論の方なのである。

アーモンドとヴァーバは、「民主主義的イデオロギーの規範」(p. 473, 邦訳四七二頁)に沿う政治的態度や活動パターンを、「合理主義=能動型(rationality-activist)」モデルと名づけ、古典的な神話を表す。かれらはこのモデルの根拠として、合州国の公民教科書(おそらく小学生向け)しか挙げていない。だがここで重要なのは、前述したように、合理主義=能動型の考え方とリベラル・デモクラシー理論は決して両立しないということである。市民は「政治に能動的に参加し、政治に関する情報に通じ、かつ影響力を行使しうる」よう求められる（p. 474, 邦訳四七二頁）。しかしあくまでも、競争的な選挙という既存の自由民主主義体制内の参加や活動に限られる。おかしなことに、アーモンドとヴァーバは、民主制とは「一般市民が政治的解決に参加する」システムだと述べ（p. 178, 邦訳一七八頁）、「政治的決定にも同様に参加」（p. 328, 邦訳三二五頁）してほしいと望みながら、政府以外の領域の社会生活に参加できる市民について語るのである。かれらは、政策決定者を選ぶ選挙と、その決定に（参加するのでなく）影響を与える試みにだけ言及して、自由民主主義体制下の公民的市民《シヴィック・シティズン》がどのように参加するようになるかについて一切触れないが、これは意外ではない。昔のリベラリストは、市民が持つべき政治活動や関心の基準をまったく説明しなかった。だが、そうした基準が選挙への参加と関係していたことは明らかである。アーモンドやヴァーバなどの論者は、市民の政治指向のなかに調査結果を読み込んで、「合理主義＝能動型」の民主主義的イデオロギーが「あまりにも厳しく」設定された基準だったと主張した（p. 475, 邦訳四七四頁）。ゆえに、デモクラシー理論、すなわちリベラル・デモクラシー理論は、書きかえるべきだろう。大半の市民には最低限の活動と関心だけ求め、おもに非政治的であってよいとしている。それ以上の市民の活動は、政治システムの円滑な機能を脅かすと見るのだ。

　民主的な市民のあるべき役割について、このように『市民文化』にはひとつの説明が見出せる。市民の能動性と参加型指向は、臣民型指向と未分化型指向によって「均衡」させ「統制」されなければならない。それによって市民は、政治エリートの統治を妨害しない程度に非能動的・従順となる、というのである。そのような均衡が具体的にどのようなものか定かではないが[14]、アーモンドとヴァーバは実際、能動的なシティズンシップとか、市民はエリートに対して影響力を持つといった市民が手放さない考えは、「神話」だと述べている（pp. 183, 481, 邦訳一八四頁、四七九頁）。さらにかれらは、その神話が効果的であるためには、「ただの神話であってはならない。実際の行動様式を理想化しなければならない」と付け加えている（p. 485, 邦訳四八三頁）。だが、経験的なデモクラシー理論が要求するものこそ、参加という神話である。市民が実際に、政治生活に根差した合理的な考えを持ち行動することを、求めているのではない。「潜在的に能動的な市民」（p. 481, 邦訳四八〇頁）が持つ市民文化なるものは、たんなる可能性にすぎない。現存の選挙制度を維持し、政治エリートを交替させるためにだけ市民の投票が必要だというなら、全市民の利益を守るべくエリートに行動させるには、この神話で十分だというのだ。「エリートがこのように責任ある行為をするのは、市民が能動的に要求を行なったからではなく、市民が能動的になるのを阻止するため」だからである（p. 487, 邦訳四八四頁）。

二〇世紀後半になっても、公民的市民《シヴィック・シティズン》にふさわしい場所は生活の私的領域であった。リベラリズム理論では、つねにそう考えられてきた。政治エリートと異なり、一般の市民が政治生活に参加するのは、選挙のような特別な場合か、自分の利益が著しく脅かされる場合に限られている。政治的領域や民衆の政治参加を、それ以外の社会生活の諸領域から切り離すのは、リベラリズム理論の大きな構造的特徴であるが、こうした区別は『市民文化』が注目する政治文化と政治構造との相互作用を見えにくくしている。ダールは、リベラリズム理論が市民を現在どうとらえているか、適切に述べている。

公職者に影響をおよぼす資源のなかに、市民的人間は投票を見出す……実際には市民的人間は投票の価値を疑って、ごくまれにしか使用しないかもしれないが。または、かれは、政治家に影響をおよぼすのに役にたつ装置として、投票を見ているかもしれない。……しかし、危険がきわめて大き

> いので、政治活動は、かれの生活の中心からつねに隔たっている。……そして、間接的な満足を達成する戦略としては、政治活動は、職業に精を出すこと、……余暇の計画を練ること、他の近隣地区ないし他の市に移ること……などより、かなり効果がないように思われる。……市民的人間は、本来的に、政治的な動物ではない。[15]

しかし、この市民的人間の説明は、『市民文化』の著者たちが無視した疑問をあぶり出す。市民文化が民主的であるとは一体どういうことなのか、という疑問である。これについては、後で立ち戻ることにしたい。

「政治文化」の概念

アーモンドとヴァーバの「政治文化」概念は、本質的にパーソンズ的である。[16] かれらによれば、一般的に「政治文化」とは、個人の「政治システムとそのさまざまな部分に向かう態度、ならびにそのシステムにおける自己の役割に向かう態度」に関わる（p. 13、邦訳一一頁）。それは、「社会的対象への心理的指向」であり、市民の「認知と感情と評価に内面化されている政治システム」であるという。そして、政治システムに対する態度が社会のなかで行きわたって一定のパターンを形成すれば、それが政治文化だというのだ（p. 14、邦訳一一―一二頁）。つまり「市民文化」は、すでにある指向性を記述したものであり、同書のあらゆる論議もそう示唆する。だが、「市民文化」とは、いったいどのような状態を指すのか。それはただの記述にすぎないのか、それとも、民主主義体制の政治文化にあるべき抽象的な指向モデルだろうか。一部の国はその他の国々よりも市民的《シヴィック》なはずだという主張は、後者の解釈に則っている。後述するように、『市民文化』の問題のひとつは、この二つの可能性の間をさまよっていることである。

アーモンドとヴァーバは、政治文化の「指向」あるいは「内面化された局面」を三つに分類するにあたり、パーソンズとシルズの影響を受けている。認知的指向は「政治システムについての知識と信条」に関わり、感情的指向は「政治システムに関する感情」に関わり、評価的指向は「情報と感情が結びついて形成された諸価値基準」を含む判断と意見に関わる（p. 15, 邦訳一二頁）。三つの指向すべてに留意するならば、政治文化と政治構造の相互的・弁証法的な作用について考察すべきである。たとえば認知的指向は、政治構造に関する個人の知識と信条に関わっており、政治構造が文化に与える影響を内包している。ところがアーモンドとヴァーバは、市民の能力をめぐる議論を見てもわかるように、心理的あるいは感情的指向にのみ注目しているのである。

先にわたくしは、『市民文化』の問題のひとつは市民文化の定義が曖昧なことだと述べた。結局、合州国や英国にとっての問題なのかもしれない。なぜなら、アーモンドとヴァーバが主張するように、かれらは、「民主的な政治文化、つまり、デモクラシーの安定性をはぐくみ、民主的な政治システムに「適合」する政治的態度のパターン」があるか否かという疑問のために調査したからである（p. 473, 邦訳四七二頁）。政治的安定性という課題のうち、「政治文化と政治構造の関係」はもっとも重要な側面であり、この両者が「適合」すると最初から仮定すべきではないという（p. 34, 邦訳三〇頁）。これは、『市民文化』の著者らしからぬ、非常に違和感のある見解である。アーモンドとヴァーバは、市民文化が徐々に発展すると主張するが、それは自由民主主義諸国の政治文化と政治構造の両方が進化してきたことを意味する。かれらは「安定した」民主主義国家として合州国と英国を念頭に置いており、政治構造と政治文化が「適合」しない場合、この安定をいかに維持するかほとんど考えていない。たとえばイタリアやメキシコで民主主義体制の安定が問題になっているのは、両者がうまく適合しないためである。アーモンドとヴァーバは、自分たちの論議が循環論法に陥っていることも、適合についてまったく考えないのは問題だということも、自覚していないようである。

また、『市民文化』第一章で示されている未分化型・臣民型・参加型という政治文化の類型、およびそれらの「混合型」の市民文化を、かれらがどのように導き出したのかもまったく明らかでない。* 著者は、「政治制度や社会状況から民主的文化の属性を引き出すのではなく、むしろ民主的文化の内容を特定化することを試み、そのために、現に機能している多数の民主的システムで見られる諸態度を検討した」と述べている（p. 12, 邦訳一〇頁）。しかしかれらは、実証的な調査結果だけに基づくのでなく、デモクラシーのある概念から論理的に推論して市民文化を提示している。他の方法では無理というものだろう。リベラル・デモクラシー理論は、市民文化の政治システムに関する理論だからである。つまり、市民文化は自由民主主義の政治システムとともに発展してきたのである。ある安定したシステムにおいて、政治文化と政治構造が適合せず、さらに市民の実際の政治的態度と政治システムの理論が想定する態度とが適合しないとしたら、不思議な話である。したがって、市民的《シヴィック》な政治文化とは、特定のデモク

＊ アーモンドとヴァーバは、一般論として未分化型文化は伝統的政治構造に、臣民型文化は集権的権威主義的構造に、参加型文化は民主的政治構造に、それぞれもっとも適合するとした上で、市民文化とはそれら三つの政治文化が混合したものと考えている。

ラシー概念に由来するモデルのようだ。つまり、安定し民主的であるとすでに仮定されたシステムを実証研究して確認したモデルである。また、特定のデモクラシーの概念をふまえていなければ、わたくしたちもアーモンドやヴァーバも、市民文化がたんなる参加型の文化でなく、参加型に「それ以外の何かを加えたような」政治文化（p. 31, 邦訳二七頁）であるとどうやって知ることができるだろう。そのようなモデルがなければ混乱が起きるし、市民文化という理念は恣意的に見えるだろう。「［市民的《シヴィック》］価値は、自由民主主義のシステムに「ふさわしく」「適合」すると、どうして見なすべきなのか、よくわからない。そのような価値を、そのシステム内に発見したというだけではないのか」[17]。『市民文化』は一貫して、市民文化は混合文化であるという想定・前提を論議の柱とし、そう結論づける。実証調査に基づく証拠が同書の本論で挙げられているが、ことごとく、冒頭に書かれた市民文化の前提を裏書きするものである。そしてこの前提は、終章の結論に至っては、民主制での市民の適切な役割として書かれているのである。

アーモンドとヴァーバは冒頭で、政治文化の概念は「ミクロ政治とマクロ政治を連結する」（p. 33, 邦訳二九頁）と言明している。個人の政治的態度と政治構造の機能を結びつけるというのである。これは、政治文化を誤って解釈しているように思われる。アーモンドとヴァーバのように文化と構造の相互作用を考察する際、政治文化も考察のプロセスの一端だとしたら、政治文化がどうやって結びつきをもたらすことができるのかわかりづらい。政治文化と政治構造を連結し、その相互作用を説明する根拠を示すには、何か他のものが必要である。ミクロ・レベルとマクロ・レベルを「連結する」のは、政治的社会化という理念である。政治文化が結びつきをもたらすと考えるアーモンドとヴァーバの議論は、なかなか理解しづらい。かれらは、政治文化と政治構造の適合を仮定しないつもりのはずだが、実は両者が一致することを当然視しているようだ。かれらは「政治文化を、ある政治システムを構成する人々の政治指向の特定のパターンの発生率と定義した」(p. 33, 邦訳二九頁)と述べている。「どんな政治行動の傾向性が、全体としての政治システムに存在するか、またそのさまざまな部分、特殊な指向集合(すなわち下位文化)間、あるいは政治構造内でのイニシアティブもしくは決定の中枢点(すなわち役割文化)において、存在するのか」を確定することは可能であり、「態度と行動の傾向性をシステムの政治構造内に位置づけることができる」(p. 33, 邦訳二九頁)というのである。

政治文化そのものが政治構造との連結をもたらすならば、政治文化はある意味、政治構造とは別物でありつつ、それと適合し同一ですらあることになる。同一と見るのはパーソンズ式の解釈である。パーソンズによれば、「行為の座標系の枠組み内で扱われる行為システムの構造は、規範的文化の制度化されたパターンのなかに存在する」というのが「行為システム」の「基本的な」主張である。[18] すでに述べたように、アーモンドとヴァーバの「指向」の使い方は、(建前はともかく、事実上)パーソンズの心理学的な考え方に則っている。指向(文化)は内面化されるため、制度化されるか構造の一部分となる。したがって、適合しない可能性はなくなる。また政治的社会化を、文化と政治構造の連結と見なす必要もなくなる。結びつける必要など、実際にはまったくないからである。あるいは、かなり不可解な話だが、政治文化がその任を果たすというのだ。

こうした説明では、政治的社会化は、既存の社会でどんな指向が行きわたるかを左右する中立的な仕組みと見なされる。政治文化には社会的にどんなパターンがあるかとか、政治指向の中身は何かといった問題は、ないことになる。政治的社会化という概念があるおかげで、政治文化の社会的パターンはただ記述されさえすればよいという。しかし、ここで二つの問題が生じる。第一に、民主的な文化を記述する際、そのモデルとして市民文化が必要となる。それがなければ、何を追求すべきかどうやってわかるだろうか。第二に、あらゆる人が社会化されて一定の指向を持つようになる、という可能性を想定しなければならない。文化と構造が適合しなければ、政治文化の実際のパターンはたんなる偶然の産物にすぎない。だが本章の次節で示すように、『市民文化』は、各人がどんな政治指向になるかはＳＥＳ（社会経済的地位）と関係していることを証拠立てている。政治文化は偶然決まるわけではない。こうして市民文化のパターンは実際には、なぜ階級とそのような関連がなければならないのだろうか、といった問題を提起する。だが『市民文化』は、市民としてのパターンにはどんなものがあるか、記述してと認めるよう要求するだけで、なぜそうしたパターンになるのか説明しない。政治的社会化は、政治文化と政治構造の連結というよりも、政治科学者や政治理論家が利用できる外在的な中立概念と見なされており、問題があるとは認識されず、説明するよいきっかけとも考えられていない。『市民文化』の見地では、政治的社会化は市民文化が「安定して」行きわたり続ける主要な仕組みと見なすべきであり、それは自由民主主義体制における政治的方法が円滑に機能するのに非常に大切だというのだ。

政治的に有力な市民

『市民文化』によれば、民主的な政治文化は、「参加を支えるような信念、態度、規範、理解からなるべきである」（p. 178, 邦訳一七八頁）。参加の義務感や参加することの有力感を市民がどの程度感じているか、本書が示すデータを簡単に再検討してみたい。アーモンドとヴァーバは、「自分は有力だと信じることはひとつの重要な政治的態度」であり、「自信ある市民は民主的な市民であるように思われ」（p.

257, 邦訳二五六頁)、政治的に有力であるとの実感が政治システムの働きを大きく左右すると論じている。*市民は政治的有力感を持つ程度に応じて、政治的代表者に影響力を行使できると信じる。つまり、「政府役人が、ある集団や個人の利益のために行動しなければ……失職する危険性がある、と思って行動する程度」が高ければ、それだけ市民には政治的有力感があることになる (p. 180, 邦訳一八一頁)。

主観的な有力感を持つ市民は自信のない市民よりも、政治に能動的に参加して政治エリートに影響を与えようとする傾向がある、というのは重大な発見である (p. 188 第3表を参照、邦訳一八六頁)。個人の学歴、職業的地位、性別によって、その人の主観的有力感に違いが生じることが発見されたのだ (p. 206 第1図、p. 210 第3図、p. 212 第7表を参照、邦訳二〇四頁、二〇八頁、二一一頁)。地方政治レベルで見ると、国は違っても同程度の学歴集団の方が、「同じ国内の異なる学歴集団よりも似たような有力感を持つ」(p. 208, 邦訳二〇七頁)。アーモンドとヴァーバは、政治的有力感と高い学歴水準や職業的地位との一般的な関係について、「地方や国の規制に影響を与えられると思うかどうかは、その人の国内における社会的地位によるところが大きい」(pp. 212-13, 邦訳二一二頁) と述べている。

アーモンドとヴァーバが実施した面接調査の結果を、回答者が持つ主観的有力感の高低で分類すると、それが高い人ほど「デモクラシーの価値を深く信じる」傾向があることが判明した。たとえばその人々

---

* ここでいう「政治的に有力である」とは、市民自らが政治を担う能力を持っていることではなく、政治エリートの決定や行動に市民が影響を及ぼせることであり、自分にそうした影響力が行使できると信じているならば「主観的に有力」だということになる。アーモンドとヴァーバが扱っているのは、そのような力があると市民が感じているかどうかの問題である。

は、有力感が低い人よりも、一般市民は共同体で能動的に役割を果たすべきだと考える人が多い。だが、もっとも有力感が高い人々の間でも、学歴によって相違がある。たとえば合州国で有力感が高い人のうち、市民は能動的であるべきと考えるのは、初等教育しか受けていない人では五三パーセントだったが、中等教育以上の人では六七パーセントにのぼる（p. 256 第7表を参照、邦訳二五五頁）。同様の傾向は、「選挙は必要」かどうかという質問でも見られた。有力感が高く高学歴の人ほど「選挙は必要だ」と考える（p. 254 第6表を参照、邦訳二五五頁）。合州国でも英国でも、こうした市民は投票に対する「満足度」も高い（p. 243 第3表を参照、邦訳二四五頁）。

『市民文化』はまた、主観的な政治的有力感が高い人々が社会化によってどのように生まれるかも教えてくれる。「個人が政治でない場面で果たす役割と、政治において果たす役割との間に緊密な関係があるかどうか」は、きわめて重要な問いである（p. 327, 邦訳三二四頁）。アーモンドとヴァーバは、非政府的な制度・組織の権威構造における社会化や、それと政治的有力感の関係に注目する。かれらによれば、非政府的な権威構造に加わることは、政治参加の訓練となり、政治的に意味のある技能《スキル》を伸ばすという。各人は、政治生活以外での経験を政治へ「一般化」すると期待できる。つまり、非政治的な権威構造に関わる人は、政治領域にも参加するだろうというのである（pp. 327–8, 邦訳三二五―六頁）。

アーモンドとヴァーバは、家庭、学校、職場での権威構造を念頭に置いている。政治的社会化に関する先行研究の多くは、幼少期の社会化に焦点を合わせてきた。だが、アーモンドとヴァーバのいうように、個人の人格形成でふつう幼少期がいかに重要であれ、政治生活にとってはそれよりも後の時期の方が大切だと主張するのが説得的であろう。後の時期であれば、人は政治に関わりのある資源に非公式に絶え間なく触れるだろうからである。青年（および成人）の政治生活そのものの経験とそこで得る知見、つまり個人の態度に政治構造が与える影響も、非常に重要である。青年期の政治的社会化では、「時間的にも性格的にも政治システムにより近い」権威構造がとりわけ大切である（p. 325，邦訳三二二頁）。政治システムの場合とは「大きく異なる」権威構造での社会化は、「市民的活動をする訓練としては不十分」かもしれない（p. 328，邦訳三二六頁）。ところが、アーモンドとヴァーバは、たとえば職場と政治領域の権威構造が実際にどの程度似ているかについては、関心を示していない。民主制が「社会の民主的な下部構造」にどれほど依拠するかに興味があると明言しておきながら、である（p. 363，邦訳三五七頁）。政治的有力感の場合と同じく、かれらが調べているのは、人は政治以外の権威構造に加わることができた（できる）とどれほど信じ実感しているか、その思いは政治領域そのものにどれほど「伝達」され「一般化」されているか、なのである。

合州国と英国では（他の三か国の調査と同じく）、主観的有力感のもっとも高い人々は、家庭や学校で参加していたことをよく記憶している。たとえば英国では、家庭内での決定に参加している人の七〇パーセントが高い主観的有力感を持つのに対して、不参加でそう思う人は五一パーセントにすぎない（p. 348 第18表、p. 354 第20表を参照、邦訳三四六―七頁）。しかしこの相関は、学歴が中等教育以上の人には当てはまらない。家庭での参加や学校での非公式な参加を政治参加へ「一般化」するのは、比較的学歴の低い人々である。学歴の低い人は、参加の技能や「参加の義務という規範」を身につける可能性も低く、政治的有力感が期待される場面でも他者と協力することはあまりない、とアーモンドとヴァーバはいう。そうした人にとって、家庭や学校が社会化の重要な場なのは、高等教育のような「代わり」の場が他にないからだという（pp. 349，355，邦訳三四八頁、三五〇頁）。

それに対して職場の場合、参加と主観的有力感の相関は、学歴によって明らかに異なり（p. 365，邦訳三五八頁)、家庭や学校の参加よりも強い(pp. 371–2, 邦訳三六四頁)。アーモンドとヴァーバは、職場における権威構造は「普通の人々が日常接触する権威構造のなかで、おそらくもっとも重要かつ顕著な構造」であると述べている(p. 363, 邦訳三五七頁)。職場での決定に際して意見を求められ、決定に異を唱えることができると思える人は、自分には大いに政治的有力感があると考える傾向が強い。しかし職業によって違いが生じる。合州国では、勤務先の決定に関わる人で、政治的有力感が高い未熟練労働者は七〇パーセントだったのに対して、ホワイトカラーの場合は八二パーセントである(p. 364 第24表を参照、邦訳三五六—七頁)。職場における参加と主観的な政治的有力感の関係は、参加の累積作用を考慮に入れると、重要性がより明らかになる。現在職場で決定に参加していて、家庭や学校での参加を鮮明に記憶している人は、職場の決定に加わっていない人よりもはるかに高い有力感を持つようだ(p. 367 第26表、第27表を参照、邦訳三五九頁)。

だが、職場における参加は高等教育と異なり、家庭や学校における参加の代わりにはならないという調査結果もある。職場で参加している人でも、そこに勤める以前の参加が政治的能力の意識に影響を与える。ところが高学歴の人は、家庭や学校で参加できたかどうかは、政治的有力感とほとんど関係ない。職場での参加は「一般化」の過程を通じて政治的有力感と結びつくので、高等教育とは異なる。『市民文化』によれば、高等教育が政治的有力感に影響を与える過程は複雑である。そこには、政治的な技能の習得や、「参加規範の刷り込み」、参加が期待される実際の場面などが含まれる。アーモンドとヴァーバは、高等教育は「個人の参加の潜在能力を増大」させる「多面的な経験」であると論じている(pp. 370–1, 邦訳三六三頁)。

大人が政治的社会化するもうひとつの場は、個人と政治エリートを媒介する、やはり非常に重要で

「小規模な政治システム」(p. 313, 邦訳三一〇頁)である任意団体《ヴォランタリー・アソシエーション》だろう。合州国と英国の高学歴者は、他の三か国と同じく、団体に加入する人がもっとも多い(p. 304第4表を参照、邦訳三〇三頁)。任意団体への加入と、政治的有力感の高さは、相関関係にある。政治的な団体に加入する人は有力感がもっとも高く、これは中等教育を受けた人にもいえる(p. 308第6表を参照、邦訳三〇七頁)。アーモンドとヴァーバはさらに、団体加入者で積極的な人と消極的な人の違いについても調査している。一部の大きな団体は会員と疎遠なように見え、消極的な加入者は参加の訓練をほとんどあるいはまったく受けないからだという。主観的有力感が高いのはもっとも積極的な加入者で(繰り返しになるが、これは学歴と関係している)、複数の団体に加入している人はさらに高い政治的有力感を持つ(p. 317第12表、p. 321第14表を参照、邦訳三一四—五頁、三一六—七頁)。以上のデータに基づいて、アーモンドとヴァーバは、「多元主義は、たとえそれが明示的に政治的多元主義でないにしても、政治的デモクラシーのもっとも重要な基礎のひとつである」と述べる(p. 322, 邦訳三一九頁)。

市民文化とSES

政治的有力感とデモクラシーにとってのその重要性をめぐるアーモンドとヴァーバの議論には、関連し合う大きな二つの欠点がある。第一に、SESと政治的有力感との結びつきについて、まったく説明がなされていない。『市民文化』は、まるで調和のとれた市民文化が、すべての市民が適切な指向性を有していることに基づくかのように結論する。こうして、市民文化の社会的パターンは何の問題もないとされてしまった。第二に、こうした社会的パターンがどのように政治構造と相互作用しているか、まったく明かしていない。『市民文化』の目的は、「国民性《ナショナル・キャラクター》」に関する従来の議論よりも綿密に体系的にこの関係を追究することにあるはずである。アーモンドとヴァーバも、既存の文献の大半が「個人や集団の心理的傾向と政治の構造と過程とを結びつけるのに失敗している」と述べている（p. 33, 邦訳二九頁）。だが、『市民文化』はリベラリズムの理論的枠組みにとどまっており、同じ轍を踏んでいる。終章で、市民文化のパターンは自由民主主義体制の政治構造の働きとは関係なく、対立すると述べているのである。

アーモンドとヴァーバは、回答者の両親のSESという指標を『市民文化』に採り入れなかった点を悔むが、両親のSESと子どもの学歴は関連があり（p. 334, 邦訳三三二頁）、当人の将来的な地位に関わるとも考える。以上のように『市民文化』は、政治的に有力かどうかの程度と学歴（場合によっては職業的地位）には一貫して関係があることを明らかにしている。この関係については、アーモンドとヴァーバも予想していたであろう。かれらは調査結果を他の研究と関連づけない傾向がある（一般的な意味で「合理主義＝能動型」市民モデルに疑問を呈するものは別だが）が、SESや階級と政治参加は関係があるというかれらの前提は『市民文化』の刊行より前に十分実証されていた[19]。しかも、自由民主主義諸国の政治生活をふつうに観察すれば、そうした関係に気づくだろう。前述のとおり、アーモンドとヴァーバは、市民が有力感を持つかどうかは「その人の素性」によると述べ、また、「さまざまな社会的背景を有する回答者間に見られる政治的態度のはっきりとした差異」についても言及している（p. 337, 邦訳三三四頁）。さらに、「教育のある階層は、政治参加と政治的かかわり合いに対して、重要な鍵を握っている」、学歴の低い市民は「臣民型と未分化型の下位文化を構成する傾向がある」、とまで言明する（pp. 381, 386, 邦訳三七八頁、三八三頁）。にもかかわらず、以上の重要性は、調査結果に関する議論では無視されている。データを集計する際も、『市民文化』の結論部分でも、市民はあまねく市民的《シヴィック》政治文化を「保有する」ものと前提しているのである。

また『市民文化』は、英国と合州国の政治文化・市民文化を論じることに、何の問題もないことを一貫して前提とする。これは、市民文化のモデルが身近にあるばかりか、〔英国や合州国という〕共同体全体にとってそのモデルが適切だという意味を持つ。だが、市民文化の指向がSESによって異なるという調査結果は、二つの政治文化はないとしても、市民文化は少なくとも、体系的に分裂した政治文化だと示唆する。このことは、たんに「下位文化」とか、さまざまな度合いで市民文化の属性を共有する集団のグループ分けだけの問題ではない。上層から下層まで、SES集団や階級の幅広い社会的分化の問題でもあるのだ。均衡のとれた市民文化については、『市民文化』の終章で詳説されているが、それは労働者階級が政治生活に実質的に存在しない上に成り立つ均衡である。おもに上層SESの市民〔政治エリートもここから生まれる傾向があることを忘れてはならない〕が持つ指向性と、一般市民の下層のあまり市民的でない政治文化とが、分裂しているのである。

　市民文化の指向はほとんどの場合、上層SES出身の人に見出せ、かれらは任意団体に所属し政治的に能動的な傾向にある。こうした調査結果を、経験的なデモクラシー論者なら当たり前ととらえるべきではない。この調査からは、某研究者が「誰のせいでもない」[20]と断定するように、政治的無関心など一切説明の必要はないということが導かれるのではない。政治的無関心とは、社会的に構造化され維持される現象であり、いわば不参加症候群とでも呼ぶべきだとわかるのだ[21]。この症候群については説明が必要である。なぜ、下層SESや女性は市民としての指向に欠け、政治的に能動的でない傾向があるのだろうか。

『市民文化』の調査結果は、次のことを示唆している。市民文化のこうした分裂が「固定的」であることをどう説明し評価するかは、日常生活の権威構造における社会化過程を踏まえなければならない。政治的社会化を、政治文化と政治構造を連結するものとして考えるか、政治文化と政治構造の相互作用に不可欠なものとして考えるかによって、この説明は異なってくる。

下層SES出身の市民は、家庭や学校に参加する可能性が低い（この集団でも参加と政治的能力の意識は相関するのだが）。そして、職場の権威構造が政治生活に密接に関わることを考慮して、こうした人は参加の見込みが低い未熟練労働や肉体労働、型通りの仕事をこなす事務職に就く傾向があるのはとりわけ重要だ。こうしてかれらは、社会化過程のあらゆる段階で政治的能力の自信を失っていく。かれらはまた、家庭や学校の参加の「代わり」になるような高等教育も受けない。アーモンドとヴァーバは職場参加に関心を示すが、後述するような性質があるために、多面的な利益をもたらす高等教育にはかなわない。職場参加できるような仕事に就けるのは、高等教育による利益の一端にすぎない。自由民主主義体制の政治文化では、大半の下層SESの市民は、政治的社会化の累積作用によって、「市民的《シヴィック》」でない、かれらに「適した」地位に就かされてしまう。政治文化の均衡をとるため、政治的に能動的ではない側に追いやられるのである。

SES各層の差異は、『市民文化』のデータが示すたんなる市民文化の体系的分裂ではない。市民文化は性別によっても均衡を保っている。市民文化は、男性の文化である。この調査結果によれば、（五か国すべてで）女性は市民文化と関わりのある政治的態度・活動のあらゆる指標が、男性よりも低い（pp. 388–97, 邦訳三八四―三九三頁）。なぜ、男女でこのように分かれるのだろうか。その一因として、男性と女性で異なる社会化が挙げられる。[22]英国でも合州国でも、女性は男性と比較して、家庭や学校でも決定に参加したり、高等教育を受けたり、賃金労働力となっても高い地位の職に就き職場参加の経験をする傾向は弱い。したがって女性は、市民文化の能動的でない側になりがちである。にもかかわらず、アーモンドとヴァーバは、合州国と英国においては「政治的に有力で、意識が高く、積極的な女性は、市民文化の基本的構成要素であると思われる」と述べる（p. 399，邦訳三九五頁）。ここでまた、市民文化のモデルへと話が変わった。他の三か国の女性と比べると、合州国と英国の女性はより能動的・市民的なようだという。だが、英米の政治文化の説明であるため、市民文化は性で分裂したままだ。そしてこの事実こそ、ある問題を提起する。たとえ能動的な女性が数名必要だしても、均衡のとれた市民文化には、現在のように能動的な数名の男性しか必要とされないのである。

先にわたくしは、アーモンドとヴァーバの主張は循環論法に陥っていると批判したが、ある意味では、満足に循環ですらない。『市民文化』のどこを見ても、不参加症候群の循環（下層SES、女性、市民としての指向の欠如、低い政治参加などの関係）について説明がない。ここでは暗黙のうちに、この相関関係は偶然の産物だと片づけている。また、市民文化のパターンの基礎にある社会的不平等と、自由民主主義体制の表面上の政治的平等との関係についても、正面から取り組んでいない。この二つはたまたま幸運にも一致しているだけであり、民主的な市民文化と民主的な政治制度が共存する英国と合州国は幸せな国だ、といっているにすぎないのだ。

市民文化がSESや性で分裂した政治文化であるという事実にかんがみて、先述した問いを再び立てねばならない。市民文化の何が民主的なのかという問いである。これには、市民文化は普通選挙権を実現しているという以外、取り立てて民主的だというほどのことはないと答えざるを得ない。市民文化は、民主的な文化だというものの、デモクラシーが古代に誕生して以来中核としてきたものをくつがえす。

もっとも、人類の半分を排除してよいという伝統ある前提は手放さない文化だが。そもそも「デモクラシー」とは、政治生活や政治的意思決定において人民（デモス）が果たす能動的・中心的な役割の上に成り立つ政治システムである。それに対して市民文化は、人民の参加にではなく不参加に基づく。市民文化が政治的に焦点を合わせるのは、参加者・政策決定者である上層SES（の男性）市民である。政治的に能動的な人民が不在のまま、こうしたエリートが「うまく統治」すれば、均衡のとれた市民文化になるというのだ。デモクラシーに不可欠なエリートの応答性は確保される、とかれらは主張する。市民が能動的である（べき）だからではなく、市民が能動的になる可能性があるからだという。

　アーモンドとヴァーバが市民文化を「民主的」だといえるのは、リベラリズム理論とデモクラシー理論を暗黙のうちに同一視し、そこから生じる市民文化モデルに無条件に依拠しているせいである。しかもリベラリズム理論は、ロックの財産所有者による統治から、ジェームズ・ミルの賢明で徳の高い中産階級を経て、今日の「公民的《シヴィック》」市民に至るまで、政治参加と意思決定にもっとも「ふさわしい」のは中・上流階級の男性であるとずっと論じてきた。『市民文化』をはじめとする経験的なデモクラシー理論は、科学を装ってこうした主張を展開しているのかもしれない。だが、社会的不平等や（男性）中産階級が中心の政治的役割に手をつけず、やっていることといえば、リベラリズムはどう普通選挙権を受け入れられるか、洗練されてはいるがごく当たり前の答えを示すだけである。『市民文化』のアプローチでは、重要な問いを立てる必要性があるのかどうか不明瞭になってしまう。均衡のとれた市民文化の安定維持をどうはかるかという問いだけではなく、事実上リベラルな市民文化しか市民的政治生活のモデルにならないのか、市民文化がさらに民主的に発展する可能性はないのか、といった問いである。

　この、市民文化の民主的発展の問題には、後ほど立ち戻ることにしよう。その前にまず、政治的社会化や『市民文化』の調査結果の解釈にもう少し触れた方がよいだろう。これまで、わたくしはアーモンドとヴァーバの議論に従って、文化から政治構造を検討する手法をとり、市民文化の感情的次元（政治的有力感）に力点を置いてきた。しかし、政治文化に関するかれらの導入部の議論に見られるように、多様な問題が存在するし、政治文化と政治構造の関係に関心があるならば、逆に構造が文化に与える影響にも注目すべきであろう。

政治文化の諸次元と一般化論

『市民文化』は、政治構造の影響についてあちこちで簡単に触れているが、ＳＥＳと市民としての指向の関係も、市民文化にとって政治構造がいかに重要なのかも、追究していない。政治文化の三つの分類のうちの、評価的指向と認知的指向についても、おざなりの注意しか払っていない。

アーモンドとヴァーバは、「政治システムに対する個人の態度の源泉として政治システム自体の持つ重要性」を否定するつもりはないと述べる（p. 368, 邦訳三六一頁）が、その根拠はまったく示さない。英国と合州国では、政治的有力感が高いと回答した人は「既存の政治システムに愛着を持つ」傾向がある（p. 251, 邦訳二五〇頁、また第5表を参照）。そうした人は、「民主的な参加システムは適切なものだと考える」率も高い（pp. 254-5, 邦訳二五二頁、また第6表・第7表も参照）。アーモンドとヴァーバが指摘するように、政治的有力感が高い人の政治システムに対する「規範的忠誠心」が五か国で異なるのは、各国の歴史を反映している。にもかかわらずかれらは、政治文化の評価的な次元も、政治的社会化の過程で政治規範を学ぶことも、考慮していない。先にわたくしは、市民文化のモデルは事実上リベラリズム理論に由来していると論じた。だが、英米の自由民主主義体制の市民は、明確ではないにせよ、市民のあるべき役割のモデルを持っている。両国の市民は社会化の過程で、リベラリズム理論と、自国の政治システムの理論を学ぶのである。市民文化に関するアーモンドとヴァーバの議論はその多くが抽象的だが、それは、リベラリズムの理論・イデオロギーが政治文化と政治構造との相互作用を安定させる役割を果たすことを、かれらが無視していることと無関係ではない。デモクラシーを自由民主主義体制と同一視するのは、研究者に限らない。アーモンドとヴァーバは、分裂した市民文化が民主的文化の例だというが、それが説得力を持つのは、既存の政治システムが「デモクラシー」として世間一般に支持され、こうした分裂も受け入れられているからである。[23]

英国と合州国における政治文化の評価的次元を一度でも考慮すれば、政治的有力感と政治構造との関係は、アーモンドとヴァーバの分析が示唆する以上に複雑となろう。政治的有力感を測定する質問への回答が、「民主的イデオロギーの規範」(あるいは政治文化の評価的次元)の受容も反映したものかどうかを、問うべきなのだ。回答者は、政治的社会化の過程でリベラリズム理論について教わったことや、政治システムがどう機能すべきか習ったことや、不正な法律ができそうになったらどう対処したらよいと思うかなどに基づいて、回答しているかもしれない。[24]政治的有力感は複雑な形で強まるであろうし、市民が自分の政治的役割に関するリベラル・デモクラシー理論をどう理解するか、政治システムの機能についていかなる経験をしてどう評価しているかと密接に結びつくだろう。

評価的次元が回答に関係している可能性は、『市民文化』の調査結果の特徴を浮き彫りにする。回答者への設問は、あなたの国の国会や地方政府が有害で不正な法案を検討していたら、自分に何ができると思うか、それを変えようと試みたとしてうまくいくと思うか、というものであった。アーモンドとヴアーバがいうように、自分は政治的に有力だと思う市民の大半が、「参加機会に対するいくぶん非現実的な信頼」を回答に反映しているように思える（p. 182，邦訳一八三頁）。しかし、回答者に政治的有力感だけを尋ねたのでないとすれば、あまり驚くような比率ではない。その上、アーモンドとヴァーバは、政治的に有力であるとはどういうことか、意見がまったく曖昧である。かれらは、非政府領域の社会生活に参加する人は「自分は有力な市民だと信じる」傾向が強いと重要な発言をした（p. 369，邦訳三六二頁、強調は引用者）。だがこれは、そうした人々が自負心を持つのは、政治システムの経験や評価に基づいているから当然だという意味ではない。そうではなく、参加する人は、政治エリートに市民は影響を与えることができるというイデオロギー的前提を受けやすいという意味なのだ。二つの意味は大きく異なる。だがアーモンドとヴァーバは、市民には政治的影響力があるとの思い込みは神話であり、「真実であろうとなかろうとそう信じられている」と見なしている（p. 487，邦訳四八五頁）。

家族や学校、職場での決定に参加したことがあるかないかという経験が、「一般化」の過程を経て、政治的有力感が根づく土壌になるとアーモンドとヴァーバは主張する。そうであるならば、政治文化の第三の認知的次元は重要なはずである。すなわち、人は政治システムとは無関係に政治的信条を持つようになる。それは純粋に、非政治的な自分の経験に基づくというのだ。いくら政治科学者・政治社会学者が、一般市民の合理性をかなり疑ってきたとはいえ、アーモンドらの主張はうのみにできない。確かに、社会生活で活躍するため自信や能力を高めるには、そうした非政治的な経験ももちろん重要だろう。しかしだからといって、政治的有力感は「あらゆる権威を目指す潜在的な傾向性の投影」にすぎない、という主張を認めるわけにはいかない[25]。自由民主主義の政治システムについて教わったことを人々が信じきっている可能性を勘案すべきだ。また、参加しようとかエリート集団に影響力を行使しようとすれば、それに多かれ少なかれ応答してくれるのがいまの政治システムだ、と人々の側で評価している可能性もあるではないか。

アーモンドとヴァーバは、後者について確かに言及はしている（たとえば、p. 368 の議論を参照、邦訳三六一頁）が、政治文化のこうした認知的次元と、自分たちの一般化の論議との関係はまったく考察していない。政治的有力感を持つ回答者の割合と、政治エリートに影響力を実際に行使しようとした経験のある回答者の割合に、なぜ大きな差があるのか、非常に興味深い問題である。政治的有力感のある市民は、合州国では六七パーセント、英国では五七パーセントいる。だが、自分の地域の政治エリートに実際に影響力を行使しようとした人は、合州国では三三パーセント、英国では一八パーセントしかいない（第2表、第3表を参照、pp. 186, 188, 邦訳一八六頁）。「政治エリートに活動を認める」には、こうした差が「均衡」のとれた市民文化には不可欠なのだ、とアーモンドとヴァーバは解釈している（p. 481, 邦訳四七九頁）。個人は、市民の影響力という神話、いい換えれば「民主制に付随する価値」（p. 257, 邦訳二五六頁）を信じている。前述したように、そう信じていれば民衆は政治エリートを確実に統制できるというのだ。別のいい方をするなら、かれらの主張の根底には、政治システムはリベラリズム理論の建前どおりに機能するし、市民はこれを信用するという前提がある。

アーモンドとヴァーバが、政治的有力感を持つ人の多くが実際には活動しないのは合理的だ、と考えている理由はここにある。社会生活の非政治的領域での経験から一般化が得られるにせよ、こうした人々がそれに基づいて活動する必然性はない。政治的に有力であることと政治活動の間に大きな乖離を認めなければ、シティズンシップの基準を「不当に高く」設定してしまう。アーモンドとヴァーバは、「政治の理論」と「基準」は「現実の政治生活から導か」なければならないと述べる（p. 475, 邦訳四七四頁)。その「現実」とやらは、自明のものとしてそこにあるというのだ。だが、基準に関して何か結論を出す前に、現実について説得力ある解釈・性格づけが必要なのではないか。特に、政治的に有力かどうかとSESに密接な関係があるのが現実なのだから。

アーモンドとヴァーバは、広範に政治活動が見られないのはコストと関係がある、つまり参加するほどの「価値がない」のだという(p. 476, 邦訳四七五頁)。市民には政治に関係のない重要な関心がたくさんあり、政治活動という複雑な事柄に携わるには時間と労力が求められるため、そうしたコストを払うことは非合理的である(p. 475, 邦訳四七四―四七五頁)。市民が政治的に有力だという神話を信じている場合はなおさらである。確かに、どの活動を担うべきか人々はつねに選択をしなければならない。だが、「合理性」が階級(や性別)によって異なるように、「現実」もまた異なることは注目に値する。参加という「コスト」を払わないことを「合理的」と見なす人はどの階層にもいるわけではなく、下層SESに多い。政治的に有力な人が「いなくなる」問題は、アーモンドとヴァーバが主張するよりもはるかに複雑である。政治に能動的でない傾向のある労働者階級(および女性)の合理性と、中産階級男性の合理的な参加が釣り合ってはじめて、均衡のとれた市民文化という。中産階級男性は、政治活動をコストでなく利益と見なすかもしれない。たとえばA・O・ハーシュマンは、企業から「離脱(exiting)」するよりも、企業に影響を与えるため株式を利用したがる株主の事例を引いている。[26]昨今の公共財に関する問題の活動家と同じく、株主は中産階級出身が多く、均衡のとれた市民文化になじみ、政治活動について独自の合理性を持つ傾向が見られる。

なぜ、市民のなかでこうした分裂があるのだろうか。前節で検討した社会化がいくらか手がかりとなるが、政治文化の認知的次元は、ある政治システムに関してSESの階層ごとに評価が異なるかもしれないと説明する。それゆえ、階層によって行動が異なるとしても、各層にとっては合理的であり得る。実際、政治的有力感などの指向を測る問いについてみると、SESの階層によって評価が異なっていることがわかる。労働者階級の市民は、政治システムが当初の想定どおりに現実に機能しているのか懐疑的である。[27]このように、SESと参加との相関関係を無視できない場合、政治活動に消極的なわけが単純明快に説明される。労働者階級の市民は、参加するほどの「価値がない」と考えるし、かれらの政治生活からの離脱は、「生まれつき」能動的でない市民というリベラルな概念で正当化されるのである。

　アーモンドとヴァーバの論議は、階級と参加の結びつきを完全に無視しているし、ある市民が能動的かそうでないかや、活動するかしないか合理的に判断する際に、社会的地位は関係がないといっているようなものである。階級によって政治システムの評価が異なるのは理に適っている。これは『市民文化』の共著者シドニー・ヴァーバも加わっている大規模な実証研究『アメリカにおける参加』でも確認されている。同書によれば、政治エリートは政治に能動的な上層SESの市民と特に共鳴し、意見も「一致」する。そして「参加は、すでに社会的に有利な人々にとって役立つ」と一般的結論に達する。[28]すでに社会的に有利な人々の立場は、政治参加を通じて維持・強化される。『市民文化』のデータは、この基本的な事実を映しだす。政治的有力感と、政治的能動性と、自由民主主義体制や「民主主義的規範」への忠誠心、この三者が上層SESでしっかり結びついていることは意外ではない。中産階級の市民は、市民文化の完全な一員である正当な理由があるのである。むしろ驚くべきなのは、経験的なデモクラシー論者が、均衡のとれた自由民主主義の政治文化の社会的性格に、ほとんど関心を示してこなかったことである。政治文化の評価的次元や認知的次元を無視したことで、労働者階級と女性の政治指向を単純化してとらえるようになった。上層SESの市民（特に男性）は公民的《シヴィック》市民なのは明らかだが、その他の市民の指向は矛盾に満ちている。一方では政治システムの機能や参加の価値を「合理的に」評価し、他方では「民主制に伴う価値」を受容をするのである。英国と合州国では、「学歴の低い者は、学歴の高い者と同じ感情的、規範的忠誠心を政治システムに持つ傾向がある」(p. 387, 邦訳三八四頁)が、これはデモクラシーを既存のシステムと同一視しているのだ。どの階級の市民もリベラリズムのイデオロギーについて何かしら学んでいるのであって、『市民文化』の論議は、政治的有力感を示すように見える市民から得た回答のさまざまな次元を解明するのに、何ら有効な手掛かりを与えてくれない。

『市民文化』が刊行されてから、社会的不平等と自由民主主義体制の関係に焦点を当てた大規模な実証研究(一九七二年刊行の『アメリカにおける参加』)が登場するまで九年かかっている。経験的なデモクラシー論者は、調査結果が突きつけた別段むずかしいわけでもわかりにくいわけでもない問いに答えてこなかった。SESと政治参加には、十分裏づけられた結びつきがあり、その重要性をもはや無視するわけにはいかない。エリートの「応答性」にばらつきがないかという疑問も看過できない。一九五〇年代末の研究者は、政治システムが一般市民の目にどのように映っているか、政治参加が一般市民にとってどんな意味を持つかを問うた(後者を研究したのは一部の人だったが)。当時、不平等や貧困、差別がなかったわけではないが、六〇年代半ば以降に劇的な事件が相次ぐまでは、研究者たちの関心を呼ばなかったのである。暴動や略奪、すわり込み《シット・イン》、女性の抗議にさえ、論者たちは驚きをもって注目した。こうした論者は、リベラリズム理論の枠組みをとおして政治文化と社会の不平等を見ているわけだが、しかしかれらが経験的理論家としての知性を十分に発揮したのかどうかは明らかでない。[29]

『市民文化』は、その研究目的にもかかわらず、自由民主主義体制を複雑なシステムとして扱っていない。社会的不平等や市民文化を、政治構造の作用や安定した制度の維持と体系的に関連づけていない。

それどころかシティズンシップの神話を神話として提示し、自由民主主義体制の正確な描写と見なす。こうして市民文化を社会的に分裂させている証拠が隠蔽されるのである。経験的なデモクラシー理論も『市民文化』の論議も、自ら行った調査結果の重要性を明らかにするどころか曖昧にしてしまう。そして、均衡のとれた市民文化と自由民主主義の政治構造がなぜ適合するのか、説明できずにいるのである。

市民文化の民主的発展

アーモンドとヴァーバは、市民文化のさらなる発展とは基本的に、自由民主主義諸国以外へ市民文化を広めることだと見ている。だが、英国や合州国で市民文化がさらに発展する余地はないのか、問いただすべき重要な論点もある。市民文化は全市民で共有できるのか、ＳＥＳや性別で分裂した文化が民主的な文化にもっとも近いのか、という論点である。すると、市民文化の民主化はいかに成し遂げられるのか、という重大な問題が生じる。

「市民文化の将来」と題する議論で、アーモンドとヴァーバは、自由民主主義諸国で長い間発展してきた市民文化の代わりになるのは、新興諸国では教育だと力説する。教育が重要なこと、特に高等教育と政治的有力感との関係については、すでに述べた。しかしながら、自由民主主義諸国における学校教育は、市民文化の階級や性の境界を越えるのにさほど役立っていない。むしろ学校教育は現在、そうした分裂を補強する主要な経路のひとつである。新興諸国の学校システムが発展すれば、リベラルな市民文化への近道となるかもしれないが、先進国の現行の学校教育のままでは、市民文化の民主的な発展にはつながりそうにない。

アーモンドとヴァーバによれば、新興諸国で「政治的社会化の別の経路」が発展すると、公教育を補完するかもしれない（p. 502, 邦訳四九九頁）。英国や合州国で市民文化に求められるのは、せいぜい微調整にすぎない。英国の場合は高まる参加指向を消化できたし、合州国の場合は指向の高まる多様性を消化できたからである。だがここには重大な問題点がある。かれらは、このような微調整を各人が行うと見ているのである。実際、『市民文化』の終章では、「均衡のとれた」市民文化にどんな社会的パターンがあるかには触れず、もっぱら各人の「混合」した指向について述べている。[30] しかし、すべての人が混合した指向を持っているわけではない。中産階級の男性は「参加型」市民の傾向が強いが、労働者階級の女性はどちらかといえば「未分化型」や「臣民型」の指向である。『市民文化』の個人主義的な理論的視座は、市民文化の階級分裂を一貫して曖昧にしてしまっている。だが、社会的（階級および性的）均衡つまり文化の混合こそは、市民文化が政治構造にしっかり適合するための基礎である。アーモンドとヴァーバによる調査結果も、それをはっきり示している。にもかかわらず、かれらはその結果を無視する。そして、各人の指向の均衡から少し話題を変える際に、市民文化の社会的パターンについては「有力感を抱いている人もいればそうでない人もいる。能動的な人もいればそうでない人もいる」と述べるにとどまっている（p. 485, 邦訳四八三頁）。「……人もいる」という表現には、市民文化の体系的な社会的分裂が隠されているのである。

『市民文化』の論議が、英米の政治文化の民主的発展を網羅しているわけではない。参加型指向が英米の全市民に浸透していれば、市民文化の均衡は消滅する。「政治的規範と認識と……政治的行動が首尾一貫していない」から、均衡がとれているのだ（p. 482, 邦訳四八一頁）。だが、前述したように、中産階級の政治生活が「首尾一貫しない」傾向はないし、そうである理由もない。かれらには有力感と忠誠心があり、政治に能動的である。指向と行動がもっとも矛盾するのは、労働者階級の市民である。したがって、階級や性別を越えて均衡を変える、つまり市民文化を民主化するには、自由民主主義体制の制度的構造を根本的に転換しなければならない。分裂した文化と制度的構造は、複雑な「民主」制度として共に発展してきたのであり、それ相応の「社会化の経路」があったからである。ゆえに、市民文化の民主化や均衡の転換とは、自由民主主義体制の権威構造の民主化を意味する。

『市民文化』が示す調査結果から、こうした結論を導かざるを得ない。有力感の高さは日常生活における参加と結びついているが、現在のところ下層SESの市民と女性は、特に職場では参加の機会を得ているとはいい難い。アーモンドとヴァーバが論じるように、多元主義がリベラル・デモクラシーの重要な基盤だとしたら、民主的多元主義、すなわち日常生活の民主化も同様に、民主的な政治文化が発展するために重要であり、参加デモクラシーの基盤となる。

いまでは、一般の人の政治的態度に職場の権威構造がいかに重要か、さまざまな組織や団体への参加がいかに有力感に影響を及ぼすか、『市民文化』を裏づけるさらに重要な証拠がある。[31] アーモンドとヴァーバがいう職場「参加」が、資本主義的企業という非民主的な既存の権威構造で起きたことは、特筆すべきである（二人は暗に、職場を「民主的な下部構造」と見なしてよいというのだが）。かれらは、仕事に関わる決定について「意見を求められた」かどうか、そのような決定に対して異議申し立てできると感じたかどうか、と質問した。これは非常に消極的な最低限の参加意識であり、疑似的な参加の域を越えない。[32] だが、アーモンドとヴァーバのように、たとえ疑似的な参加であってもそこに加わる人には多岐にわたる心理的影響があると考える論者は他にもいる。[33] だから、参加の技術が集団療法に応用されたのであり、「参加型」経営はいまや資本主義経営の専門技術として確立された。この技術は、企業の権威構造に変革をまったく求めない。にもかかわらず、もっとも消極的な参加と政治的有力感の関係は、職場の民主化こそ、参加型の政治指向を全住民に広めるのに必要な基盤であると示す。職場の民主化はまた、よく知られていることだが、民主的な政治生活に参加するための訓練の場を提供してくれる。

しかし、政治的有力感があるというだけでは、能動的シティズンシップに不十分である。すでに述べたように、参加はやりがいのあるものでもなければならない。それが、職場のデモクラシーが含意するものについて複雑で重要な問題をいくつか提起する。経験的なデモクラシー論者は近年、職場における参加に注目するようになった。だがかれらの議論は、ラディカルなデモクラシー論者が参加の拡大案に疑念を持ったり反対している理由を明らかにする。つまり近年の議論の多くは、職場における参加は市民文化の均衡を変えてデモクラシーを拡大するのではなく、分裂した市民文化や根強い社会的不平等をただ広げるだけかもしれない、と示唆する。たとえば、ロバート・ダールはいまでは、産業デモクラシーはポリアーキーあるいは自由民主主義体制の一部を構成できると論じている。彼は著書『革命の後で?』で、「企業リヴァイアサン」が引き起こした問題や「民間の支配者が公的権威を独占している問題」の解決策として「わかりきっていたため無視されてきた答え」が職場デモクラシーである、と述べる[34]。ダールはまた、人は、参加すれば「有力感が得られ、日常生活の重要な要素を管理できるようになると気づけば、参加に対する徒労感や無関心は興味と関心に変わるかもしれない」と主張する。だがかれは、どの程度関心が高まるかについては悲観的であり、労働者階級よりも「専門技術者や中間管理職」が参加する可能性がもっとも高いという[35]。

職場の参加に関する各国の調査結果は、ユーゴスラヴィアも含め、ダールの悲観論を裏づける。職場参加に見られる社会的パターンは、もっと広い政治生活への参加の社会的パターンに似ている。つまり、高い地位にあり、高等教育を受け、熟練技術を持つ男性が、能動的な傾向が強い。だが、結局下層SESや女性は「生まれつき」政治に無関心で、分裂した市民文化こそ到達し得る「民主制」に近いのだ、という結論を受け入れる前に、さらに検討すべき問いがいくつかある。

ダールが関心を持っているのは、民主的な政治文化の発展ではなく、「民間の支配者」の権力である。これはもちろん重要な問題である。しかし、資本主義的な民間の支配者の代わりに、選挙で選ばれた中央管理委員会や労働者評議会が権力を握れば、本章で論じてきたような問題が解消するのか、それはわからない。実現すれば、当然、資本主義的な生産組織にとって実に大きな変化だろう（とりわけ、企業リヴァイアサンと自由民主主義的な国家装置との、広範な相互関係を鑑みると）。にもかかわらず、各企業が執行部《ガヴァメント》を選挙で選ぶことは、新しい文脈にリベラル・デモクラシーを導入することだ。そして、リベラル・デモクラシーは分裂した市民文化とぴったり適合するという事実が、今度はデモクラシーの問題を引き起こす。企業に選挙で選ばれた評議会を導入すると、それだけで、国家の場合の自由選挙で選ばれた代議政府とはまるで違う結果になるだろう、と考える根拠などない。むしろ、すでに社会的に有利な人々が参加するような、別の道を整備しかねない。

ユーゴスラヴィアの労働者自主管理システムに関する調査は、これを実証する。シドニー・ヴァーバ（とゴルディ・シャバド）は最近、ユーゴスラヴィアで労働者評議会の参加について調査し、SESと参加に密接な関係があることを発見した。労働者階級の専門技術者は、他の政治活動よりも労働者評議会へ参加する人が多いのに、「学歴が高く富裕な市民は、労働者評議会に加入する傾向が強い」というのだ。「ユーゴスラヴィア社会では、労働者評議会への参加など……［調査した］活動は「持てる者」をひいきしがちだ」[36]。それを証明する二つの隠れた要素に、ヴァーバとシャバドは注目する。第一に、社会主義部門の労働者しか労働者評議会に参加する資格がなく、しかもかれらは上層SESの出身が多い。第二に、共産主義者同盟は、他の領域に参加するには重要な経路だが、労働者評議会への参加にとってはそれほどでもない（上層ＳＥＳの人のほうが党員になりやすいが、しかし一般に党員資格は「ユーゴスラヴィアにおける通常の政治活動では必要十分条件」である）[37]。ヴァーバとシャバドは、労働者評議会への参加は、政治的関与の問題というよりも、技能と専門知識に基づくテクノクラシー的な活動に見える、とも論じる。これは、英米の市民文化とユーゴスラヴィアの自主管理システムとで参加のパターンが似ているのはなぜかという、より広範な問題を提起する。

『市民文化』は、個人の性格を分析し寄せ集めただけで、それ以上掘り下げていない。同様に、ユーゴスラヴィアに関するヴァーバとシャバドの議論は、ＳＥＳと参加との結びつきを、より広範な社会構造に関連づけていない。自由民主主義諸国とユーゴスラヴィアには、非常に重要な共通点がある。リベラルな資本主義と、一九六五年の経済改革以降のユーゴスラヴィアの自主管理は、いずれも市場を基盤としているのだ。これは、ユーゴスラヴィアの政治文化と政治構造の関係が、市民文化とその政治構造の関係にある意味似てくるということである。実際、ユーゴスラヴィアの政治生活に関する別の調査は、この国では「市民が形式的には等しい政治的権利を享受するほど平等は制度化され、人々が経済的に不平等でいられるほど自由は制度化されている。自由と平等のこうした妥協が、リベラリズムと呼ばれる」と述べている[38]。ユーゴスラヴィアの制度がリベラリズムの一種である限り、つまり社会的不平等という現実の下で形式上は政治的に平等なシステムである限り、市民文化とまったく同じように、民主的参加をいかに発展させるかという問題が生じる。

ユーゴスラヴィア人労働者の自主管理は、中央の労働者評議会の選挙よりも深い意味を持つ。各企業は、自社の評議会により職場単位へ権力を分散されるのである。ＳＥＳと労働者評議会への参加との相関関係にもかかわらず、多くの一般労働者が職場単位でもっと参加したいと望んでいるという結果は、きわめて重要である。[39] こうしたデータから一般的に、市民文化を民主化しようとするなら、ミニチュアの自由民主主義国家をいくつもつくるより、抜本的な改革の方がはるかに必要なことがわかる。企業の経営陣を選挙で選べるようになっても、その他がすべて従来のままならば、多くの労働者にとってほとんど意味をなさない。ブレヴァーマンが示したように、毎日関わる労働組織がとても重要なのである。[40] 資本主義的な生産組織の基盤である性別などの区分を問い直さない限り、政治指向は均等に広がらないであろう。

要するに、民主的な政治文化を発展させるには、やりがいのある参加の機会をすべての市民に提供するよう、日常的に関わる組織や団体のあらゆる側面を根本から再編しなければならないのだ。再編できたなら、次にリベラリズムではなくデモクラシーの視点から、政治生活やそれを支える概念を見直さなければならない。デモクラシーをリベラルな代議政府と同一視すると、デモクラシー理論の重要な問題が課題として認識できなくなる、とこれまでわたくしは力説してきた。職場における参加状況の問題といい換えてもよい。ダールは、営利企業を「民間」と見なすのは「愚かだ」と述べている。[41] だが、「民主化」の観念が示すように、企業を政治的領域の一部と見なせば、経験論者の考えるリベラリズム理論の枠組みから外れる。[42] リベラリズム理論は、政治的領域とそれ以外の社会生活の領域、特に経済領域とを、はっきり区別する（職場における参加が、従来どおりの政治活動と共にいったん検討に付されれば、この区別もたちまちなくなるだろう）。民主的な政治文化の基礎は日常生活の民主化にあるという主張は、政治的《ザ・ポリティカル》なるものを再概念化しなければならないという意味でもある。

職場における参加が、市民の政治生活の一部としてではなく、テクノクラシー的な活動とか専門家の問題と見なされるのであれば、一見「自然」で何の問題もないような市民文化は、ますます社会的に分裂した性質を強めるだろう。ズーキンによれば、ユーゴスラヴィアでは次第にテクノクラシー的エリートに権限が移行しており、このことが、下層ＳＥＳの市民が政治活動から離脱してしまう一因になっている。下層の市民は「操られたくない」のである[43]。あるいは下層の市民は、市民文化の内部にいる似たような出自の人々と同様に、専門知識を持たない活動に参加するのは「合理的」でも意味あることでもないと考える。しかも、テクノクラシーとか専門家の問題とされるのは、何もユーゴスラヴィアの労働者評議会への参加に限った話ではない。自由民主主義諸国では、選挙は「一定の期間、専門家に政権を任せる」ために行われ、「市民は、かれらのやることが気に入らなければ異議を唱え、次の選挙で別の専門家に交替させる権利を持つ」[44]。ウォーリンが強調するように、リベラルの考える政治生活では、統治も社会的分業の一端である[45]。政権に就くためのリベラルな政治的方法を管理する手続きや技術に詳しい専門家を抱えるのは、他の領域と同じく「経済的」である。もっとも、この専門的知識に何が含まれるのかはまったくわからないが。

アーモンドとヴァーバは『市民文化』で、市民の政治的影響力という「神話」と政治的無関心についてイデオロギー的な論議を展開するが、その基調をなすのは、こうした代議制や政治エリートの概念である。参加しないのは合理的である。では、活動にかかるコストをおさえよう。君のかわりに専門家が政治生活の面倒を見てくれるから、というのである。そこには、専門家の応答性をあてにする神話が伴っている。一般的な分業と同様、政治の分業も性別や階級に基づいている事実を、こうした主張がいかに無視しているか、すでに示したとおりである。だが、政治エリートを専門家と見なすリベラルの考え方が、もうひとつの基本的な問題を隠蔽していることも強調しなければならない。リベラルは、優秀な専門家を見つけ、選挙という関門によってその能力を保証しているというが、その選挙こそが問題なのだ。専門知識そのものは、「政治的に中立」と見なされる。[46]だが、デモクラシー論者、特にあの経験的なデモクラシー論者は、政治的な専門知識に何の問題もないとは考えられないだろう。古代の思想や急進的思想においては、たとえどれほど政治以外の分野で特殊な知識や技能を持った人がいても、デモクラシーのもとではすべての市民が自らの政治生活に関する専門家とされた。こうした思想はもはや、すっかり放棄されてしまっている。「デモクラシー」はいまや、市民が自分たちの政治生活について決定する権利を、非政治的な専門家（現在はふつう法律家など専門資格のある男性を指す）へ譲渡するシステムと考えられている。政治的なるものやシティズンシップのこのような概念を勘案するなら、労働者階級や女性が、自分が能動的になるほどの価値はないと感じても驚くにはあたらない。かれらの技能や知識は、国の政治でも職場でも、政治的に意味があるとは見なされないのである。

　自由民主主義体制の政治構造の変化と、政治意識や政治概念の変化は、密接に関係している。リベラリズム理論こそ問題の一端をなすと認識しない限り、デモクラシーの理論と実践のさらなる発展はあり得ないだろう。資本主義経済と政治構造の関係、ユーゴスラヴィアの自主管理と政治構造の関係については、こまぎれの「参加」をリベラリズム理論に加えたり、人々の参加の相関を調査するだけでは理解できない。参加を重視する古典的な理論家は、それとは別のアプローチを示し、「代表」「政府」「政治的」共同体の構造について違う概念を提示してくれる。経験的理論家は、まるでデモクラシー理論にはテクノクラシー的な政治生活という概念しかないかのように論ずる。だがルソーは、こうしたリベラルの概念を体系的に批判し、市民が政治的権威を手中にするようなデモクラシー理論を提示する。市民は、自ら政府として活動するのである。選挙で選ばれた代表は排除されないが、市民のために活動しても決定は下さない[47]。代表者は、市民が政治的権威を譲渡すべき専門家ではない。「執行権をまかされた人々は、決して人民の主人ではなく、その公僕である[48]」。

参加理論を真剣に検討するのは経験からいって非現実的だ、という反論がよくある。たとえば、参加理論は「まるで民衆が、時間というコストを度外視して意思決定に加わりたがっているかのように論ずる。……コストとはわかりやすくいえば、そんな会合に行くよりもずっとおもしろく重要な、何か別のことをするために使えたかもしれない時間のことである[49]」、といった批判である。この「会合に行く」という表現は、参加がよく理解されていないことを示している。政治活動が、特別なことではなく日常生活の一部になるのであれば、会合に行く以外にも参加の方法はある。経験的事実や現実に訴えて、参加デモクラシーをそもそも不可能と見なす反論は、現実に関する基本的な問題を無視している。なぜこのコストは、女性や労働者階級の負担にますますなるように見えるのだろうか、という問題である。わたくしは、人はふつう一度にひとつのことにしか携われないという考えを否定しているわけではない。分裂した市民文化はこの社会の「当然の事実」ではなく、リベラルの理論と実践の先を思い描く理由は十分ある、と主張しているのである。異なる社会的・政治的文脈で参加について確かなことを明言するのは、理論上は非常にむずかしい。だが、参加型の政治システムが存在して、なおもそこで参加しないことを選択する市民が（幅広く）いるというのでない限り、理論家が「生まれつき」非政治的な人々について述べるのは正当化できまい。

市民参加

『市民文化』は書名に「市民的《シヴィック》」という言葉を使っているが、英米での政治指向のパターンを表すのになぜこの特殊な用語を選んだのか、読者に説明していない。また、なぜ「市民的」参加が特定の形態をとるのかについても説明していない。ここではまず、後者の問いから考えてみよう。

アーモンドとヴァーバによれば、市民文化の「確立（consolidation）」とは、「労働者階級が政治に参加することができ、その試行錯誤の過程で、自分たちの要求を表す言葉とその要求を効果的にする手段を見つけた」ことである（p. 8, 邦訳六頁）。確かに、福祉国家は労働者階級の生活を大きく改善した。もっとも、一九七〇年代後半の景気後退のせいで、一〇年以上前に実現した改善には及ばないようだが。しかし、労働者階級が「見つけた」「言葉」とは、リベラルな代議制や、そこで競合する利益集団を指す。これらはすべて、デモクラシーとは何か、人がこの世を理解するのに役立つ政治理論はどんなものか、等について一定の理念を含んでいる。つまり、「参加が、すでに社会的に有利な人々にとって役立つ」ようなシステムの下で、労働者階級は自分たちの要求を実現する手段を持っている、というのだ。いい換えれば、『市民文化』は、利益が保護され一般市民の要求が満たされるようなうまい仕組みを、自由民主主義体制の政治的方法が提供すると前提しているのである。ゆえに、市民参加は、選挙制度と結びついた参加である。市民参加や民主的な参加はいかなる形態をとり得るかという本質的な疑問の余地はないし、問う必要もないことになる。

『市民文化』など当時の経験的なデモクラシー理論は、「参加の噴出」が市民文化それ自体と緊張関係にあることを何ら示さなかった。また、経験的な研究者は、「抵抗とデモ」にもまったく注目しなかった。W・R・ショーンフェルドは、こうした手抜かりについて「きわめて興味深いことに」何の批判もなかったと指摘する。[50] これは、参加についての経験的理論が他の理論家にも広く受け入れられてきた証である。経験的理論には、従来の選挙運動や選挙と選挙の間の運動を超える「型破りな」政治活動を評価する方法がない。自由民主主義体制の政治的方法は、いかなる政治的な判断基準とも、いかなる政治的道徳や権利の原理とも、無関係である。だからこそ、シュンペーターのデモクラシー概念は、価値中立的で科学的な経験的理論と非常に適合すると見なされてきた。これは、理論家がつねに現在にとらわれていることを意味する。選挙を通じた参加が既定の「デモクラシー」の形式といわれ、それが記述されるものの、その他の活動や将来発展が見込まれる民主的な政治活動に関しては何も語らないのである。

　型破りな活動は非常に多様な形態をとるが、無視されるか「非民主的」と片づけられるか、[51] あるいは市民的《シヴィル》（公民的《シヴィック》？）不服従（一般的に関与するのは中産階級の「公民的《シヴィック》」市民である）のように、一切の政治的影響力を除いて規定される。こうした説明では、バリーが辛辣に批判したように、政治活動は、英国の児童書に出てくる少女の脅し文句と同列にされてしまう。「いうことを聞いてくれないなら、叫び続けて病気になってやるから」といっているのと同じだというのだ。[52] だが、デモクラシーの理論と実践が、既存の自由民主主義体制の代替案として発展すべきならば、政治理論家は目を転じる必要がある。都市ゲリラ、工場占拠、すわり込み、市民的不服従、自助組織の立ち上げ、選挙への参加、選挙監視など多様な活動と、民主的な形態を区別できるよう基準をつくることに、政治理論家は関心を向けなければならない。基準をつくるためには、何を政治活動に含めるのか考える必要もある。『市民文化』は、職場での参加を、政治生活に必要な指向や技能を向上させるための非政治的な領域として扱う。だがすでに述べたように、民主的参加を社会生活のさまざまな分野へ拡げること自体が政治参加であり、能動的シティズンシップに不可欠なのである。

アーモンドとヴァーバが、選挙への参加を表す言葉として「市民的《シヴィック》」を使ったのは、大切で価値ある政治的理想と選挙参加が結びついていることを強調したかったからだろう。市民文化（およびそれに適合する構造）とは、すべての市民が自由に政治的な活動ができ、穏やかに互いに責任を持って目的を遂げられるものである。自由民主主義体制の特徴を「市民的」「民主的」と見なすと、政治的理想はリベラリズムに特有のものとなってしまう。だが、繰り返しになるが、リベラリズムと政治的理想を同一視すべき理由はない。市民的な文化は、シヴィック・ヒューマニズムの伝統のなかにこそあると考えるべきだ。J・G・A・ポーコックによれば、「市民として活動しない限り、個人は自己充足に向けて成長できない。独立して意思決定を行う政治共同体に、自覚的・自律的に参加する人こそ市民なのだ」という伝統がシヴィック・ヒューマニズムである。[53] 市民的《シヴィック》＝公民的な政治生活に関するこうした説明は、社会的に分裂した市民文化よりも、参加デモクラシーのほうが当てはまる。『市民文化』などの学派はリベラルな「市民の」大切な遺産を放棄している、と非難する人も多いのだが。

このように非難する人は、自分の主張と、自分が身を置く学派の流儀を、誤解している（かれらの流儀は、リベラリズム理論とともに、同じ社会経済的発展の一環として生まれた）。こうした誤解がおきるのは、『市民文化』の冒頭部分と同じように、政治生活で「現実的な」選択肢は、既存の自由民主主義体制か、全体主義のいずれかしかないとよくいわれるからである。また、社会的不平等や、それと自由民主主義体制の政治的方法との関連について批判することが、あたかも市民的自由《シヴィル・リバティ》やリベラルな価値観をすべて攻撃しているように、誤って伝わることが非常に多い。経験的理論を批判する人は、リベラリズムの歴史と文化をまるごと拒絶しているのではなく、そこから出発して議論を組み立てているのである。かれらの主張は基本的に、リベラリズム理論は果たせもしない約束をすべての市民と交わした、というものである。約束を果たすには、市民文化の民主化と、自由民主主義を乗り越えた発展が必要であろう。パレクーは、こうした立場を適切に表明している。

リベラリズムは……リベラルな価値を定義し得る多くの可能性のなかのひとつにすぎない。そして、リベラルな価値を保ちつつ、つまり小文字ではじまるリベラルでありつつ、なおかつそれらの価値を大文字のリベラリズム（Liberalism）とは異なる仕方で解釈し正当化することは、可能なのである。このことは、大文字のリベラルでない人には完全に理解できる。かれはまさに小文字のリベラルだからである。いい換えればかれは、近代の大文字のリベラルな社会は、かれが放棄したくなるかもしれないと思っている伝統的なリベラルな価値を、守ることができないと信じているからである。[54]

リベラルな価値の異なった解釈や正当化をするには、従来の経験的理論に代わる理論を発展させなければならない。だから実証調査を無視してよいというわけではなく、そうした調査は政治参加やデモクラシーの基本的な問題の解明に役立てるべきだといいたいのである。現在、経験的理論はどれも問題の存在を隠蔽・否定している。能動的でない人々がもっと参加するには、現在非常に高い壁があるのに、そうした社会的に構造化された世の中の不公平を「当然の事実」とするのである。実証調査が、市民文化に関する理解を妨げるのでなく促すのであれば、新たな枠組みで解釈しなければならない。リベラリズム理論を基礎づけている個人主義を乗り越えなければならないのである。個人の政治活動をいくら集計したところで、政治構造との関係性が明らかになるわけではない。基本的な問題、すなわち政治構造は階級や性の区分に基づいているという事実が、決してありのまま明らかにならないからである。それどころか体系的に構造化された不平等は、たまたまそのように分布しているだけの、個人の心理的特性とか性格に帰せられてしまう。

一九七〇年代、政治理論には歓迎すべき変化が起きた。重要な政治問題が（「伝統的」なものも新しいものも）議論され、かつては当然だった主張も広く問い直されるようになった。しかし、「理論上の自覚[55]」は広く行きわたったものの、それ相応の経験的なデモクラシー理論の構築は、まだはじまったばかりだ。これが達成されたあかつきには、わたくしたちは、この社会的・政治的世界を理解し、「何を［政治的に］なすべきであり、そのためにはどうすればよいかを決めるのに役立」つ[56]ような理論を、真に手にすることだろう。そのときまでわたくしたちは、市民参加の実践理論という、人民のための「デモクラシー」理論を持てないままだろう。

1　G. A. Almond and S. Verba, *The Civic Culture: Political Attitudes and Democracy in Five Nations* (Princeton, NJ: Princeton University Press, 1963)〔G・A・アーモンド、S・ヴァーバ／石川一雄ほか訳『現代市民の政治文化——五ヵ国における政治的態度と民主主義』（勁草書房、一九七四年）〕. 本文中に記すカッコ内の引用頁は、この文献のものである。

2　「価値中立的」でかつ「従来からの多元主義的デモクラシーの完全な擁護者」でありたいと欲する理論家については、以下の文献を参照。C. Bay, "Politics and Pseudopolitics", in *Apolitical Politics*, eds. C. A. McCoy and J. Playford (New York: T. Y. Crowell, 1967), p. 19.

3　この点は、以下の拙著で論じておいた。C. Pateman, *Participation and Democratic Theory* (Cambridge: Cambridge University Press, 1970), esp. pp. 16–21〔C・ペイトマン／寄本勝美訳『参加と民主主義理論』(早稲田大学出版部、一九七七年)、二九—三九頁〕.

4　J. A. Schumpeter, *Capitalism, Socialism and Democracy* (London: Allen & Unwin, 1943), chap. 22〔J・A・シュムペーター／中山伊知郎・東畑精一訳『資本主義・社会主義・民主主義〔新装版〕』(東洋経済新報社、一九九五年)、第二二章〕.

5　「目新しい理論」と名づけたのは、経験的理論に対する批判として有名な以下の文献であった。G. Duncan and S. Lukes, "The New Democracy", *Political Studies*, 11 (1963), pp. 156–77. 経験的理論は、「エリート主義的理論」「現代的理論」「ポリアーキー」等とも呼ばれている。

6　この記述は、以下の文献に依拠している。B. M. Barry, *Sociologists, Economists and Democracy* (London: Collier-Macmillan, 1970).

7　参加デモクラシー理論のいくつかの実例に関する議論としては、前掲拙著『参加と民主主義理論』第二章を参照されたい。

8　わたくしはここで、アーモンドとヴァーバの使う「安定性」が何を意味しているか特に検討はしない。バリーが述べるように(*Sociologists*, p. 86)、かれらのいう「安定性」とは、「憲法体制を覆すような変革が頻繁ではない」という以上のものではないと思われる。

9　以下を参照。B. Jessop, *Traditionalism, Conservatism and British Political Culture* (London: Allen & Unwin, 1974), p. 255.

10　Schumpeter, *Capitalism*, p. 297〔シュムペーター／中山・東畑前掲訳、四七三頁〕.

11　そしてこのことは、シュンペーターの説明では本質的とされていないようである。Schumpeter, *Capitalism*, pp. 244–5〔同訳、三八九—三九一頁〕.

12　J. Mill, *An Essay on Government* (Cambridge: Cambridge University Press, 1937), p. 34.

13　Schumpeter, *Capitalism*, p. 269〔シュムペーター／中山・東畑前掲訳、四三〇頁〕.

14　こうした批判としては、以下を参照。Barry, *Sociologists*, pp. 49–50; Jessop, *Traditionalism*, pp. 53–5. また、以下の文献

のコメントも参照。D. Kavanagh, *Political Culture* (London: Macmillan & Co., 1972), p. 65.

15 R. A. Dahl, *Who Governs? Democracy and Power in an American City* (New Haven, CT: Yale University Press, 1961), pp. 224–5〔R・A・ダール／河村望・高橋和宏監訳『統治するのはだれか――アメリカの一都市における民主主義と権力』(行人社、一九八八年)、二八五頁〕.

16 「政治文化」の概念については、以下の拙稿でも論じておいた。C. Pateman, "Political Culture, Political Structure and Political Change", *British Journal of Political Science*, 1 (1973), pp. 291–305.

17 Kavanagh, *Political Culture*, p. 66.

18 T. Parsons et al., *Theories of Society* (New York: The Free Press, 1961), p. 36. 強調はパーソンズによる。

19 かれらの初期の調査について言及したものとしては、以下を参照。L. W. Milbrath, *Political Participation: How and Why Do People Get Involved in Politics?* (Chicago, IL: Rand McNally, 1965), pp. 113–14, 116.

20 G. Sartori, *Democratic Theory* (Detroit, MI: Wayne State University Press, 1962), p. 88.

21 この概念は、未公刊のわたくしの博士論文の第五章で展開したものである。C. Pateman, "Participation and Recent Theories of Democracy", Oxford University, 1971.

22 アーモンドとヴァーバは、「女性の伝統的な地位」に関する文化的規範は五か国すべてで弱まっているとも論じている (pp. 399–400, 邦訳三九五―三九六頁)。だが、このような楽観論はほとんど証明されたことがない。しかもアーモンドとヴァーバは、政治的 (および社会的・経済的) 生活で存在する女性差別について、何ら言及していない。社会化ですべて説明できるわけでないことは確かである。女性の政治的態度・活動に関してアーモンドとヴァーバが引用している他の資料は、非常に注意深く取り扱う必要がある。政治学者、特に『市民文化』が書かれた時代の政治学者は、ふつう女性を無視したか、あるいはたんに神話やステレオタイプを繰り返したからである。以下を参照。M. Goot and E. Reid, *Women and Voting Studies: Mindless Matrons or Sexist Scientism?* Sage Contemporary Political Sociology Series, vol. 1 (Beverly Hills, CA: Sage Publications, 1975); S. C. Bourque and J. Grossholtz, "Politics as Unnatural Practice: Political Science Looks at Female Participation", *Politics and Society*, Winter 1974, pp. 225–66.

23 以下の文献は、同様の観点から、「ヘゲモニー」価値システム、「支配的」価値システム、「周縁的」価値システムという概念を用いて、英国の政治文化を研究・解釈している。Jessop, *Traditionalism*.

24 このことは、『市民文化』のような調査に対する回答をどう解釈するか、そして、本章で扱う射程を越えてしまうものの、面接者と回答者はどんな関係にあるかといった、ありとあらゆる複雑な問題も提起する。市民の有力感の欠如や、市民による政治構造の評価という問題への、非常に異なったアプローチとしては、以下を参照。R. Sennett and J. Cobb, *The Hidden Injuries of Class* (New York: Alfred A. Knopf, 1972).

25 Barry, *Sociologists*, pp. 93–4.

26 A. O. Hirschman, "Exit, Voice and Loyalty': Further Reflections and a Survey of Recent Contributions", *Social Science Information*, 13 (1974), pp. 7–26（この点に注意を促してくれたガブリエル・アーモンドに謝意を表したい）. 下層ＳＥＳの市民が合理的に判断して政治的非能動性へ向かうのは、政治システムからのひとつの離脱と見なし得る。以下の文献は、非能動的市民は「政治システムに対して一種のボイコット」をしているのだと、注意を促している。M. Walzer, *Obligations: Essays on Disobedience, War and Citizenship* (New York: Simon & Schuster, 1971), p. 266〔M・ウォルツァー／山口晃訳『義務に関する11の試論――不服従、戦争、市民性』（而立書房、一九九三年）、二八九頁〕.

27 以下の拙稿を参照。Pateman, "Political Culture", pp. 299–310. また、M・マンがこの点についての証拠を提示している。M. Mann, "The Social Cohesion of Liberal Democracy", *American Sociological Review*, 35 (1970), pp. 423–37.

28 S. Verba and N. H. Nie, *Participation in America: Political Democracy and Social Equality* (New York: Harper & Row, 1972), p. 338. 強調は引用者による。

29 『アメリカにおける参加』の結論部分やその主張を見ると、どうもそうではなさそうである。わたくしはこの研究について、以下の書評論文で取り上げ論じたことがある。C. Pateman, "To Them That Hath, Shall Be Given", in *Politics*, 9(2) (1974), pp. 139–45.

30 アーモンドとヴァーバは、「明らかな矛盾」どうしで「均衡」がとれている、とも論じている（p. 476, 邦訳四七五頁）。だが、そうした矛盾とされるものは、いかなる民主的システムにも存在するだろう。たとえば、市民はつねに、意思決定に参加する必要性と、決定に従う必要性の両方がある。また、不平等が緩和し参加の恩恵がより公平に行きわたっているなら、社会的信頼感（pp. 284–8, 邦訳二八一―二八四頁）はなくなるだろう、と考えるべき理由はない。

31 こうした証拠のいくつかについては、前掲拙著『参加と民主主義理論』で検討しておいた。また、以下の文献も参照。P. Blumberg, *Industrial Democracy: The Sociology of Participation* (London: Constable, 1968); M. L. Kohn and C. Schooler, "Class Occupation and Orientation", *American Sociological Review*, 34 (1969), pp. 659–78; L. Lipsitz, "Work Life and Political Attitudes", *American Political Science Review*, 58 (1964), pp. 951–62.

32 「疑似的な参加」については、前掲拙著『参加と民主主義理論』を参照。

33 ブルームバーグは、多くの証拠を検討している。Blumberg, *Industrial Democracy* (esp. chap. 5).「民主的経営」にきわめて影響力を持ったのが、クルト・レヴィンとその（男子の）子どもたちによって戦前になされた試みだった、というのは重要である。

34 R. A. Dahl, *After the Revolution? Authority in a Good Society* (New Haven, CT: Yale University Press, 1970), pp. 115, 134.

35 Ibid., p. 136. 今日では、産業デモクラシーに関して、わたくしが『参加と民主主義理論』で示した証拠をさらに補強してくれる文献が、数多く存在する。たとえば以下を参照。G. D. Garson, *On Democratic Administration and Socialist Self-Management*, Sage Professional Papers in Administrative and Policy Studies, vol. 2 (Beverly Hills, CA: Sage Publications, 1974); the volumes of *Participation and Self-Management* (1972–3), Institute for Social Research, Zagreb, Yugoslavia; G. Hunnius, G. D. Garson, J. Case eds., *Workers' Control* (New York: Random House Vintage Books, 1973); J. Vanek ed., *Self-Management* (Harmondsworth, Middlesex: Penguin Books, 1975); M. Poole, *Workers' Participation in Industry*, rev. ed. (London: Routledge & Kegan Paul, 1978).

36 S. Verba and G. Shabad, "Workers' Councils and Political Stratification: The Yugoslav Experience", *American Political Science Review*, 72(1) (1978), p. 85. また以下も参照。S. Verba and G. Shabad, "Workers' Councils and Political Participation", paper presented to the Annual Meeting of the American Political Science Association, 1975.

37 Verba and Shabad, "Workers' Councils and Political Stratification", p. 87.

38 S. Zukin, *Beyond Marx and Tito: Theory and Practice in Yugoslav Socialism* (Cambridge: Cambridge University Press, 1975), p. 250.

39 Ibid., pp. 189–90.

40 H. Braverman, *Labor and Monopoly Capitalism: The Degradation of Work in the Twentieth Century* (New York: Monthly Review Press, 1974).

41 Dahl, *After the Revolution?* p. 120.

42 産業デモクラシーに関する多くの論者は、それは（政治的）デモクラシーと同じではあり得ないと強調している。たとえば以下を参照。E. Rhenman, *Industrial Democracy and Industrial Management* (London: Tavistock, 1968), p. 42.

43 Zukin, *Beyond Marx and Tito*, p. 190; see also p. 178.

44 Dahl, *After the Revolution?* p. 38.

45 S. S. Wolin, *Politics and Vision* (London: Allen & Unwin, 1961), p. 304〔S・S・ウォーリン／尾形典男・福田歓一ほか訳『西欧政治思想史――政治とヴィジョン』（福村出版、一九九四年）、三五二頁〕.

46 Dahl, *After the Revolution?* p. 34.

47 「代表」に関するわたくしのさらなる見解については、以下の拙稿を参照。Carole Pateman, "A Contribution to the Political Theory of Organizational Democracy", *Administration and Society* 7 (1975), pp. 15–18. リベラリズム理論に対するルソーの批判の諸側面については、以下の拙著で論じている。C. Pateman, *The Problem of Political Obligation: A Critique of Liberal Theory*, 2nd ed. (Cambridge: Polity Press, 1985; Berkeley, CA: University of California Press, 1985), chap. 7.

48 J.-J. Rousseau, *The Social Contract*, tr. M. Cranston (Harmondsworth, Middlesex: Penguin Books, 1968), p. 146〔J－J・ルソー／桑原武夫・前川貞次郎訳『社会契約論』（岩波文庫、一九五四年）、一四〇頁〕.

49 Dahl, *After the Revolution?* p. 44.

50 W. R. Schonfeld, "The Meaning of Democratic Participation", *World Politics*, 28 (1975), pp. 134–58.

51 市民文化は「穏健さの文化（culture of moderation）」と呼ばれている（p. 500，邦訳四九七頁）。だが、ここでの「民主的」活動の見方は狭いし、しかも、こうした活動と階級や性との関係を問題として議論できずにいる。これでは、穏健な反応を期待することはまずできない。

52 B. M. Barry, *The Liberal Theory of Justice: A Critical Examination of the Principal Doctrines of 'A Theory of Justice' by John Rawls*

(Oxford: Oxford University Press, 1973), p. 153.

53 J. G. A. Pocock, "Civic Humanism and Its Role in Anglo-American Thought", in *Politics, Language and Time* (London: Methuen, 1972), p. 85. ポーコックはこの伝統のなかにルソーを位置づけ、ふつうはリベラリズムに結びつけられない「疎外の概念に向けての議論の出発点を提供した」のがシヴィック・ヒューマニズムだと論じている (p. 103)。

54 B. Parekh, "Liberalism and Morality", in *The Morality of Politics*, eds. B. Parekh and R. N. Berki (London: Allen & Unwin, 1972), p. 83. 以下も参照。S. Lukes, *Individualism* (Oxford: Blackwell, 1973), part 3〔S・ルークス／間宏監訳『個人主義』(御茶の水書房、一九八一年)、第三部〕.

55 W. E. Connolly, "Theoretical Self-Consciousness", *Polity*, 6 (1973), pp. 5–35.

56 J. Plamenatz, "The Use of Political Theory", in *Political Philosophy*, ed. A. Quinton (London: Oxford University Press, 1967), p. 29.

(一九八〇年)

第8章　家父長的な福祉国家

レイモンド・ウィリアムズの『キーワード辞典』によれば、「一九三九年に、Warfare State（戦争国家）と区別するために、Welfare State（福祉国家）という呼称がはじめて使われた」。福祉国家は、第二次世界大戦で敗北したファシズム的な戦争国家とは別物であるとされ、それゆえ命名の時点で民主主義体制と同一視された。一九八〇年代に、たいていの西洋福祉国家は戦争国家でもあるが、だからといってこの国々が民主的かどうかと疑われることはふつうない。むしろ、その国家がどの程度民主的かは通常、階級構造によって測られる。福祉は労働者階級のために社会的賃金を提供する。社会民主主義的に評価する見方によれば、福祉国家は、すべての市民の形式上の法的・政治的権利に社会的意味と平等な価値を与えるものである。他方、福祉国家をあまり評価しない見方によれば、福祉国家は政府に、労働者階級の市民へ権力を行使しかれらを支配するための新たな手段を与えるものということになる。だが、いずれの見方を支持するにせよ、福祉国家が性的区分に基づいて構築されてきたことが見過ごされている。また、デモクラシー論者の大半は、福祉国家の家父長的な構造を認識すらしていない。女性と男性は非常に異なった仕方で市民に組み込まれてきたということが、デモクラシーにとって重要だとはほとんど見なされていない。[2] 次の事実さえふつうは見落とされている。国民国家のシティズンシップが女性に対しては与えられないか、女性がそれを勝ち取ったばかりという時代に、福祉国家は最初に発展したのだという事実である。[3]

わたくしは、福祉国家とデモクラシーを理解する上で階級がきわめて重要であることを、否定するつもりはない。福祉国家について論じるとは、おもに労働者階級について論じることである。しかし本章でわたくしは、階級を、たいていのデモクラシー論者にとってなじみの薄い仕方で扱うだろう。デモクラシー論者は通常、福祉国家やデモクラシーや階級は、男女関係の特性を何ら考慮せずとも理論的に論じられるはずだ、という前提に立っている。それに対してわたくしは、福祉国家の家父長的な構造という問題を理論的に考察しようと意識されなかったのはなぜか、いかにしてそうだったのかを示そうと思う。また、家父長的な福祉国家における、雇用とシティズンシップの結びつきについても検討したい。この二つが結びつけられることによって、「女性」は、「労働者」や「市民」と対置させられ、女性と福祉とシティズンシップをめぐる大きな矛盾となってきたのである。ここで「福祉国家」という場合、念頭にあるのは英国（わたくしの経験や経歴に基づく事例をたくさん挙げるつもりである）、オーストラリア、およびアメリカ合州国である。スカンジナヴィアの先進福祉諸国では、女性は完全なシティズンシップを勝ち取ったわけではないが、ほぼその状況に近い。[4]

この一世紀、多くの福祉政策は、現在「女性問題」と呼ばれるものに携わってきた。その上、男女それぞれの社会的位置と役割の問題とか、結婚の仕組みや夫婦の力関係の問題など、福祉国家についての論争の多くは堂々めぐりし、いまでもそれが続いている。ゆえに、レーガン政権による福祉国家攻撃が、国家の家父長的構造を維持したいという欲求に突き動かされているように見えたのは、驚くべきことではない。レーガン政権の予算案は、「本質的に、……インフレを抑制し資本主義を安定させようとするのと同じくらい、……家父長制を再び安定させようとする」[5]。今日、女性の立場を考慮せずに福祉国家とシティズンシップは理解しづらいと説明するのは、それほどむずかしいことではない。なぜなら、現代のフェミニストは、福祉国家における女性の重要性と女性にとっての福祉国家の重要性を明らかにする多くの証拠を示し、議論を積み重ねてきたからである。

女性はいまや、生活保護受給者の大半を占めている。たとえば、一九八〇年の合州国においては、メディケア〔高齢者および身体障害者向けの医療保険〕受給者の六四・八パーセントが女性であり、住宅助成金の七〇パーセントは、ひとり暮らしであれ家族の世帯主であれ女性に給付された[6]。そして一九七九年には、要扶養児童家族扶助（AFDC）を受給している世帯のうち八〇パーセントが、女性を世帯主とする家庭であった（その数は、一九六一年から一九七九年の間に四倍に増大した）[7]。女性が福祉受給者として目立つようになった理由のひとつは、女性が男性よりもはるかに貧困に陥りやすいことである（これは、「貧困の女性化」として知られるようになった事実である）。合州国では一九六九年から一九七九年にかけて、男性が世帯主の家庭では公式には貧困線以下の割合が減少したのに対して、女性を世帯主とする貧困家庭の割合は急増した[8]。一九八二年には、未成年の子どもがいる家庭の約五分の一は世帯主が女性で、しかも全貧困家庭の五三パーセントを占めていた[9]。そして、女性世帯主の家庭は男性世帯主の家庭よりも、貧困線以下の収入しか見込めない可能性が三倍も高かった[10]。一九八〇年に、収入が貧困線を下回る成人の三人に二人は女性であった。米国経済機会諮問評議会による一九八〇年の報告書によれば、このような傾向が続けば、二〇〇〇年までに全米の貧困層は女性と子どもで構成されるという。[11] オーストラリアにおいても、女性はやはり貧困に陥りがちである。一九七三年の貧困調査委員会の調査で、「障碍者」のいる家庭のうち、父親のいない家族がもっとも貧しいことが明らかになった。その三〇パーセントが貧困線以下であり、二〇パーセントもその線上にいるという。[12] 一九七八～七九年の一年間でこの状況は改善しなかった。シングルマザーの四一パーセントは、やはり貧困線以下であった。[13]

福祉国家はいまや、女性にとって大きな雇用先である。たとえば国民保健サーヴィス（NHS）は、英国の女性にとって単一事業主としては最大である。NHSの被雇用者の約四分の三、およびNHSの看護師の九〇パーセントが女性なのである。[14] 一九八一年に、英国では公共の保健・教育・福祉部門で五〇〇万件以上の職があり（一九六一年より二〇〇万件の増加）、その五分の三は女性が担っていた。[15] 合州国では一九八〇年に、国レベルでも州レベルでも地方自治体レベルでも、社会サーヴィス業の七〇パーセントを女性が占めていた。これは女性の全雇用の四分の一にあたり、女性が従事するすべての専門職のおよそ半分であった。合州国では、就業先の大半を州と地方自治体が提供している。それに対して連邦政府は、女性向けの仕事がほとんど存在しない戦争国家に助成金を支給している。軍事産業は、女性労働人口の〇・五パーセントしか雇用しない。ある試算によれば、軍事予算が一〇億ドル増額されるごとに、社会福祉や民間部門で九五〇〇もの女性の職が失われるという。[16]

女性は、あまりはっきりしない仕方で福祉国家に関わる場合もある。福祉国家の職員と日常的に交渉（や対決）するのは、たいてい女性である。家賃を支払い、ソーシャルワーカーと付き合い、子どもを無料診療所に連れて行ったりするのは、ほぼ決まって父親ではなく母親である。女性は、福祉事業の向上や福祉受給者の扱いの改善を求めて、政治的なキャンペーンや活動の先頭に立つことも多い。福祉国家が提供する事業や支援は広範囲に及んでいるとはとてもいえず、たとえば老人介護などの仕事は、英米豪の三か国では公的支援がないまま、えてして家庭で女性が担っているのである（この点については、後に改めて立ち戻ることとする）。

最後に、以上を視野に入れるならば、福祉国家には、女性がたいてい排除されてきた領域がひとつ存在することがわかる。福祉国家の立法や政策形成、中央行政の領域は、これまで男性が支配してきたし、現在でもそうである。もっとも、いくつかの改善は見られた。オーストラリアでは、（連邦）首相・内閣府にある女性の地位局が内閣提出報告書を監視しているし、また女性予算プログラムはすべての省に対して、政策が女性に及ぼす影響評価を行うよう要請している。

ヘーゲルの二つのディレンマ

なぜ、以上を考慮に入れないまま、いまだに福祉国家を論じることができるのだろうか。その理由を考えるために、「ヘーゲルのディレンマ」への応答として福祉国家を論じるドナルド・ムーンの説明[17]をまず検討してみるとよいだろう。ヘーゲルは、資本主義市場のせいでシティズンシップが掘り崩されるときに生じる道徳的ディレンマを説明した、最初の政治理論家であった。資本主義市場は、社会的参加に必要な資源を奪われた市民も生んでしまう。そのため、そうした人々は「社会から不当に排除された難民」となる、とムーンは述べる。貧困に追い込まれた市民は、自尊心を満たす手段と、平等な価値ある存在として同胞市民に認められる手段（デモクラシーで最低限必要な承認）の両方を失う。貧困に苦しむ個人は完全な市民ではないし、市場に参加したことへの代償が得られない限り完全な市民たり得ない。T・H・マーシャルが「社会的権利」と呼んだ民主的シティズンシップのために資源を提供するところに、福祉国家の道徳的基盤はある。ムーンにとってヘーゲルのディレンマは、個人が労働者として資本主義経済（ヘーゲルの表現では、市民社会の領域）に参加すると、平等な市民という形式上の地位が嘘になりかねない、という問題に関わっている。現代的ないい方をすれば、それは階級の問題である。より厳密にいえば、いまや大量の失業は資本主義経済の恒常的な特徴といってよいのだから、それは職のない社会的難民という最下層の問題である、というのである。確かにこれは重要な問題である。だがムーンの解釈は、ヘーゲルが直面したディレンマの一部分にしか焦点を当てていない。

　生活賃金で労働力を買ってくれる人をたまたま見つけることができずに、社会的難民となってしまう市民という範疇もある。それに加えて、市民社会とシティズンシップに包摂される能力がないために難民になってしまう人々という範疇も、ヘーゲルは扱わなければならなかった。ヘーゲル（および「西洋政治哲学の伝統」に含まれるほぼすべての近代理論家）によれば、女性は、市民社会に加わり、自らの労働力を売って市民となる、そうした「個人」としての属性と能力を生まれながらに欠いている。[18] ヘーゲルは、女性は生来的に社会的難民だと考えたのである。ヘーゲルは、二つのディレンマにひとつの解答を見出し、かれの理論は階級区分と性的区分の両方に道徳的基盤を提供した。福祉国家には、女性が直面する問題の解決策がなかった。ヘーゲルが見出した解答は、女性が難民である宿命を再確認しつつ、それと同時に、女性を国家に組み込むものであった。女性は、男性のように市民としてではなく、市民社会や国家から切り離された（あるいはその内部で社会的に放逐された）領域である家族の一員として組み込まれる。家族は市民社会や国家にとって不可欠だが、他の慣習的な社会生活とは異なった基礎の上に構築されている。つまり家族は、独自の帰属原理に則って結びついているのである。

　女性はいまや、形式上は市民の地位を勝ち取ってはいる。昨今の女性の社会的地位は、ヘーゲルが描いたのとはかなり異なっているように見えるかもしれない。だがヘーゲルの理論は、家父長制や福祉国家の問題に関してはいまでも非常に重要である。にもかかわらず、現代の政治理論家はたいてい、市民社会と国家の関係とか、公的権力（国家）の私的領域（経済や階級システム）への介入しか見ていない。こうした「公私」観は、ヘーゲルの二つの範疇（市民社会と国家）が第三の範疇（家族）抜きに理解可能だと想定してしまっている。しかし、ヘーゲルの理論は、家族／市民社会／国家は、相互の関係性でしか理解できないことを前提にしている。市民社会や国家は、「私的」な家族と対比してはじめて「公的」になるのである。

ヘーゲルが考える社会秩序は、公私の二重の分離を含んでいる。市民社会対国家（経済人対市民、民間企業対公権力）という階級区分と、私的な家族対市民社会や国家の公的世界という家父長的区分である。その上、市民社会や国家の公的性格は、それが排除しているもの（家族という私的な結びつき）により構築され、意味を付与されている。公私の家父長的区分は、性の区分でもある。女性は、公的参加に必要な能力を生来的に欠いているとされ、愛、血縁、生まれながらの従属、内輪ごとからなる人間関係に閉じ込められている。女性はその内部では男性に支配される。それに対して、普遍的シティズンシップの公的世界は、自由かつ平等な個人の結びつきであり、財産、権利、契約の領域である。つまり、形式上は平等な市民として相互交流する男性の領域なのである。

わたくしたちの社会の基本構造は、国家およびその政策の公的世界から、私的・家族的領域を切り離して成り立っているのだと広く信じられてきた。しかしこの信条は、真実でもあり間違ってもいる。私的領域が女性にふさわしい場所と見なされてきたのは真実である。女性は、実際には公的世界から完全に排除されることはなかったものの、福祉国家の政策は、女性の日常的な経験が公的生活と私的生活を隔てるのに拍車をかけた。他方で、二〇世紀初頭以来、福祉政策は公的領域から私的領域へ拡がり、家庭生活の家父長的構造を支えるのを助けてきたことを勘案すれば、先の信条は間違いである。さらにいえば、男性はすでに公的領域でも私的領域でも正当な位置を得ていたのだから、この両領域はつながっている。男性は家長として、そして妻子に対する権力を社会的・法的に認可された夫や父親として見なされると同時に、公的生活への参加者としても見なされてきた。実際、「生まれながらの」男性的《マスキュリン》な能力は、家長になれるのは夫であって妻ではないことの根拠になると同時に、妻にではなく夫に市民的生活の地位を与えるものでもあったのだ。

ムーンのヘーゲル解釈は、ヘーゲルによるシティズンシップの家父長的な説明がいまでも強い影響力を持ち続けていることを示している。ヘーゲルは、家父長的なシティズンシップを、普遍的で民主的だと想定している。福祉国家に対して、自分たちのシティズンシップに道徳的価値を与えるよう要求する社会的難民は、男性労働者である。ヘーゲルはここで深い洞察を示す。賃金雇用はシティズンシップにとって何より重要となり、労働者がひとたび失業すれば、他の市民と同等の価値を持つ市民として認められなくなる。福祉国家とシティズンシップ（および、その理論化の仕方）の歴史は、「雇用社会」[19]が発展してきた歴史と分かちがたく結びついているのである。一九世紀初頭には、多くの労働者はまだ完全に労働市場に組み込まれていなかった。かれらは多様な職に就いてそれぞれに固有の働き方をしていたし、季節労働の場合もあったし、資本主義市場の外で稼ぎを得ることもあり、「セイント・マンデイ」〔日曜日のみならず、翌日の月曜日にも飲酒にふけって仕事を休んでしまうという、工業化以前には一般的だった労働慣行〕もあった。だが、一八八〇年代までに完全雇用が理想とされるようになり、失業は主要な社会問題となり、国が支援する社会改革を求める声が高まった（そして、福祉を向上させるため、国の措置に対して議論がなされた)[20]。しかし、「完全雇用」の旗じるしの下に、社会へ包摂されたのは誰であったか。雇用社会でふさわしい居場所を持たないと見なされた「生まれながらの」社会的難民(=女性)の地位は、どのようなものであったか。女性の社会的地位にさまざまな変化があったにもかかわらず、家長としての夫には「外から所得を得ることと、家族のもろもろの欲求に配慮し、家族の資産を処分し管理することが属する」[21]とヘーゲルが述べた頃と、期待するほど大きく変わったわけではない。

性別分業の政治的重要性は、たいていのデモクラシー論者に無視されている。かれらは、賃金雇用とシティズンシップという公的世界を、私的領域との結びつきを断てるもののように扱う。こうして、公的領域の男性的な性格は不可視化されてきた。たとえば、T・H・マーシャルが、シティズンシップについて影響力の大きな説明を最初に提示したのは、一九四九年であった。英国で、新たな福祉国家政策は社会変革に寄与するだろうともっとも楽観視された時代であった。だが同時に、(後に述べるように)福祉国家のなかでは、女性は劣等市民と規定された時代でもあった。マーシャルは、「シティズンシップとは、ある共同社会の完全な成員である人びとに与えられた地位身分である」[22]と述べており、シティズンシップに関する現代のほとんどの学術的な議論はこのマーシャルの見解を疑っていない。しかし、アメリカ合州国における黒人の歴史がまざまざと容赦なく示したように、それは事実ではない。市民という形式的な地位は、完全な社会的メンバーシップを依然として拒否されている人々に与えられることもあるし、あるいはそうした人々が勝ち取ることも可能なのである。

マーシャルは、一九世紀の工場法が女性労働者を「保護した」といい、それは女性にシティズンシップが欠落しているからだとする。だがかれは、私的領域における女性の「保護」(従属を上品にいい換えた言葉)について考察していないし、それが資本主義経済とシティズンシップにおいていかに性別分業と関係しているかについて問うてもいない。一九世紀の既婚女性は「いくつかの重要な点で独特の」市民の地位にあり、選挙権も制限されていた。しかしマーシャルは、「一九世紀においては市民的権利という形態のシティズンシップは万人に認められていた」とか、経済生活において「基本的な市民的権利とは、働く権利のことである」と、つゆほども疑わなかった。マーシャルは、福祉国家の「社会的権利」の目的を「階級の緩和」と考える。「階級の緩和」は「もはや、社会の最底辺における窮乏という明白な害悪を軽減するという試みにとどまらない。……それはもはや、社会的建築物の上層部分はそのままにしておいて、地階に住む人びとの位階を上昇させることだけでは満足しない。それは建物全体を作り変えることに着手した[23]」というのである。だが、ここで問うべきなのは、女性はその建物のなかにいるのか、それとも別の離れにいるのかであろう。

シティズンシップと雇用

理論的にも歴史的にも、シティズンシップを考える際の中心にあったのは「自立」であり、自立に含まれる諸要素は男性的な属性と能力に基づいてきた。「個人」「労働者」「市民」に必要な能力を持つと見なされてきたのは、女性ではなく男性である。したがって「依存」の意味は、女性的なあらゆるものに結びつけられているし、福祉国家における女性のシティズンシップは逆説と矛盾に満ちる。マーシャルのメタファーを用いるなら、女性は市民社会や国家といった公的な建物の不法侵入者とされるのである。本章の議論にとって、「自立」の三つの要素が特に重要となる。それらは、武装する能力、財産を所有する能力、自治の能力であり、いずれも自衛を図る男性的な能力に関するものであった。

第一に、女性は自衛力がないと考えられている。女性は、「一方的に武装解除され」たのである。[24] 男性は女性の保護を約束するが、身体の安全は女性の福祉にとって基本であるのに、残念ながら福祉国家において無視されてきた。一九世紀から、（J・S・ミルも含めて）フェミニストは、夫が妻に暴力をふるっても罪に問われなかったことに関心を持ってきた。[25] だが女性や妻はいまだに、男性の「保護者」による暴力に対してしかるべき社会的・法的な庇護を得づらい。国防（あるいはホッブズ流にいえば、保護者を保護する能力）は、シティズンシップの究極の試金石であるが、それもまた男性的な特権である。アメリカ合州国と英国で女性参政権に反対した人々は、女性は武力を行使する能力もなければその意志もないと喧伝した。福祉国家の軍隊における女性と戦闘任務という問題も、合州国の男女平等憲法修正条項に反対する運動で、近年取り上げられるようになった。いまや女性には入隊も、後に民間に就職する際に役立つ軍事訓練も認められているにもかかわらず、英国、オーストラリア、合州国では女性が戦闘任務に就くことを禁じている。女性がかつて戦争国家から排除されていたのは、退役軍人向けの福祉対策で恩恵を受けるのはやはり男性だったことを意味した。オーストラリアと合州国では、退役軍人は市民として特別な「貢献」をしたからと、専用の福祉国家を有する。それは、大学教育における優先権（合州国の復員兵援護法）から独自の医療年金や病院サーヴィス、（オーストラリアでは）公務員への優先的な就業にまで及んでいる。

しかし、「民主的な」福祉国家では、シティズンシップにとって重要なのは兵役よりも雇用である。男性的な「保護」能力は、いまでは自立の第二・第三の要素でシティズンシップを構成する。財産所有者と見なされたのも、やはり男性であって女性ではない。有形の財産を所有しているのは少数の男性にすぎないが、しかし「個人」としてすべての男性は自分自身の人身に所有権を持っている（そしてそれを守ることができる)。男性の「労働者」としての地位は、かれらが自らの労働力で得た財産を自由にできる能力に基づいている。女性は社会的にはいまだに、そのような財産所有者であると十分認められてはいない。たしかに、妻を夫の法定財産と見なす「独特の」位置づけがなされ、フェミニストが奴隷になぞらえた女性の地位は、一九世紀半ばから格段に向上した。しかし今日、妻の人身は依然として、ある重要な点において夫の財産である。近年の法改正にもかかわらず、英国や、合州国とオーストラリアのいくつかの州では、現在でもレイプは結婚生活では法的にあり得ないと考えられており、ゆえに妻の同意は意味を持たない。にもかかわらず、女性はいまでは、自律的な個人の同意が不可欠な市民であると形式的には見なされている。[26] 女性の同意についての深刻な矛盾に関しては、これまでほとんど言及されることはなかったし、その矛盾が性で区分されたシティズンシップに関係しているとも、福祉国家が民主的であるべきだという主張がその矛盾ゆえに貶められてしまっているとも、見なされていないのである。

「自立」の第三の要素は自治である。男性は、自らを統治(あるいは保護)できる存在として構築されてきたのであり、ある男性が自己管理できるとしたら、かれは他者を統治するのに不可欠な能力も持っていることになる。公的生活において他者を統治する男性はほんの一握りにすぎないが、私生活ではどんな男性も、夫として世帯主として取り仕切っている。男性は家長として、「稼ぎ主」でもある。かれは労働者として自身の労働力を売ったり、自らの資本で労働力を買う能力があり、妻と家族を扶養するのである。このようにかれの妻は「保護」される。「稼ぎ主」という範疇は、妻が経済的依存者あるいは「主婦」として構築されることを前提にしており、女性を従属的な位置に置く。稼ぎ主/主婦という二元論や自立の男性的な意味は、英国では一九世紀中葉までには確立していた。それ以前の資本主義の発達期には、女性（と子ども）は賃金労働者だったのだが、「労働者」とは男性を意味するようになった。男性は、生活に必要な面倒を見たり、家庭や子どもの世話をするために、経済的に依存した妻を抱えている。また、「階級」も家父長的な範疇として構築される。「労働者階級」は勤労男性の階級であり、かれらは福祉国家における完全な市民でもある。

以上のように考察すると、「働く」という普遍的・市民的な権利、すなわち賃金雇用の権利に関するマーシャルの見解に立ち戻らざるを得ない。働く権利に含まれる民主的な意味は、「労働」やシティズンシップといった公的世界と、婚姻関係という私的世界の結びつきに留意しなければ理解できない。「労働者」であるという意味は、男性の、夫としての地位と力や、福祉国家における市民としての身分に、ある程度依拠する。男性労働者を「稼ぎ主」として、その妻を「扶養家族」として構築することは、英国とオーストラリアの国勢調査の分類で公式に表明された。英国の一八五一年の国勢調査では、家庭内の無償労働に従事する女性は「同種の賃金労働と共に生産部門のひとつに位置づけられ」ていた。[27]ところがこうした分類は一八七一年以降変更され、一九一一年までに無償の主婦は経済的活動人口から完全に排除されてしまった。オーストラリアでは、ニューサウスウェールズ州で考案された体系が一八九〇年に採用され、分類をめぐる初期の対立に決着がついた。オーストラリア人は英国人よりもさらに明確に人口を区分し、一八九一年の国勢調査は「稼ぎ主」と「扶養家族」という二つの範疇を基準とした。はっきりした但し書きがないかぎり、女性の仕事は家庭内に分類され、家庭内労働者は扶養家族の範疇に位置づけられたのである。

稼ぎ主労働者としての男性の地位は、福祉国家に組み込まれてきた。福祉国家における性的区分は、援助に値する貧者とそうでない貧者という福祉国家より古い二元論が生き長らえているのに比べて、注目されることが非常に少なかった。それは特に合州国で明白である。この国では、「社会保障《ソーシャル・セキュリティ》」すなわち「長年働いた「貢献」により援助に値する労働者」向けの福祉国家政策と、「ほとんど援助に値しない貧者」に対する公的な「施し」である「福祉《ウェルフェア》」は、はっきり区別されている[28]。英国やオーストラリアでは、「福祉」にはこうしたあからさまな意味合いはなく、多くのアメリカ人の想像を越えるような内容が福祉国家にはある。しかしその両国でも、援助に値する貧者とそうでない貧者という古い区分はいまだ健在で、「たかり屋」（英国）とか「失業保険ゴロ」（オーストラリア）といったおなじみの侮蔑語がそれを表している。だが、援助に値する貧者／そうでない貧者という二元論は、ある程度、夫／妻、労働者／主婦の区分に重なっているにもかかわらず、福祉国家の家父長的な構造を隠蔽してもいる。

　フェミニズムの分析は、二層構造内でどれほどの福祉支援が行われたかについて示した。第一に、福祉支援は、資本主義市場への参加と、そこで起こる偶発的事故を理由に、「公的」な人間として個人が受給できるものである。この第一層では、通常は男性が給付金を申請する。第二に、第一層の公的な個人に「扶養される人」つまり「私的」な人間が受けられる給付があり、この「私的」な人間はふつう女性である。たとえば合州国では、稼いで「貢献」する保険制度の「援助に値する」労働者は、大半が男性である。他方で、資力調査を受けて給付を申請する人は、大半が女性である。女性は通常、妻か母親として申請を行う。要扶養児童家族扶助（ＡＦＤＣ）が好例であろう。女性がＡＦＤＣを受給できるのは、彼女たちが自分で子どもを養育する母親だからである。だが他の事業にもこれは当てはまる。「社会保障を受ける女性の四六パーセントは、妻として申請している」。ところが「男性は、たとえ貧しくても、夫や父親としてひとりで給付を申請することはめったにない[29]」。オーストラリアでは、おそらくもっと明確に区分けされる。オーストラリアの福祉制度では、第一層の給付は雇用と分かちがたく結びついており、申請者は、本来なら経済的に自立しているはずだが失業や病気のせいで収入を得られない人々である。一九八〇〜八一年の申請者のうち、女性は三一・三パーセントしかいなかった。それとは対照的に、「被扶養者層」では、女性は申請者の実に七三・三パーセントであった。彼女たちは、「女性を扶養できない男性に依存していたり、……［あるいは］男性が死亡したり離婚したり行方不明になっていなければ扶養されたはず」だったため、給付の資格ありと見なされたのである。[30]

以上のように「保護」がない証拠は、福祉国家における女性の生活水準に関して重要な疑問を提起する。被扶養者として、既婚女性は夫に生計を立ててもらわなければならない。そのため妻は、福祉国家が確立される前から、まったく依存的な人々だと位置づけられてきた。つまり妻は、他者の慈悲に頼らなければ暮らせないことになる。この前提は、夫が全員慈悲深くてはじめて成り立つ。妻は夫と同じ生活水準を共有するものと考えられている。階級や福祉国家を論じる際に、世帯内の収入の配分は通常、経済学者や政治理論家や〔福祉国家の〕主唱者たちにとって関心のある主題ではなかった。すでに一八二五年には、ウィリアム・トムソンがこの重要性に注目していたのだが。[31] しかし、すべての夫が慈悲深いなどと信じるのは間違いだと、昔もいまも証明されている。[32] それでも離婚するよりは、結婚している方がましと考える女性は多い。貧困者に女性がこれほど多い理由のひとつに、合州国で近年明らかになっているように、離婚後、男性の生活水準は二倍近く上がることもあるのに、女性の生活水準は七五パーセントも下がることがあげられる。[33]

従来の「賃金」の理解の仕方も、女性の生活水準を男性のそれと切り離して考察する必要がないとする。賃金という概念は、雇用という公的世界と婚姻関係という私的領域との家父長的な区分と統合を、端的に表すと同時に内包している。福祉国家と社会的賃金に関する議論では、賃金はふつう、個人が労働力を売った見返りと見なされる。しかし、稼ぎ主／主婦という対置がいったん確立すると、「賃金」は数人の生活を支えなければならなくなった。家族賃金をめぐって、労使紛争や福祉国家論争が起きた。「生活賃金」とは、労働者が自活するのに必要なものというよりも、稼ぎ主である労働者が妻子を扶養するのに要するものと定義されてきた。つまり賃金は、労働者本人の労働力を再生産できればよいものではなく、主婦の無償労働と結びつくことで、現在と未来の労働力を再生産するのに十分なものでなければならないのである。

オーストラリア国勢調査の分類を定めたT・A・コフランは、一八九一年国勢調査の『報告書』で女性の雇用について論じ、既婚女性が有償労働市場に参加すると男性の賃金は下落するため、一般的な生活水準が下がると述べている。[34] 女性の雇用に関するコフランのこうした論法を、労働組合運動は、家族賃金を維持するために交渉する際、過去一世紀にわたって用いてきた。一九〇九年には、英国の労働党と労働組合会議が既婚女性の雇用を全面禁止し、近年も一九八二年に、賃金交渉の際に組合にとって有利な材料になると家族賃金を擁護する声が上がった。[35] 一九〇七年にオーストラリアでは、連邦仲裁裁判所の有名なハーヴェスタ判決によって、家族賃金は法に明記された。ヒギンズ判事は、法で保障した最低賃金に味方する判決を下した。生活賃金は、未熟練労働者とその（扶養家族である）妻および三人の子どもたちの生活を、それなりに快適にするのに十分支払われるべきだ、と主張したのである。

もちろん現在は、一九〇七年から大きく変化している。資本主義の構造的変化によって、多数の既婚女性が賃金雇用に参入できるようになった。原則として賃金は個人に支払われるものと認めた一九七〇年代の同一賃金法は、家族賃金を過去の遺物にするかもしれない。だが、多くの、おそらくほとんどの労働者階級の家族にとっては、家族賃金はずっと神話でしかなかった。[36] 扶養される妻を社会的理想とする考えが根強いにもかかわらず、労働者階級の大多数の妻はつねに、必要に迫られて賃金労働に従事してきた。家族は夫の賃金では生活できず、妻も賃金労働者になったり家で内職をしたり、洗濯を引き受けたり下宿人をおいたり、その他「インフォーマル」経済に関わってお金を稼がなければならなかったのだ。一九七六年に英国では、「世帯主」（そのすべてが男性であったわけではない）の賃金や給料は、世帯収入の五一パーセントしか占めていなかった。[37] 第二次世界大戦後、資本主義経済における製造業の没落とサーヴィス部門の拡大は、女性「向き」の職業を創出した。合州国では一九七〇〜八〇年の間に、一三〇〇万人の女性が賃金労働力に参入した。[38] 英国では、現在の趨勢が続けば、一〇年以内に女性の被雇用者数は男性を上回るだろう。[39] だがこういった劇的な変化も、女性を雇用社会の正式メンバーにするには十分ではなかった。「働く」という市民的権利は、女性にはいまだにしぶしぶ認められているにすぎない。職場の女性は依然として、労働者ではなく、基本的に妻や母親と思われている。[40] 女性の賃金は稼ぎ主の賃金の「足し」だという見方もはびこっている。女性は男性と同じように賃金を必要としていないと考えられている。だから、男性より低い賃金が正当化されるのである。

オーストラリアの連邦仲裁裁判所が家族賃金を法制化した時、同国の男性の労働人口の四五パーセントは独身であった。[41] だが一九一二年には（果実採集者の裁判で）ヒギンズ判事は、女性には家族を扶養する責任がないので、一般に女性が担う仕事は男性より低い賃金でもよいとの判断を下した。ところが実際には、多くの男性は家族がなくても家族賃金を受け取り、稼ぎ主は被扶養者と生活水準を共有するかどうか決める権力を与えられた一方で、多くの女性は「被扶養者の」賃金で家族を養うため苦闘を続けていた。エレノア・ラズボーンの試算によれば、第一次世界大戦前と終戦直後の英国では、賃金雇用に従事する女性の三分の一が、家族を扶養する責任を完全にもしくは一部負っていた。[42] 一九二八年にオーストラリアでは、ヴィクトリア州の製造業に関する調査で、稼ぎ主の男女比はほぼ同じだったことがわかった。[43] ところが、男性の被扶養者であることを根拠に女性の生活賃金は決められ、一九一八年にニューサウスウェールズ州で承認された。つまり、女性の低い賃金は法で定められ、(一九七四年に男女共通の最低賃金を国が認めるまで)男性の賃金の五〇〜五四パーセントにすぎなかった。再び英国の事例に戻るなら、一九六〇年代末から七〇年代にかけて、物価所得委員会が低賃金に関する調査を行い、パートタイム労働者の女性は自身の賃金で生計を立てているわけではないと論じた。[44] 合州国では、一九八五年になっても、「女性は低賃金の労働をするから[男性よりも]一般に賃金が低かったのである。女性にはもっとお金が必要な緊急性がないためである。たとえ女性が、既婚であれ、独身で実家で暮らしているのであれ、友人と同居しているのであれ、違いはない」といわれていたのである。[45]

生活保護の申請者に女性はとても多い。なぜなら今日、貧しいのはたいてい女性だからである。女性が貧しいのは、大半の女性にとって生活賃金を得られる職を見つけるのが非常にむずかしいからだろう。同一賃金を法制化しても、男女別の職業構造という壁は壊れない。資本主義経済は家父長的であり、男性の職業と女性の職業に区分されている。男女が一緒に働くことは通常ないし、同じ仕事をしても同じ賃金ではない。たとえば合州国では、女性の職業の八〇パーセントは、労働省の職業一覧にある四二〇種のうちわずか二〇種に集中している。[46] 就労女性の過半数は、従業員の七五パーセントを女性が占める職業に就き、従業員の九五パーセントを女性が占める職業で見ても就労女性の二〇パーセントを超す。[47] オーストラリアでは一九八六年に、女性従業員の五九・五パーセントが「事務・販売・サーヴィス業」で働いていた。女性の割合が三分の一以上だったのは、二六七の職種のうち六九にすぎなかった。[48] 男女の職業区分は非常に堅固である。たとえば英国では、一九七一年に女性の八四パーセントが女性の多い職業に就いていたが、この割合は一九五一年と同じで、一九〇一年では八八パーセントであった[49]。

経済は階層でも区分されている。女性の仕事はほとんどが未熟練労働で[50]、地位的に低い。専門職であっても、女性は職業階層の最底辺を構成している。英国の国民保健サーヴィス（ＮＨＳ）は格好の事例である。約三分の一の従業員が補助労働者として最底辺の地位におり、そのうちおよそ四分の三は女性である。仕事は男女で異なり、女性労働者は料理の配達と家事を担っている。すでに触れたように、ＮＨＳの看護師の九〇パーセントが女性だが、看護師長の約四分の一は男性である。より高い地位では、医局長のわずか一〇パーセントしか女性はおらず、しかも特定の専門分野、特に子ども関係に押し込められている（一九七七年に女性は三二・七パーセント[51]）。

多くの女性は他にも（無償）労働しなければならなかったり、常勤職を見つけられないせいで、パートタイムで働いている。オーストラリアでは一九八六年に、全パートタイム従業員の五七・四パーセントが既婚女性であった[52]。英国では、勤労女性の五人に二人は、三〇時間未満の労働時間という条件で雇用されていた。だが一九八二年に、常勤の女性は時給換算すると男性の七五・一パーセントにすぎなかった（また、男性は残業もしやすい[53]）。一九八〇年には、女性は、最低賃金の職業に従事する人の六四パーセントを占めた[54]。ほとんどの国では一九七〇年代に、女性の収入は男性よりも増加率が高かったが、合州国ではそうではなかった。一九八四年には、フルタイムで働く女性の平均年収は一万四四七九ドルだったが、男性は二万三二一八ドルもあった[55]。合州国でサーヴィス部門が拡大したが、そのほとんどがパートタイム労働であった。一九八〇年には、民間部門のすべての職業のおよそ四分の一がパートタイムだった。一九七〇〜八〇年の間に登場した新しい職業のほぼすべてが、平均賃金を下回った。一九八〇年には、「[女性の]五一パーセントが、技能労働者の六六パーセント未満しか支払われない職に就いていたのである」[56]。

女性の労働と福祉

いまでは既婚女性を含む非常に多くの女性が賃金雇用に参入しているにもかかわらず、女性の「労働者」としての地位は正統性が不安定なままである。そのため、女性の民主的市民としての地位もまだ不安定である。ある人が他の同胞市民から同じ価値のある市民として認められるには資本主義市場へ参加するしかないとしたら、そして市民としての自尊心や敬意が雇用社会という公的世界で「獲得される」ものだとしたら、女性は価値ある市民として認められる手段をいまだに持っていない。福祉国家の諸政策も、市民として敬意を得るのに必要な資源をあまり女性には提供してこなかった。マーシャルが社会的権利と呼ぶ福祉国家のシティズンシップは、男性にとって拡大するのはたやすかった。男性は市場の参加者として公的な貢献を認めてもらえたし、より直接的な貢献を求めて国家から課税された。つまり、福祉国家の受給資格を与えられたのである。しかし女性は、男性の被扶養者とされ、正統な「仕事」は私的領域に位置づけられている。そうした女性が、いかにして福祉国家の市民たり得るのだろうか。女性はいかなる貢献ができたのだろうか、またなしたのだろうか。答えは逆説的である。女性は福祉に貢献したのである。

福祉国家の発展は、以下のことを前提にしていた。福祉のある側面は、公的対策ではなく、家庭の女性（妻）がおもに担い続けるだろうし、またそうでなければならない、ということである。主婦の「仕事」には、病気の夫や老人、親族の介護が含まれ得る。福祉国家政策は、妻や女性が無償で福祉サーヴィスを提供するようさまざまな方法で確立し、そうしたサーヴィスが福祉政策の責任であることをひた隠しにしてきた。福祉国家の財政危機については、多くの議論が重ねられてきた。だが、福祉の特定の領域が私的な女性の問題と見なされなかったとしたら、議論はもっと激しかっただろう。サッチャー政権やレーガン政権が福祉国家の公的支出を攻撃する際、家庭の愛情あふれる介護を称賛したのは当然である。つまり、妻（主婦）の無償の福祉をもっと引き出そうとしたのだった。英国の傷病介護手当は、いかに福祉国家が妻を私的福祉の提供者と見なしているかの格好の事例である。この手当は、性差別禁止法の成立した一九七五年に導入された。支給対象は、男性と、病人や障害者や老人（親族でなくてもよい）を介護するために賃金雇用を断念した独身女性であった。つまり、既婚女性（あるいは男性と同居している女性）は支給の対象外だったのである。

この事実は、既婚女性がそうした介護をする傾向にあることを示している。一九七六年の英国では、二〇〇万人の女性が成人の親族の介護をしていると推計された。イングランド北部のある調査によれば、一六歳以下の子どもを養育する母親よりも、成人の親族を介護する女性の方が多かった[57]。他人の介護をするのは男性ではなく女性であると想定するなら、当然、女性は自分で自分の面倒を見なければならない。英国で自活する女性がホームヘルパー制度を利用できるには、男性より虚弱でなければならないことが、さまざまな調査でわかっている。ある老人ホームの調査によれば、夫と共に入居する病弱で高齢の女性は、自分のつとめを果たさなかった落後者だと職員に敵視されるという[58]。繰り返しになるが、女性のシティズンシップは、矛盾と逆説に満ち満ちている。女性は福祉を提供しなければならず、自分の面倒を見なければならないため、それに必要な能力があるのは当然と思われる。だが福祉国家の発展は、女性は必ず男性の保護を必要とし男性に依存するとも前提しているのである。

福祉国家は直接的にも間接的にも、男性の被扶養者という女性のアイデンティティを強めてしまい、女性の社会的な難民状態を改善するどころか固定してしまった。たとえば、英国やオーストラリアでは、性的パートナーとして男性と同居する女性は、必然的に経済的に男性に依存するはずという前提を、同棲ルールが明確に示している。このルールが適用されると、女性は福祉の受給資格を失う。そうして市民は性ごとに管理され、福祉国家が解消するはずだった貧困などの問題は悪化するのである。今日、英国においては、

男性と同棲すると、女性の自立（女性本人に毎週給付されるジャイロ［福祉小切手］）は自動的に放棄される。男性が申請者となり、女性は被扶養家族となる。女性は、収入と支出を自分の思いどおりにできなくなり、それが破滅的な結果をもたらすこともよくある。家賃の未払い、光熱費の滞納、支払いの遅延である。[59]

何が福祉国家としての要素なのかを問うことは重要である。オーストラリアと英国では、福祉国家の税・社会保障移転システムは課税制度と移転支出の両方からなる。オーストラリアの場合、扶養される配偶者（もちろん、通常は妻である）のために税金の還付がある。英国の場合、妻の所得は夫の所得に合算され課税されてきた。妻の所得を内国税歳入庁へ申告することが夫の特権でなくなったり、妻の納税還付金を夫が受け取る制度が廃止されたのは、比較的最近になってからである。既婚男性はいまでも、男は妻を扶養するという前提に基づき、課税控除を要求できる。また、オーストラリアや英国や合州国では、公的な保育施設の整備が著しく限られているため、女性は扶養家族であることを強いられる。雇

用社会に女性が十分参加していくのに、大きな障壁となっているのである。スカンジナヴィア諸国とは違ってこの三か国では、家庭の外における保育は非常に議論を呼ぶ問題である。

福祉国家の法制度も、女性は私的な福祉を提供して「貢献」することを前提に構築されてきた。女性ははじめから福祉国家における完全なシティズンシップを拒否されたのである。アメリカでは、「もともと、要扶養児童扶助（ＡＤＣ。現在の要扶養児童家族扶助ＡＦＤＣ）の目的は、母親を賃金労働力にさせないことであった。……対照的に、年金制度は、白人男性労働者のニーズに応えるよう設計されている」[60]。英国では、拠出制の国民保険制度が一九一一年にはじめて施行された。その主任立案者のひとりは後に、「女性が保険を望むのは、自分ではなく他人のため」なのだから、当然、女性を完全に除外したと述べている。その制度が導入される二年前、現代英国の福祉国家の父であるウィリアム・ベヴァリッジは、失業に関する文献で、「理想的な［社会の］単位は、男性の所得だけで扶養される、男性とその妻子からなる世帯である。……稼ぎ主のためにしかるべき雇用を保障することは、あらゆる私的義務とあらゆる健全な社会活動の基礎である」と述べていた[61]。ベヴァリッジはこの考えを、第二次世界大戦まで変えなかった。かれの報告書『社会保険および関連サーヴィス』は一九四二年に刊行され、その大半は一九四〇年代の大改正の根拠を示すために割かれた。フェミニストの間でいまでは有名な（悪名高き）一節で、ベヴァリッジはこう書いている。「圧倒的多数の既婚女性は、無償ではあるが不可欠な仕事に専念するものと見なさなければならない。それなくして、夫は賃金労働に従事できないし、国家は存続できない」[62]。一九四六年国民保険法では、夫婦は別々に保険料を支払うことになった（ベヴァリッジによれば、この手続きの重要性は、Ｔ・Ｈ・マーシャルがシティズンシップと福祉国家に関する論文を書いている時すでに失われていた）。この法律により、既婚女性は少額の保険料を支払うこととなったが、給付金は切り下げられた。この制度から既婚女性は脱退することもできたが、それは疾病手当、失業手当、出産手当を受けられなくなることを意味した。その場合は、自身の権利であるはずの老齢年金を受ける資格まで失い、夫の扶養家族としてのみ年金資格者と認められた。一九七五年に法改正がなされるまでの間に、既婚女性労働者のおよそ四分の三が脱退した。[63]

男女の異なる基準は国民保険制度の運用にも適用された。一九一一年には、自分自身の権利として保険の対象とされた既婚女性もいた。国民保険制度は、「就労不能」の場合に給付を行うが、妻はすでに、まさにその賃金雇用に「適さない」と断定されたのだから、疾病手当の受給資格はどこを基準にするのかという問題は避けられなかった。一九一三年には、想定より高い割合の既婚女性が給付を申請する理由を明らかにするため、調査が行われた。まず、労働者階級の女性の多くが、劣悪な健康状態であった。どれほど不健康だったかは、勤労女性が一九一三〜一四年に女性協同組合ギルドへ出した投書が一九一五年に公表されるとはっきりした。[64] 国民保険制度は、女性が病気になったら仕事を休むゆとりを与える意味を持っていた。だが、そこでいう「仕事」とは何か。勤労女性は、家事を休むことはできたのだろうか。もし彼女たちが無料の福祉を提供しなくなったら、それは萌芽期の福祉国家にとっていかなる意味を持っただろうか。一九一三年以降、給付資格に二重基準が設けられた。男性にとっては、その基準は、仕事に見合った給付であることだった。だが、資格審査委員会は、家事ができるならその女性は病気ではないと決定を下した。女性の給付資格の基準も、仕事に見合っているかどうかではあった。だがその仕事とは、私的な家庭内の無償労働のことであり、女性を保険の対象とする保険料拠出制度の基盤たる公的な市場での賃金労働ではなかったのだ！　保健社会保障省が一九七〇年代に出した政令にも、こうした女性の基準はまだ残っていた。[65] 一九七五年、就労不能であるが保険料拠出制度の対象にならない人のために無拠出制の傷病年金が導入されたが、この二重基準はさらに強化された。男性と独身女性は、賃金雇用に従事できなければこの手当の受給対象者であった。既婚女性の場合はしかし、受給資格の基準は、「通常の家事」をこなせるかどうかに求められたのである。[66]

ウルストンクラフトのディレンマ

以上、わたくしは福祉国家の家父長的な構造を検討してきたが、全体像の一面を描いたにすぎない。福祉国家の発展は同時に、家父長的権力に対する異議申し立てをともない、女性の自律的なシティズンシップに基盤を提供するものでもあった。女性は福祉国家を、重要な支持手段のひとつととらえてきた。形だけの市民権を勝ち取るはるか前に、女性は（特に女性と子どもの）福祉制度をもうけるよう、国に要求した。女性団体や女性の活動家たちは、特に「被扶養者」という地位に抗議して、福祉問題に関わる政治的活動を続けた。英国のフェミニスト、ヴェラ・ブリテンは、一九四〇年代の法制度によって確立した福祉国家について、一九五三年にこう書いている。「福祉国家において、女性は、たんに男性の目的のための手段ではなく、自分自身が目的となった」、女性の「独自の価値が認められたのだ」[67]。いまから見れば、このブリテンの評価は明らかに楽観的すぎた。だがいまこそ、福祉国家の家父長的構造を解体しはじめるチャンスなのだろう。一九八〇年代に、女性の社会的地位は大きく変化し、資本主義内部で技術的・構造的な変革が起こり、大量の失業が生じた。これらは、稼ぎ主と被扶養者という二元論も、雇用社会自体も、その基盤が大きく揺らいでいることを意味する（どちらも、いまだに社会の理想と広く考えられてはいるが）。ヘーゲルの二つのディレンマの社会的背景は、消滅しつつある。「貧困の女性化」が近年懸念されているように、下層階級の女性は、男性の被扶養者として間接的に国と関係しているのではなく、請求者として直接関係していることが、いまや明白になった。ヘーゲルから見た貧しい男性労働者と同じように、彼女たちが社会的難民であることは明らかだ。女性の市民としての地位がはらむ逆説と矛盾は、社会の変化によって現在ではごまかすのがさらに難しくなっているのである。

しかし、民主的な福祉国家において女性はいかにして完全な市民になり得るのかという問いは、見かけ以上に複雑である。社会生活における私的領域と公的領域との区分が主要な政治的問題と見なされるようになったのは、組織されたフェミニズム運動の流れのなかでも最近のことだからである。一八六〇年代から一九六〇年代にかけて、女性は公的領域で積極的に活動した。女性は、福祉や公私の安全施策を求めて戦ったが、それればかりでなく、投票権と市民的平等を求めて戦ったのである。中産階級の女性は、高等教育への門戸開放を求めて戦ったし、専門職や労働組合員の女性は、しかるべき労働条件と賃金と出産休暇を求めて戦った。だが、「ジェンダー中立」的な法と政策をとりわけ重視する、アメリカ合州国でとくにさかんな現代のリベラル・フェミニズムの視点は、広く共有されていなかった。[68] 一九六〇年代まで、福祉国家は全体的に、女性が私的領域で責任を果たすために必要な、適切な社会的支援や社会的敬意を保証する施策に重点が置かれた。問題は、そのような施策が果たして、完全なシティズンシップを求めて戦う女性の助けになるのか、どのように助けとなるかである。たとえば、一九四二年に英国の多くの女性は(前述した)ベヴァリッジ報告の一節を歓迎した。女性の無償労働の価値が公式に認められたと考えたからである。しかし、「国家」にとって、女性の仕事を「不可欠」であると形だけ認めることは造作もなかった。実際には、福祉国家の正式なメンバーにするには、女性の仕事は価値がないも同然だった。シティズンシップの平等な価値や同胞市民という敬意は、やはり賃金雇用者として参加してはじめて与えられる。「シティズンシップ」と「仕事」は、当時もいまも、「女性」とは対立するものなのである。

　完全なシティズンシップを勝ち取ろうとする女性が直面せざるを得ないきわめて困難な問題を、わたくしは「ウルストンクラフトのディレンマ」と呼ぼうと思う。女性が追求してきたシティズンシップを得るには方法が二つあるが、家父長的な福祉国家の枠組みでは相容れない方法であるため、女性はシティズンシップを勝ち取ることはできない、というディレンマである。普遍的なシティズンシップがひとつの政治的理想としてはじめて登場して以来、女性は、私生活で当然とされた従属と三世紀もの間戦い続けてきた。また、遅くとも一七九〇年代以降、女性を排除しながら普遍的意味を持つようになった理念と実践のなかで、市民になるには果たさなければならない役割とも格闘してきた。女性の反応は実にさまざまだった。一方で、シティズンシップの理念を自分たちにも拡大せよと要求する女性もいた[69]。リベラル・フェミニズムが「ジェンダー中立」的な世の中の実現を課題とするのは、その論理的帰結の一端である。かたや、メアリ・ウルストンクラフトのように、女性には女性ならではの能力・才能・ニーズ・関心があるのだから、男性とは異なったシティズンシップの形になると主張する女性も、少なからずいた。ウルストンクラフトが女性の役割は母親であることと考えたように、女性が福祉を提供する無償労働は市民としての女性の仕事と見なされ得たのである。それはちょうど、夫らの賃金労働が男性のシティズンシップの中核をなしていたのと対応する[70]。

　シティズンシップを家父長的に理解すると、「ジェンダー中立」と女性の独自性という二つの要求は両立できない。次のどちらかを選ぶしかないからである。女性は、男性（のよう）になって完全な市民となるか、さもなければ、シティズンシップにとって価値を持たない女の仕事を続けるか、いずれかである。その上、家父長的な福祉国家においては、どちらも満たされることはない。既存のシティズンシップを女性にも十分に拡大すべきと主張すれば、「市民」がはらむ家父長的な意味を認めることになってしまう。市民とは、男性の属性・能力・活動をもとに構築されているのである。女性は、現在の言葉のとおりの意味では、完全な市民にはなり得ない。女性にシティズンシップが拡大されても、せいぜい劣った男性と扱われるのが関の山である。さらに家父長的な福祉国家では、女性の責任に見合うような適切な社会的承認と支援を要求すると、まったく不完全なシティズンシップと、これまでどおり「女性」として公的生活に組み込まれるよう、女性に強いることになる。つまり女性は、他の領域の構成員とされ、ゆえに同胞（男性）市民の敬意を得られない。

オーストラリアと英国における児童手当は、ウルストンクラフトのディレンマの実例として示唆的である。女性のシティズンシップを向上させながら、女性の仕事を支援し家父長的権力に反対するような政策を実施しようとするのはどれほどむずかしいことか、この例ではっきりわかるだろう。両国では右派や自由放任主義の経済学者から、児童手当に反対する意見がみられた。児童手当は、子どもを扶養する父親の義務を蝕み、市場で自分の労働力を売り込む「意欲」を失わせるというのである。一九二〇年代に児童手当を主張したフェミニスト、特にもっとも有名な英国のエレノア・ラズボーンは、稼ぎ主の賃金では家族の基本的ニーズが満たせない家庭の貧困を緩和することは、国の福祉に関する論争の一部にすぎないと考えていた。フェミニストたちは、妻の経済的従属と男女同一賃金の問題にも、大きな関心を抱いた。市場の賃金交渉とは関係なく、国が子どもの扶養（やそれとほぼ同等の貢献）を補完するならば、同一労働の男女が同一賃金であってはならない理由がない。一九二四年にラズボーンは、「母親という生産者集団が外の集団に従属したり、共同体での富の取り分を剝奪されることは、決して正当化できない」と述べた[71]。彼女は、児童手当は「子どもの養育や国民の再生産を、決定的に賃金の問題と切り離す」にすぎないと論じたのである[72]。

だが、児童手当の支給を主張したのは、フェミニストだけではなかった。そのせいで児童手当の政策は、賃金と被扶養者という公的な問題からいとも簡単に切り離され、女性の私的な貢献に対する見返りや認知としか見なされなくなったのである。児童手当を擁護する人々には、優生学者や出産奨励主義者もいたし、家族手当は資本家階級や国家にとって賃金を低く抑える手段と映った。英国の労働組合運動では、家族手当に反対する人が多かった。導入されれば、賃金交渉において労働組合の力が弱まるのではと恐れたからである。女性の労働組合員たちも反対した。家族手当が、女性に賃金労働をやめるよう説得するために利用されかねないと疑ったのである。労働組合員のなかには、住宅・教育・保健といった社会サーヴィスを先に向上させるべきだという意見もあり、労働組合会議（ＴＵＣ）は一九三〇年代にこの見解を採用した。だが、男性は、自分たちの私的・家父長的な特権にも関心を払っただろうか。ラズボーンは以下のように主張した。「勤労男性の指導者層のものの見方は、無意識に性的な偏見によって歪められている。……かれらは、自分の妻や子どもを独立した人格と認めるのは不本意であることを隠しているのではないか[73]」。

一九四一年までに、労働組合運動で家族手当を支持する人々は勝利をおさめた。一九四六年に政府は、戦後復興計画の一環として家族手当を導入した。家族手当法は、「通常の家長」である父親に支給するものと定めていた。しかし、女性団体のロビー活動の末に、これは自由投票でくつがえされ、手当は母親に直接支給されることとなった。オーストラリアでは、労働組合運動は一九二〇年代に児童手当を要求するようになった（一九二七年にニューサウスウェールズ州で導入され、一九四一年には連邦全体に拡がった）。だが労働組合は、再分配政策という観点で児童手当を支持しただけだった。世帯にとって足しになると考えたが、家族賃金を崩壊させるものとは見なかったのである。[74] 一九七〇年代に両国の女性団体は、家族手当と「男性の札入れ《ウォレット》から女性の財布《パース》へ」という再分配原則を再度擁護しなければならなかった。

　家族手当は賃金制度を民主的に再構成するであろう、というエレノア・ラズボーンらフェミニストの期待はかなわなかった。それでも家族手当は、女性の権利の特典としていまでも母親に支給されている。その意味で家族手当は、既婚女性を福祉国家の自立した構成員と認める重要な指標である（非常に少額ではあるが）。だが、この手当は母親である女性に支給される。一私人としての母親へ支給すると、福祉国家の自立した市民という彼女の地位を否定することになるのだろうか。より一般的にいえば、日常生活で女性をしっかり支援し、かつ、女性が自律した市民でいられる真のデモクラシーのための環境づくりをする福祉政策は可能なのだろうか。そうしたデモクラシーではわたくしたちは、あらゆる面で男の対極として構築された（保護され、依存・従属した）「女」ではなく、「女たち」として行動できる。要するに、ウルストンクラフトのディレンマを解消することが必要なのであり、そしてそれは可能なはずである。

　福祉国家の構造は、女性が男性の被扶養者であることを前提としている。しかし公的な給付金は、女性を経済的に自立させるのに役立つ。わたくしが検討してきた諸国では、国家の給付金に頼る女性の生活は貧しい。だが、女性が結婚したり男性と同居することは、もはや、かつてほど必要ではなくなっている。近年、「福祉マザー」についてモラル・パニックが拡がっており、彼女たちの境遇の重要な特色を見えづらくしている。稼ぎ主・被扶養者を理想とする社会的基盤がどれほど崩壊しているかだけではない。若い労働者階級の女性は、大多数が就職する（または職のある若い男性を見つける）見込みがほとんどないのである。だが、男性のつれあいという以外に、女性に用意された社会的アイデンティティがひとつある。社会が女性に保障し認めているのは、いまだに母親というアイデンティティである。そして、国の給付金が母親業を支えることは、「目的を失って失業手当を受給している若者に選択肢と自己決定権を与える」かのように、多くの若い女性は思うだろう。だが、自立し、「従順に女らしさへ閉じこもらない反抗的な母親でいる[75]」のは、高くつく。福祉国家は最低所得と（しばしば標準以下の）住居を提供してくれるだろうが、保育サーヴィスなどの支援はない。そのため若い女性は孤立しがちで、社会的難民から脱却する出口が見えない。たとえ英国、オーストラリア、合州国の福祉国家政策が、十分な給付金や適切な住居、医療、保育等の諸サーヴィスを母親が利用できるように改革されたとしても、国への依存は劣等市民という女性の地位を新たな形で強化しかねない。

フェミニストのなかには、「女性の頼みの綱」「政治的に見て、女性の財源の柱といってもよい[76]」と、福祉国家を熱心に擁護する人もいる。たとえばオーストラリアでは、「過去一〇年間［一九七五〜八五年］に、女性の政策機構が拡大し、他国では見られない政府が助成する（女性による女性向け）事業が創出された[77]」と指摘される。だが、このように熱弁をふるっても、他のフェミニストから「福祉国家に期待するのは、依存する相手を男から国家に替えただけではないか」といい返される。夫の権力とわがままが、国家の専制・官僚制・権力に置き換わろうとしている。国家こそ、家父長的な権力を支えてきたのだ、というわけである。こうした批判には説得力がある。女性を国家に直接依存させても、家父長的な権力関係に何も異議を唱えていないからである。国が資本主義を規制したり助成したりする制度（およびオーストラリアの場合には連邦仲裁裁判所）が生活水準を決めてきた以上、男性労働者が福祉国家に直接依存しようが間接的に依存しようが、階級の力は衰えなかったのだから。とはいえ、こうした批判は重要な点を見逃してもいる。女性を男性の被扶養者と見るか、福祉国家に依存する人と見るかには、大きな違いがひとつある。前者の場合、女性はそれぞれ、男性の善意にすがって生活する。(J・S・ミルのきわめて適切な表現を用いるならば) 女性は「贈賄と脅迫との結合した慢性病にかかって」いるのである。[78] 後者の福祉国家の場合、女性はみな、権利に従って自分のものを受け取るのであり、自分の正当な主張を実現するために他の市民と団結する可能性がある。国家は脅迫する強大な権力を持っているが、政治活動は公的領域で集合的にするのであって、家の閉じたドアの陰でするのではない。女性は、家のなかでは自分の力と資源しかあてにできないのだ。

また、女性がいまや賃金雇用者として大規模に福祉国家に編入されていることも新しい要因であり、女性の政治活動に新たな可能性も生まれた。女性は近年、福祉国家批判を展開してきたが、それはたんに研究者や活動家、あるいは福祉サーヴィスの受益者や利用者として語ったのではない。福祉国家の日常業務にかなり依存せざるを得ない人間として、批判してもいるのである。批判の対象は、福祉国家の家父長的構造 (特にヘルスケアの場合に、女性を嫌悪する慣習) や官僚的で非民主的な政策決定と行政、社会福祉事業、教育政策まで及ぶ。福祉国家を改革する小さな試みはそのなかからはじまっている。たとえば、英国ではNHSのなかに婦人科保健相談クリニックができたし、オーストラリアの公立病院にはレイプ被害者に対応する特別な部局ができた。さらに、福祉国家で政治的に活動的になった女性の賃金雇用者、女性の福祉受給者、女性の市民が、統一行動をとる可能性がいまや存在する。その統一行動は、たんに政府の福祉削減や (近年多くのエネルギーが傾注されている)「民営化」推進に反対して既存のサーヴィスを守ろうとするだけでなく、福祉国家を変容させようとするものである。女性だけでこうした試みを成功させられるとは、やはり思えない。すべての市民に福祉を供する真のデモクラシーを創出するには、家父長的な権力の問題があることを労働運動が認め、自律した女性運動が階級権力の問題を認識し、両者が協力することが必要である。そのような協力ができるのかどうかは、まだわからない。

大量の失業と、レーガン＝サッチャー政権による労働運動と福祉国家の攻撃のせいで議論と見直しが起こったが、乗り越えなければならない壁はたくさんある。英国とオーストラリアは、強い福祉国家で、女性運動と労働者階級の運動は合州国よりも親密な間柄である。合州国では、リベラル・フェミニズムの個人主義が優勢なためその傾向はなく、労働人口の組合加入率はいまや一七パーセントにすぎない。組合の権威主義的で序列的で非民主的なやり方をこの二〇年間批判してきたのは、おもに女性運動だった。女性運動が示した民主的で脱中心的な組織の実例は、労働運動からも学界での民主主義の論争からも、ほとんど無視された。労働運動で支配的だった第一インターナショナルでマルクスがバクーニンを打ち負かして以来、英国や東側諸国では、福祉国家であれ戦争国家であれ、国家の序列構造を模倣して国有産業を創出した。確かに産業デモクラシーと労働者の自主管理を求める運動はあるものの、「労働者」の男性的なイメージは受け入れられてきたし、（公的な）産業や経済的生産と、私生活との区別は問わないままだった。女性運動は、長らく隠蔽されてきた思想を救い出し、実践に移してきた。社会変革を目指す運動や変革の試みは、社会組織の来たるべき形を「先取りする」ものでなければならない、という思想である。[79]

女性運動が立ち上げた「型にはまらない」福祉サーヴィスのように、来たるべき組織を先取りするやり方が例外扱いされず、大きく拡がるなら、これまで受け入れられてきた多くの概念や慣習を問い直さなければならないだろう。サッチャーの経済政策と左派によるその代替案とか、オーストラリアの政労使合意についての最近の論争は、組合の政策担当者がいまだに女性運動の主張や要求を認識していないことを物語る。たとえば、男性労働者は、失業を防ぐためには、従業員の週労働時間を短縮して休日を増やすか、賃金はそのままにして労働時間を増やせばよいと考える。しかし、女性の生活においては、時間とお金は等価ではない。[80]男性とは違って、女性は「仕事」の後も暇な時間はなく、無償労働をするのである。多くの女性はむしろ、一日の労働時間の短縮を主張する。ここでの論点は、賃金雇用のなかでのパートタイムとフルタイムの分離、賃金「労働」と無償「労働」の分離へ疑問を呈することである。だが、ウルストンクラフトのディレンマを解消するためには、シティズンシップ概念の徹底的な見直しも必要である。労働運動も女性運動も（デモクラシー論者も）、この点にあまり注意を払ってこなかった。公と私、女性と市民、扶養者と稼ぎ主といった家父長的な対置は、いまではかつてほどには確たる基盤をなしておらず、フェミニストは政治的問題と呼んだ。福祉国家の中心にあった完全雇用という理想も崩れつつあり、シティズンシップを家父長的に理解するためのおもな柱はいくつか消え失せようとしている。一九六〇年代に完全雇用の理想が実現したかのように見えたのは、全市民のうちの半分（と黒人男性も？）が雇用社会の正統な構成員として認められなかったからにすぎない。いまや数百万人の男性が完全雇用という理想から締め出されている（し、これは恒常化しているように見える）。そのため、普遍的シティズンシップの理念も放棄され、完全なシティズンシップは資本主義者で武装した就労男性の特権と化す可能性がある。それとも、真のデモクラシーが創出され得るのだろうか。

デモクラシーを階級問題と見ることと、リベラル・フェミニズムの影響が合わさり、「全女性を公的産業に復帰させる」[81]というエンゲルスの古びた「女性問題」解決法を生き長らえさせてきた。だが、経済の構造は家父長的である。マルクス主義は、属性に関係なく労働力を生みだすだろうと資本主義に期待していた。リベラル・フェミニズムは、差別を禁止する法整備によって「ジェンダー中立」的な労働力が創出されると期待してきた。いずれの期待も、完全雇用という理想が崩壊せずともユートピア的に見える。エンゲルスの解決法の手に余るし、この方法は男性的なシティズンシップを女性に一般化するものでしかない。かといって、シティズンシップの平等な価値や、市民の自尊心と相互の尊重は、市場における労働力の販売や家父長的福祉国家の支給に大きく左右されるという議論もまた、力を失っていつつある。民主的シティズンシップにふさわしい尊重や平等な価値という概念を定式化するために、道が開かれつつある。男性が労働者として手に入れる尊重・自尊心を、女性は「受ける」ことも勝ち取ることもできなかった。だが男性は、労働力を売って賃金奴隷になり下がっており、一体いかなる尊重を「勝ちえて」いるというのか。この点で職場のデモクラシーを求める運動とフェミニズム運動は手を携えることができるだろうが、そのためには従来の「仕事」についての理解を再考しなければならない。女性が男性と同様に完全な市民となるためには、福祉国家や雇用と、女性が提供する無償の福祉労働を分けるのをやめるべきであり、「自立」「仕事」「福祉」の新たな意味と実践をつくり出さなければならない。

たとえば、すべての成人に社会的所得を保証するよう福祉政策に求める、よく知られた政治運動の意味を考えてみよう。社会的所得は、生きていくためと、社会生活に参加するために支給される、最低限のお金である。[82] このような要求がなされるからには、古い二元論が打破されはじめたに違いない。つまり、賃金労働と無償労働の対置であり（この対置がなくなれば、すべての個人ははじめて、賃金労働に従事するか否かについて本当に選択できるようになるだろう）、フルタイム労働とパートタイム労働の対置であり、公的な仕事と私的な仕事の対置であり、自立と依存の対置であり、労働と福祉の対置である。要するにこうした二元論は、男と女の対置に相当する。社会的所得の政策が実施されれば、それだけで女性は完全なシティズンシップを手にできないにせよ、少なくとも福祉国家の平等な成員と認められるだろう。真のデモクラシーが創出されるべきならば、女性の市民としての貢献の内容と価値、およびシティズンシップの意味という問題に正面から向き合わなければならない。

ヘーゲルのディレンマという視点から福祉国家を分析すると、以上のような問題は無視されてしまう。だが、この一五〇年の歴史と現代の事実は、社会の全成員の福祉は、労働者であれ資本家であれ、男だけでは代表できないことを示している。福祉とは結局のところ、現世代の市民とその子どもたちのものである。福祉国家が、ヘーゲルのディレンマに対する解答と見なされてしまうと、女性のシティズンシップに関して、どうすれば男性のように労働者や市民、福祉国家の一員になれるだろうかと問うのが適切である。それに対して、話の出発点がウルストンクラフトのディレンマであるならば、次のような問いが浮かぶだろう。各世代の安定した福祉を確保することがあらゆる市民のつとめならば、民主的シティズンシップはいかなる形態をとるべきか。

労働運動と女性運動は福祉国家を求めて戦い、支持してきた。民主国家のすべての市民に対して適切な生活水準と意味のある政治参加の手段を保持できるのは、公的扶助と集合的供給しかないからである。これは、民主的市民は自律的であるとともに相互依存的だということである。つまり市民は、各人が能動的市民であるための手段を享受するという意味で自律的であるが、同時に、それぞれが受ける福祉は全市民の集合的責任であるという意味で相互に依存し合っているのである。福祉国家の階級構造を批判する論者は、市場で孤立した個人の寒々しい自立と、福祉国家に表象される家父長的な相互依存（連帯）を対置することが多い。だがかれらは、どちらも女性の依存（従属）に基づくとは、ほとんど言及していない。家父長的な福祉国家においては、自立は男性的な特権として構築されてきたのである。労働者であり市民である男性の「自立」とは、(福祉国家に「貢献する」以外は)福祉に対する責任の免除を意味する。それに対して女性は、(私的な)福祉労働にも、依存と相互依存の関係にも、責任があると見なされてきた。被扶養者で社会的難民の女性の「貢献」は福祉国家のシティズンシップには政治的に無関係とされたのに、福祉に関しては女性に大きく依存してきたというのは、矛盾である。女性の賃金雇用も福祉国家そのものの活動にきわめて重要となった今日、この矛盾はいっそう強まっている。

福祉に関する女性の知識と技能が市民としての貢献に算入されるならば、二〇世紀をつうじて女性が要求してきたように、男の自立と女の依存という対置をなくし、新たなシティズンシップの理解と実践をつくっていかなければならない。自立と労働とシティズンシップが等置され、女性はそれらと対立する、という家父長的な二元論は、政治的な異議を申し立てられ、(男性の)完全雇用という理想を支える社会的基盤は消えつつある。真のデモクラシーを創出し、福祉国家から不本意な社会的難民のいない福祉社会へ移行するチャンス到来である。そうした社会では、女性は男性と同様に完全な社会の構成員となる。もっとも現在、戦争国家が福祉国家に影を落としているため、そうした機会が実現するかどうか、語るのは容易ではないが。

1　R. Williams, *Keywords: A Vocabulary of Culture and Society*, revised ed. (New York: Oxford University Press, 1985), p. 333〔R・ウィリアムズ/椎名美智・武田ちあき・越智博美・松井優子訳『完訳　キーワード辞典』(平凡社、二〇〇二年)、三三六頁〕.

2 わたくしは次の拙著で、近代の「家父長制」概念を、女性への男性の体系的な権力行使として理論的に詳述している。*The Sexual Contract* (Cambridge: Polity Press, 1988; Stanford CA: Stanford University Press, 1988). 本書第2章では、この問題に関して何点か簡潔に論じているので、参照されたい。

3 女性が市民として形式的に参政権が与えられたのは、オーストラリアでは一九〇二年、アメリカ合州国では一九二〇年、英国では一九二八年である（英国の場合、一九一八年の女性参政権は三〇歳以上の女性に限られていた）。

4 スカンジナヴィア諸国については、たとえば以下の文献を参照。*Patriarchy in a Welfare Society*, ed. H. Holter (Oslo: Universitetsforlaget, 1984). 特に、この文献に所収の次の論文は有用である。H. Hernes, "Women and the Welfare State: The Transition from Private to Public Dependence". および以下も参照。*Unfinished Democracy: Women in Nordic Politics*, eds. E. Haavio-Mannila et al. (Oxford and New York: Pergamon Press, 1985).

5 Z. R. Eisenstein, *Feminism and Sexual Equality* (New York: Monthly Review Press, 1984), p. 125.

6 B. Nelson, "Women's Poverty and Women's Citizenship: Some Political Consequences of Economic Marginality", *Signs*, 10(2) (1984), p. 221.

7 S. Erie, M. Rein and B. Wiget, "Women and the Reagan Revolution: Thermidor for the Social Welfare Economy", in *Families, Politics and Public Policy: A Feminist Dialogue on Women and the State*, ed. I. Diamond (New York: Longman, 1983), p. 96.

8 Ibid., p. 100.

9 S. Kamerman, "Women, Children and Poverty: Public Policies and Female-Headed Families in Industrialized Countries", *Signs*, 10(2) (1984), p. 250.

10 J. Smith, "The Paradox of Women's Poverty: Wage-Earning Women and Economic Transformation", *Signs*, 10(2) (1984), p. 291.

11 B. Ehrenreich and F. Fox Piven, "The Feminization of Poverty", *Dissent* (Spring 1984), p. 162.

12 L. Bryson, "Women as Welfare Recipients: Women, Poverty and the State", in *Women, Social Welfare and the State*, eds. C. Baldock and B. Cass (Sydney: Allen & Unwin, 1983), p. 135.

13 B. Cass, "Rewards for Women's Work", in *Women, Social Science and Public Policy*, eds. J. Goodnow and C. Pateman (Sydney:

Allen & Unwin, 1985), p. 92. キャスは、植民地時代も独立後も扶助を求めるオーストラリアの貧困層に、女性と子どもが非常に多かったことにも言及している (p. 70)。同様に英国では、一八三四年以来の新救貧法の時代には、救済の対象者の大半は女性であり、最貧層のなかでも女性が非常に多かった。以下を参照。D. Groves, "Members and Survivors: Women and Retirement Pensions Legislation", in *Women's Welfare Women's Rights*, ed. J. Lewis (London and Canberra: Croom Helm, 1983), p. 40.

14 L. Doyal, "Women and the National Health Service: the Carers and the Careless", in *Women, Health and Healing*, eds. E. Lewin and V. Olesen (London: Tavistock, 1985), pp. 237, 253.

15 H. Land, "Beggars Can't Be Choosers", *New Statesman* (17 May 1985), p. 8.

16 Ehrenreich and Fox Piven, "The Feminization of Poverty", p. 165; also Erie et al., "Women and Reagan Revolution", pp. 100–3.

17 D. Moon, "The Moral Basis of the Democratic Welfare State", in *Democracy and the Welfare State*, ed. Amy Gutmann (Princeton, NJ: Princeton University Press, 1988).

18 たとえば以下を参照。T. Brennan and C. Pateman, "'Mere Auxiliaries to the Commonwealth': Women and the Origins of Liberalism", *Political Studies*, 27 (1979), pp. 183–200. また、本書第1章も見られたい。

19 この用語は以下の文献による。J. Keane and J. Owens, *After Full Employment* (London: Hutchinson, 1986), p. 11.

20 Ibid., pp. 15–18, 89–90.

21 G. W. F. Hegel, *Philosophy of Right*, tr. T. M. Knox (Oxford: Clarendon Press, 1952) §171〔G・W・F・ヘーゲル/上妻精・佐藤康邦・山田忠彰訳『ヘーゲル全集9b　法の哲学　下巻』(岩波書店、二〇〇一年)、三三七頁〕.

22 T. H. Marshall, "Citizenship and Social Class", reprinted in *States and Societies*, eds. D. Held et al. (New York: New York University Press, 1983), p. 253〔T・H・マーシャル/岩崎信彦・中村健吾訳『シティズンシップと社会的階級』(法律文化社、一九九三年)、三七頁〕.

23 Ibid., pp. 250–1, 257〔同訳、二二—二六頁、六一頁〕.

24 この露骨な表現は、以下の文献による。Judith Stiehm, "Myths Necessary to the Pursuit of War" (unpublished paper), p. 11.

25 特に以下を参照。F. Cobbe, "Wife Torture in England", *The Contemporary Review*, 32 (1878), pp. 55–87. またたとえば、一八六七年に女性参政権の要求を下院に提出したミルの所見が、以下の文献に再録されているのでそちらも参照されたい。*Women, the Family and Freedom: The Debate in Documents*, eds. S. Bell and K. Offen, vol. 1 (Stanford, CA: Stanford University Press, 1983), p. 487.

26 この点についてのさらなる詳細は、本書第4章を見られたい。

27 D. Deacon, "Political Arithmetic: The Nineteenth-Century Australian Census and the Construction of the Dependent Woman", *Signs*, 11(1) (1985), p. 31 (わたくしのここでの議論は、この文献に依拠している). また以下も参照。H. Land, "The Family Wage", *Feminist Review*, 6 (1980), p. 60.

28 T. Skocpol, "The Limits of the New Deal System and the Roots of Contemporary Welfare Dilemmas", in *The Politics of Social Policy in the United States*, eds. M. Weir, A. Orloff and T. Skocpol (Princeton, NJ: Princeton University Press, 1988).

29 Nelson, "Women's Poverty and Women's Citizenship", pp. 222–3.

30 M. Owen, "Women – A Wastefully Exploited Resource", *Search*, 15 (1984), pp. 271–2.

31 トムソンは功利主義者であったが、同時にフェミニストでもあり、協同組合主義的社会主義者でもあった。そしてかれは、たいていの功利主義者よりも真剣に個人主義的な立場に立っていた。その著作『人類の半数である女性の訴え』(W. Thompson, *Appeal of One Half the Human Race, Women, against the Pretensions of the Other Half, Men, to Retain Them in Political, and then in Civil and Domestic Slavery*, New York: Source Book Press, 1970 [初版は一八二五年]) で、トムソンは、利益あるいは「幸福のための手段」の配分を検討することが重要だと語り、「あらゆる家族のすべての個人が十分に納得するところまで」「利益の区分」がなされなければならないと論じた。それに対して、夫・父親の専制のもとでは、「各人の利益が増進されるのは、主人の利益と一致するかそれに役立つ限りでしかない」というのである (pp. 46–7, 49)。

32 ビアトリクス・キャンベルが注意を喚起しているように、「女の貧困から男が利益を引き出すのは恥ずべきことだが、この秘密を維持することで男は免責されてしまっている。家計は、男女間の勘定の私的な解決と見なされている。労働者階級の一家の収入が男に多く配分されることは、男が労働運動で勝ち取った権利であって、労働運動は公的な政治的圧力には影響されないのである」（B. Campbell, *Wigan Pier Revisited: Poverty and Politics in the 80s*, London: Vigaro Press, 1984, p. 57）。妻はふつう、子どもの食生活や家賃の支払い等に責任を負っているが、こうした基本的ニーズのためにお金をどう配分するかを、妻がつねに決めているわけではない。しかも、経済的に困窮すれば、女性はお金だけでなく食事にも事欠くことになる。つまり妻は自分よりも、「稼ぎ主」と子どもたちの食の確保を優先するであろう。

33 L. J. Weitzman, *The Divorce Revolution*（New York: The Free Press, 1985）, chap. 10, esp. pp. 337–40.

34 Deacon, “Political Arithmetic”, p. 39.

35 以下の文献に引用されている。A. Phillips, *Hidden Hands: Women and Economic Policies*（London: Pluto Press, 1983）, p. 76.

36 以下を参照。M. Barrett and M. McIntosh, “The ‘Family Wage’: Some Problems for Socialists and Feminists”, *Capital and Class*, 11（1980）, pp. 56–9.

37 Ibid., p. 58.

38 Smith, “The Paradox of Women’s Poverty”, p. 300.

39 Phillips, *Hidden Hands*, p. 21.

40 こうした理解は、男女とも一般的である（女性が自分をどう理解するかは、しばしばいわれるような「社会化」の結果ではなく、家庭と職場で女性がどんな構造的位置に置かれているかに由来する現実の評価である。この点については後に論じる）。女性の労働者のこのような見方については、以下の文献が経験的証拠を示している。A. Pollert, *Girls, Wives, Factory Lives*（London: Macmillan, 1981）; J. Wacjman, *Women in Control: Dilemmas of a Worker’s Cooperative*（New York: St Martin’s Press, 1983）.

41 C. Baldock, “Public Policies and the Paid Work of Women”, in Baldock and Cass, *Women, Social Welfare and the State*, pp. 34, 40.

42 Land, “The Family Wage”, p. 62.

43 B. Cass, “Redistribution to Children and to Mothers: A History of Child Endowment and Family Allowances”, in Baldock and Cass, *Women, Social Welfare and the State*, p. 62.

44 Campbell, *Wigan Pier Revisited*, pp. 130–1.

45 A. Hacker, "'Welfare': The Future of Illusion", *New York Review of Books*, 28 February 1985, p. 41.

46 Ehrenreich and Fox Piven, "The Feminization of Poverty", p. 163.

47 S. Hewlett, *A Lesser Life: The Myth of Women's Liberation in America* (New York: William Morrow, 1986), p. 76.

48 Women's Bureau, Department of Employment and Industrial Relations, *Women At Work* (April 1986).

49 I. Bruegel, "Women's Employment, Legislation and the Labour Market", in Lewis, *Women's Welfare*, p. 133 and table 7.4.

50 「熟練《スキル》」というのも、家父長的な範疇である。「熟練」労働は男性のものである。以下の文献における議論を参照。C. Cockburn, *Brothers: Male Dominance and Technological Change* (London: Pluto Press, 1983), pp. 112–22.

51 Doyle, "Women and the National Health Service", pp. 250–4; and A. Oakley, "Women and Health Policy", in Lewis, *Women's Welfare*, p. 120 and table 6.3.

52 *Women at Work*, April 1986.

53 Phillips, *Hidden Hands*, p. 15.

54 Bruegel, "Women's Employment", p. 135.

55 Hewlett, *A Lesser Life*, p. 72.

56 Smith, "The Paradox of Women's Poverty", pp. 304, 307; quotation, p. 306.

57 J. Dale and P. Foser, *Feminists and the Welfare State* (London: Routledge & Kegan Paul, 1986), p. 112.

58 H. Land, "Who Cares for the Family?", *Journal of Social Policy* 7(3) (1978), pp. 268–9. ランドによれば、旧救貧法のもとであっても、女性の倍もの男性が施設外で救済されていた。病気や虚弱のために救貧施設《ワークハウス》の監督下に置かれていたのは、女性よりも高齢男性の方が多かった。女性は健康体だからという理由で、そうした監督をする側だと見なされていた。

59 Campbell, *Wigan Pier Revisited*, p. 76.

60 Nelson, "Woman's Poverty and Women's Citizenship", pp. 229–30.

61 二つの引用は、いずれも以下の文献からのものである。Land, "The Family Wage", p. 72.

62 以下の文献に引用されている。Dale and Foster, *Feminists and the Welfare State*, p. 17.

63 H. Land, "Who Still Cares for the Family?", in Lewis, *Women's Welfare*, p. 70.

64 M. Davis, *Maternity: Letters from Working Women* (New York: Norton, 1978) (first published 1915).

65 これは、以下の文献による。Land, "Who Cares for the Family?", pp. 263–4.

66 Land, "Who Cares for the Family?", p. 73.

67 以下の文献に引用されている。Dale and Foster, *Feminists and the Welfare State*, p. 3.

68 二つの世界大戦の戦間期に、女性運動内では、産業に従事する女性を保護する法制をめぐって注目すべき論争があった。平等なシティズンシップは、女性が男性と同じ条件の下で働くようにするために、女性保護の撤廃を必要とするものなのか。それとも、そうした保護のための法制は女性の利益になったのか。そして、男女の労働者双方に対して適切な健康と安全を保証することこそ、いまや真の問題になったのか――等々という論争である。

69 わたくしは以前こうした論議について、以下の講演でより詳細に論じたことがある。C. Pateman, "Women and Democratic Citizenship", The Jefferson Memorial Lectures, University of California, Berkeley, 1985, Lecture I.

70 たとえば、ウルストンクラフトは次のように述べている。「女性全体について述べれば、女性が果たすべき第一の義務は、理性的な人間としての義務である。そして、第二に重要なのは、女性を市民として考えた場合の、母親としての義務であり、これにはたくさんの義務が含まれている」。彼女が期待したのは、「男性は必ず市民としての義務を果たさねばならなくて、もし義務を果たさないようなことがあれば、かれは軽蔑される」ような時代、そして「かれが市民生活を構成するいずれかの分野で働いている間、同じように活動的な市民であるかれの妻は、男性が仕事に打ち込むのと同じように、家庭を管理したり、子どもを教育したり、隣人を助けたりすることに専心する」ような時代が到来することであった。M. Wollstonecraft, *A Vindication of the Rights of Woman* (New York: Norton, 1975), pp. 145, 146〔M・ウルストンクラフト／臼井堯子訳『女性の権利の擁護――政治および道徳問題の批判をこめて』（未來社、一九八〇年）、二七五―二七六頁〕.

71 以下の文献に引用されている。Land, "The Family Wage", p. 63.

72 以下の文献に引用されている。Cass, "Redistribution to Children and to Mothers", p. 57. わたくしの議論は、ランドと

キャスに沿う形でなされている。その同じ時代にアメリカ合州国では、フェミニストは母親年金の導入を求める運動を支援していた。家族手当の資格者である母親と異なり、年金受給資格のある母親は男性の稼ぎ主を持たない人々であった。母親年金の錯綜した問題については、以下の報告ペーパーで論じられている。W. Sarvesy, "The Contradictory Legacy of the Feminist Welfare State Founders", paper presented to the annual meeting of the American Political Science Association, Washington DC, 1986.

73 以下の文献に引用されている。Cass, "Redistribution", p. 59.

74 Ibid., pp. 60–1.

75 Campbell, *Wigan Pier Revisited*, pp. 66, 78, 71.

76 F. Fox Piven, "Women and the State: Ideology, Power, and the Welfare State", *Socialist Review* 14(2)(1984), pp. 14, 17.

77 M. Sawer, "The Long March through the Institutions: Women's Affairs under Fraser and Hawke", paper presented to the annual meeting of the Australasian Political Studies Association, Brisbane, 1986, p. 1.

78 J. S. Mill, "The Subjection of Women", in *Essays on Sex Equality*, ed. A. Rossi (Chicago: University of Chicago Press, 1970), p. 137〔J・S・ミル／大内兵衛・大内節子訳『女性の解放』（岩波文庫、一九五七年）、五二頁〕.

79 以下の文献を参照。S. Rowbotham, L. Segal and H. Wainright, *Beyond the Fragments: Feminism and the Making of Socialism* (London: Merlin Press, 1979). この文献は、英国の左翼陣営・労働運動内で、こうした問題に関する論争の口火を切る役割を果たした。

80 生活の時間枠が男女で異なるということが政治的に持つ意味については、以下の文献を参照。H. Hernes, *Welfare State and Woman Power: Essays in State Feminism* (Oslo: Norwegian University Press, 1987), chap. 5.

81 F. Engels, *The Origin of the Family, Private Property and the State* (New York: International Publishers, 1942), p. 66〔F・エンゲルス／戸原四郎訳『家族・私有財産・国家の起源』（岩波文庫、一九六五年）、九八頁〕.

82 この点については、以下の文献における議論も参照。Keane and Owens, *After Full Employment*, pp. 175–7.

（一九八八年）

第9章　フェミニズムとデモクラシー

フェミニストは、本章のテーマをバッサリ切り捨ててしまうかもしれない。フェミニストにとって、デモクラシーなどあったためしはなかった。女性は昔もいまも、いかなる「民主主義」国においても、完全かつ平等な構成員・市民として認められたことなどない、というわけである。ヴァージニア・ウルフが『三ギニー』で指摘したように、フェミニズムの歴史では、リベラルな社会とはふつう、独特の衣装や制服で区別される男性専用のクラブといったイメージで語られてきた。そのクラブには、議会、裁判所、政党、軍や警察、大学、職場、労働組合、パブリック（私立）スクール、会員制の高級クラブ、余暇を楽しむ一般的なクラブ組織などが含まれる。女性は、そのすべてから排除されているか、あるいはたんに補助的な存在でしかない。フェミニストは、デモクラシーに関する学術的な議論にも、これが当てはまると確信するだろう。フェミニズムや男女関係の構造は、デモクラシーの論点としては当然そぐわないと見なされがちだからだ。「デモクラシー」と女性の従属は矛盾しないし、政治生活への完全かつ平等な参加から女性を排除しても「デモクラシー」には何の問題もない、という前提は二〇〇〇年変わっておらず、それをこの論考に与えられたわずかな紙幅でくつがえすことはほぼ不可能である。そこでわたくしは、デモクラシーにとってなぜフェミニズムがもっとも重要な異議申し立てであり、包括的な批判を加えるものなのかを示したい。この場合のデモクラシーには、見かけはリベラルな既存のデモクラシーも、将来起こり得る参加型・自主管理型デモクラシーも含まれる。

フェミニストに対しては、次のような反論があるだろう。一世紀以上かけて法を改正して普通選挙権を導入し、女性はいまや市民的・政治的に男性と平等になったのだから、いまさらフェミニズムが現代デモクラシーの理論と実践に貢献することはほとんどあるいはまったくない、と。だがこの見解は、リベラルな民主社会の真の性格を理解するのに重要な多くのものごとを無視している。女性が（多少なりとも）手に入れた形だけ平等な市民的地位に矛盾するような、根深い考え方がはびこっているし、それを表す社会的慣習も現に存在するのだ。フェミニズムに対する反論は、社会的不平等は政治的平等とは無関係だとするリベラルな主張に基づく。リベラルな原理を女性に拡げて普遍化しつつ、しかも私的生活と政治生活との区分を維持しようという試みは、さまざまな問題を生むのだが、それは無視されてしまう。この、私的生活と政治生活の区分こそ、リベラル・デモクラシーの中核部分にあり、女性と男性の区分でもある。リベラルなデモクラシー論者がこうした疑問に取り組まないのなら、リベラル・デモクラシーに批判的な人々（参加デモクラシーの支持者も含む）こそ激しく議論を戦わせるものと思われたかもしれない。だがかれらは、リベラル・デモクラシーの階級構造や不平等がいかに形ばかりの政治的平等を切り崩すか厳しい目を注いできたというのに、自由主義国家のリベラリズムを民主的なものに変える上で、性による不平等や家父長的秩序がどれほど重要な意味を持つか、ほとんど検討してこなかった。現在のデモクラシーを擁護する人であれ批判する人であれ、たとえば自由や同意をめぐる自分の議論が女性にも当てはまるのか、まったく考察しない。暗黙のうちに、「個人」や「市民」が男性であるかのように論じているのである。

　民主的選挙権あるいは普通選挙権が近年いかにして確立されたか、見過ごされることも多い。女性参政権運動（イングランドには、一八六六〜一九一四年の四八年間、持続的な組織運動があった）や、選挙権を与える政治的意味とその結果について、政治学者は驚くほど沈黙し続けている。デモクラシーを論じる人は、女性を有権者として位置づけることがむずかしいようだ。たとえば、シュンペーターはきわめて影響力を持った修正主義的な著書で、女性に選挙権を与えないからといってその政治体を「デモクラシー」と呼べないことにはならないと述べているが、これが論争を呼んだことはあるまい。バーバーは、スイスのカントンにおける直接デモクラシーについて興味深い説明をしているが、（一九七一年になってようやく実現した）女性の選挙権を非常に曖昧に扱っている。バーバーは、女性に選挙権を付与するのは「正しく公平なこと」だが、しかしそれによって「参加と共同体」が犠牲にされたと強調する。つまり、〔直接参加として重視される〕民会は規模が大きくなり過ぎてかえって参加が縮小し、〔共同体を蝕みかねない〕バラバラな原子的個人主義が公けに認められてしまい、〔共同体への市民の貢献としての〕民兵はもはや正当化され得なくなった、というのである。[1] バーバーの文章を読むと、女性の正当な要求が男性のシティズンシップのために犠牲にされるべきでないのかどうか、よくわからないままにされてしまう。また、ヴァーバ、ナイ、キムによる政治参加についての国際比較の著書では、オランダの義務投票制から任意投票制への移行を論じるなかで、「投票権は一般的になっていた」と言及している。同じページの脚注には、〔義務投票制と任意投票制の〕いずれの投票システムも「一有権者一票制」だったと書かれている。[2] しかし、果たして女性は投票したのだろうか。デモクラシー論は、無視されてきた歴史的な皮肉に満ちている。今日、フェミニストは次のように異議を唱えられることがよくある。「人間《マン》=男性」という言葉は「人間《ヒューマン・ビーイング》」を指すのだから、男性的な言葉が使われてもフェミニストは腹を立てるべきではない、と。だが、一八六七年に英国議会ではじめて女性参政権の法案が提出されたとき、それと正反対のことがいわれたのだった。（家長を意味する）「マン」という言葉は女性を含む一般的な言葉だというのが、この法案を支持する側の主張だったのだが、議会では〔「マン」は文字どおり男性だとして〕こうした主張は断固として拒絶されたのだ。皮肉というよりない。女性が民主的な政治生活においていかによそ者と見なされているか、マルゴリスの著書『実行可能なデモクラシー』に最近の事例を見出すことができる。マルゴリスは、「市民ブラウン」の歴史の物語から筆を起こしている。ブラウンは男性で、わたくしたちは、かれは一九二〇年に「数あるかれの勝利のうち近年最大のもの、すなわち女性の選挙権付与」を勝ち取ったと教わる。[3] このような描写によって、女性自身の民主化闘争は歴史から消し去られ、民主的な投票はもっぱら男性がつくり出したもの（あるいは男性からの贈り物）とされてしまうのである。

これらの例は、過去と現在の女性の社会的立場を表しており、たんに面白い読み物だとやり過ごすわけにはいかない。フェミニズム、リベラリズム、デモクラシー（デモクラシーとはシティズンシップが普遍的な政治秩序であり、シティズンシップとは共同体の成人した構成員ひとりひとりが持つ権利である）は、同じ源泉を共有している。フェミニズムは、性による支配・服従という社会関係を一般に批判し、性を越えて平等な将来を展望する。フェミニズムは、リベラリズムやデモクラシーと同様に、個人主義、すなわち個人は生まれながらに互いに自由かつ平等であるという考え方が、社会の組織化の普遍的な理論として発展したときにのみ現れる。だが、三〇〇年前、個人主義的な社会契約論者が家父長制を激しく攻撃しはじめたにもかかわらず、女性の立場については一般にどのようにアプローチされていたか。それはフィヒテの言葉が例示している。フィヒテは次のように問いを立てた。

女性は国家において男性が持つのと平等の権利を持つのだろうか。この問いはすでに問いからして笑いごとのように思われる。あらゆる権利能力の唯一の根拠が理性と自由であるならば、ともに同じ理性と同じ自由を有する両性の間で、どうして権利の違いが生じ得るというのだろうか。

そしてかれは、以下のように答えを出している。

とはいえ、人間が存在するようになってこのかた、一般的には事情は違っていたように見えるし、女性は自分の権利の行使という点で、男性におくれをとらされていたように見える。男女平等という一般的な感情には、もっと深いところにその根拠があるにちがいない。そしてその根拠を探究する必要性がしだいに差し迫ってきて、今日のように探求されるようになったのである。[4]

フェミニズムやデモクラシーに反対する人は、この「差し迫った必要性」を満たすのがむずかしいとは考えない。男女の「生まれながらの《ナチュラル》」差異に訴えて、異なる権利と地位は擁護されたし、現在もそうである。男女は違うのだから、女性は父親や夫に従属し、女性にふさわしい場所は家庭生活ということになる。自然《ネイチャー》を根拠とするこうした主張は、神話や古代までさかのぼることができる（今日では、科学を装った社会生物学でも散見される）。そうした主張が生き長らえているため、男女の自然の差異が人間にとって変わらぬ本質だという証に見える。だが、自然を根拠にした主張はそれぞれの時代にあった方法で定式化されるのであって、不変ではない。そして、リベラルな資本主義社会の発展という文脈では、リベラリズムの家父長的な構造が、個人の自由と平等というイデオロギーによって覆い隠されているようだ。

社会契約論者、特にロックは、父権的権力と政治権力は父親に対する息子の自然な服従に根拠づけられた同一の権力だとする家父長的な命題に対して、明確に異を唱えたとふつうは考えられている。ロックは確かに、自然的・家族的な紐帯と慣習的な政治生活を明確に区別した。ロックは、息子は成人すれば父親と同様に自由で平等となるのだから、誰かに統治されるとすれば同意によってしか正当化できない、と論じた。にもかかわらず、ロックがこの主張から女性（妻）を排除していたことは通常「忘れられて」いる。個人の生まれながらの自由と平等という前提に基づいて家父長主義者を批判したが、「個人」に含まれるのは男性だけだった。ロックは、女性は生まれながらに従属するものと考えた。女性が婚姻契約によってつねに夫に服従する地位に置かれるのに合意するのは当然と見なした。妻としての従属が「自然に根拠を持つ」とする点では家父長主義者と同じであり、家庭では夫の意思が、「より有能でより強い」者として「夫婦のあらゆる共通の関心事において、妻の意思」よりも必ず優先されなければならない、と論じている。[5] 一方では個人の自由と平等という前提があり、権威は慣習に基づくという考えがそこから導かれる。他方では、女性（妻）は生来従属する存在だとの前提がある。この二つの前提が矛盾することに、誰も気づかないまま今日に至っているのだ。同様に、仮に女性がもともと服従する存在だったり従属する者として生まれるならば、女性がその地位に同意や合意をしたと語る必要すらないことも認識されなかった。しかし、この矛盾と逆説は、デモクラシーの理論と実践の中核をなしている。妻の地位について沈黙が続くのは、家父長主義とリベラリズムが形を変えながらしっかり結びついている証拠である。歴史上はじめて、リベラルな個人主義は女性に対して、生まれながらに自由な個人として男性と平等な社会的立場を約束した。だが同時に、社会や経済の発展によって、妻が夫に服従するのは自然とされ続け、デモクラシー論者の研究領域からも、リベラリズムを民主化しようとする政治闘争からも、この問題は排除されてしまった。

　結婚した女性は、夫に仕える者として、また子どもの母親として、婚姻関係に基づく家庭にいるのがふさわしいという考えは、今日では非常に広範に浸透し、確固たるものになっている。そのためこの考えは、歴史的・文化的に特殊というよりも、人間存在にもともと備わった特徴であるように見えている。生産様式が資本主義的に組織化される歴史は、特定の形式の性別分業が発達した歴史でもある（たいていの文献は、この歴史に触れていないが）。社会契約論者が、不平等と服従を自然な序列とする家父長的な命題を攻撃した時代には、妻は夫と平等の存在ではなく、夫の扶養家族でもなかった。妻は、経済的生産における協力者・パートナーとして自立していた。だが生産が家庭の外に移るに従って、女性は管理していた取引の外に追いやられ、妻は生計を夫に依存したり、特定の製造部門で個人賃金を求めて競争するようになった。[6] 労働者階級の妻や母親の多くは、家族を食べさせるために、賃金雇用を探し続けざるを得なかった。しかし、一九世紀中葉までに、稼ぎ主である中流階級の家長とかれに全面的に依存する妻というのが、理想的で自然で立派な生活モデルとなった。この頃までに、妻は完全に従属していた。自立した法的・市民的な地位もなく、夫の財産に貶められた。だからこそ一九世紀のフェミニストは、妻を、西インド諸島やアメリカ南部の奴隷になぞらえたのだった。今日、女性は自立した市民的地位と投票権を勝ち取った。女性は見かけ上はもはや市民であり「個人」なのだから、デモクラシー論で特に配慮しなくてもよいように見える。だが、リベラルな個人主義が制度化され、普通選挙権が確立したおかげで、リベラル・デモクラシーの形ばかりの政治的平等と女性の社会的従属との実際の矛盾が際だつようになった。妻の従属は、結婚制度という家父長的構造に組み込まれたのである。

ジョン・スチュアート・ミルが（女性の）本性論《ネイチャー》を批判したことや、ミルから学ぶべき教訓については、ほとんど知られていない。これは、デモクラシー論者（や政治活動家）がフェミニズムをどう見ているかを示している。組織的なフェミニズム運動は、手はじめにミルの『女性の解放』を解説者の手から救い出し、近年復活を果たした。同書は、学術的に受け入れられているミルの『自由論』の論理的な延長線上にあるのだが、かれの解説者はそれを曖昧にしてきた。『女性の解放』は、その実質的な議論も重要だが、次の理由でも重要である。ミルは同書で非常に矛盾した立場をとっており、これはまさに、ラディカル・フェミニズムの批判がいかなるものか、リベラルな原理を男女両性に拡大して普遍化する試みがいかにリベラル・デモクラシーの理論と実践の範囲を越えているのかを表している。

ミルは『女性の解放』で、次のように語っている。男女の関係、より厳密には夫婦の関係は、個人の権利・自由・選択というリベラルな原理にとっても、機会の平等や能力に応じた職業の分配という原理（ミルは、この原理がいまや一般の社会的・政治的制度を貫いていると信じている）にとっても、正当化できない例外である。近代世界において、同意が強制に取って代わり、業績の原理が属性の原理に置き換わった。ただしそれは、女性の関わるところを除いての話である。ミルによれば、婚姻関係は「昔の原始的奴隷制度の継続」した事例であり、「最初の暴虐の色を失ってはいない」（p. 130, 邦訳四三頁）。[7] より一般的には、女性の社会的従属は、「他のあらゆる事柄においてははやくも打破された古い思想と慣習の世界のただひとつの残骸」である（p. 146, 邦訳六六頁）。ミルは『女性の解放』の冒頭で適切にも、フェミニストの主張を理性でわからせるのは困難であると述べる。男性による支配は、長らく続いた習慣に根ざす。男性優位こそ正しい秩序とする考えは、合理的な検証をへた意見というよりは、感情に強く根ざしている（そう信じ切っているからこそ、男性は失うものが多いともいえる）。ゆえにフェミニストは、自分たちに反対する人々が「論理的に抵抗できないような論難攻撃に直面するや、生まれてこのかた今日まで自分たちがそのうちに育ってきたところの、そして現在の社会秩序の基礎となっているところの実践的原理を捨てさるに至る」などと期待してはならない（p. 128, 邦訳四〇頁）。ミルは、自然に訴えることの重要性をよく自覚している。かれによれば、女性の男性への従属を支配一般から区別することはできない。どんな支配者も、自分の地位の正当性を自然のなかに求めるからである。ミルはまた、わたくしたちは不平等な関係にある男女しか見ていないため、女性と男性のそれぞれの本性を語ることはできるはずがない、とも主張する。互いに自立した平等な理性的存在として関わることができてはじめて、男女の道徳的能力などの差異について理解できるだろう、というのである。

しかしミルは、習慣と自然に訴えかけることを強く非難しているにもかかわらず、最終的には、自身が注意深く批判してきたはずの論議に逆戻りしてしまう。ミルがかれの原理を家庭に関する議論には当てはめなかったことについては、近年フェミニストが批判している。だが、ミルが女性の選挙権と平等な民主的シティズンシップを擁護しながら、かれの矛盾のせいで議論の土台が崩れていることはあまり指摘されていない。『女性の解放』は、夫の妻に対する独裁的な権力が法律上認められているが、それはなくさなければならないというのが論点である。ミルが主張した婚姻法改正は、その多くが現在では実現された（夫婦間のレイプに関する重要な例外があるが、これについては後述する）。そして、ミルは性別分業を批判しようとしなかったが、その意味がいまでは明らかになった。ミルによれば、女性は、しつけ、教育の欠如、法的・社会的圧力のせいで、結婚するか否か自由に選択できない。女性に開かれた唯一の職業が「妻」なのである。だがミルは、女性はしかるべき教育を受ける機会を男性と等しく得るべきであり、そうすれば自立できるようになると述べているにもかかわらず、かれは、仮に結婚のあり方を改善したとしても、多くの女性は自立を選択しないだろうと想定しているのである。

ミルは、男性が職業を選ぶのと同じように、女性は結婚して天職《キャリア》を選ぶというのが一般的な理解であると言明している。ある女性が妻になれば、「彼女は家政と育児とを自己の第一の任務として選んだのであり、……この任務と両立しないすべて［の仕事］を放棄した」というのである（p. 179, 邦訳一一〇頁）。ミルはここで、属性に基づく議論と、女性には本来の場所・仕事があるという信条に、戻ってしまっている。従来からの家父長的な政治理論の伝統に逆戻りしているのだ。これは、スーザン・オーキンが『政治思想のなかの女』で示しているように[8]、男は多様な役割を担い得るが、女は子どもを産み育てる役割さえ果たせばよいと見なす伝統である。性によって役割が規定されるなら、女性が本当に職業選択できるなどとどうしていえるのか。結婚それ自体が「天職」なら、機会均等が女性にとって意味があるなどとどうしていえるのか。このような問いを、ミルは巧妙に回避する。ミルは、夫婦が平等な結婚を合名会社になぞらえている。そこでは、会社に入る条件を社員が自由に交渉できる。だがかれは、夫婦が平等であっても旧来の家庭内分業を妨げないと考えており、しかもその根拠としているのは、リベラルな原理〔個人の権利・自由・選択〕に反する非常に弱い主張なのである。ミルは、妻と夫はそれぞれ「自分の受持部門の実行において絶対権を有し、この制度や原則を変更する場合には、双方の同意を要する」のが「自然なやり方」であると述べる（p. 169, 邦訳九六頁）。また、夫婦の分業は婚姻契約で定めることができるのに、妻は進んで「自然な」やり方を受け入れるだろうと仮定している。ミルは、なすべき仕事は夫婦の「同意」と「一般の慣習」によって、両性に分配されるという(p. 170, 邦訳九七頁)。だが、『女性の解放』の本文で批判しているのはまさに、男性支配を維持するための防波堤である「一般の慣習」ではないか。妻より年上の夫はたいてい優位になると主張する際、ミルはそれを忘れ去っている。ミルは、夫が優位なのは、年齢の相違が大した意味を持たなくなるような年齢に双方が達するまでのことだとも述べる。だが、そのような年齢に達したと夫はいつ認めるのだろうか。家計を握る方が発言権を有すると論じるときも、かれは自分の議論を忘れている。しかも、女性は結婚に合意して依存する側になることを「選ぶ」と仮定しておきながら、とってつけたように「それが男女いずれであっても」というのである。

一九八〇年代の反フェミニズム運動に加わったり、フェミニズムに異議を唱える人々は、ミルが支持した家庭内分業こそ唯一自然にかなっていると主張する。かれらは家庭内分業が女性のシティズンシップにとって何を意味するか悩んだりしないだろうが、デモクラシーの支持者ならそうはいかないはずだ。ミルは、男性の投票権を支持するのと同じ理由で女性の選挙権を擁護した。選挙権は、自衛、いい換えれば個人の利益を守るために必要であり、政治参加は女性ひとりひとりの能力を高めるからである。だが、かれの主張には明らかに問題がある。妻である女性は、家族という小さな世界とそこでの日課にたいてい閉じ込められているので、自衛の手段として選挙権を効果的に行使するのはむずかしいと感じるだろう。女性は、家庭生活の外を経験しなければ、何が自分の利益なのかを学ぶことはできまい。ミルが唱える参加を通じた政治的発展や政治教育にとって、女性のこうした現状は大いに問題となる。かれは、一般に人は自由に基づく統治の下で「道徳的、精神的、社会的存在として」より高い見地に立つようになると述べるが(p. 237, 邦訳一八五―一八六頁)、これは、定期的な投票を求めるにしてはいささか大げさな主張である（もっとも、女性参政権運動の主たる課題は、選挙権の付与によって政治生活に道徳的変化をもたらすことであった）。ミル自身も、選挙権だけで「より高い見地に立つようにな」れると信じ切っていたわけでもない。かれは、シティズンシップを普通選挙権という意味で捉えた場合、それは「近代生活においてはほんのわずかな部分を占めるのみで、日々の習慣や心の奥底の感情には匹敵できない」と述べている（p. 174, 邦訳一〇三―一〇四頁）。また、家庭は、「これを正しくつくれば」、「自由の徳の真の学校」となるであろうとまでいう。しかしこうした主張は、自由民主主義の投票に精神的な効果を期待するのと同じく、説得力がない。独裁的な夫を家長にいただく家父長的な家庭が、民主的シティズンシップの学校であるはずがないし、そもそもそんな家庭は平等ではない。ミルは社会や政治について論じた著作で、能動的で民主的なシティズンシップに必要な政治教育は、広範で多様な制度への参加、特に職場への参加でしか受けられないと主張する。だが、家庭生活を「選択」した妻や母親は、どうすれば自分の能力を発展させ、民主的な市民の本質を学ぶ機会を得るというのだろうか。こうして女性は、正義感覚や公共精神のない、利己的で私的な存在の典型とされてしまう。だが、日常的な家庭生活という狭い領域に閉じ込められれば、結果的に人はそうなってしまうのである[10]。ミルは、自然に見える家庭内分業を問い直すことができなかったが、それは、民主的なシティズンシップに関するかれの議論が男性にしか当てはまらないことを意味する。

　次のような反論をされるかもしれない。一八六〇年代に議論しているミルに対して、当時当たり前だった夫婦の分業を批判せよと求めるのは無理というものであり、短絡的である。一九世紀にはそもそも、性別で領域を分離する原理に疑義を持つフェミニストは、まったくの例外的な存在でしかなかったのだから、という反論である。だが、仮にこうした反論を認めたとしても[11]、現代のデモクラシー論者や実証的な研究者が同じ致命的な失敗を犯すいい訳にはならない。フェミニズム運動が学術研究に影響を与えはじめたのはつい最近のことで、それまでは結婚制度の構造と、シティズンシップの形式的な平等との関係は無視されていた。それればかりか、政治行動や政治的態度の実証研究では、女性市民はしばしば調査対象から除外されたり、科学的というより家父長的な観点からごく簡単に言及されるにすぎなかった。[12] ミルの『女性の解放』がきちんと読まれていれば、こうした問題はもっと早くからデモクラシー論の最重要の問題と位置づけられたはずだ。地方政治で活躍中の女性でさえ育児を理由に立候補をためらうことや、公職は女性に向かないという考えがあることを示す実証研究が現れているが、[13] 有名な哲学者が書いたフェミニズムの著書よりそうした研究が重く受けとめられるだろう。

リベラルな民主諸国における女性のシティズンシップの問題は、残念ながら無視され続けてきたかもしれない。だが、デモクラシー論者が女性・妻の問題に取り組んでこなかったことの方が、もっと深刻である。民主的なシティズンシップは、たとえリベラルな市民的権利に最低限なくてはならない普通選挙権と解釈されようが、ある実際的で普遍的な認識にしっかりと根ざしている。政治体のすべての構成員は社会的に平等で自立した「個人」であって、その地位にふさわしいあらゆる能力を持つ、という認識である。現代デモクラシー理論と、その自由・平等・同意・個人といった言葉の最大の失敗は、「個人」について言及する際、女性をいとも簡単にひそかに排除していることである。社会的・政治的な現実を反映した排除かどうかは、決して問われない。この問いを立てる必要を感じないのは、デモクラシー論者がふつう、自分たちの研究の主題は政治的・公的領域にあると考えるからでもある。ラディカルな理論家の場合は、この領域に経済と職場をも含める。だがいずれにせよ、個人的な家庭生活（女性にとって「本来の」場とされる領域）は、吟味すべき対象から除外されている。デモクラシー論において同意が中核的な役割を果たすにもかかわらず、理論家は、男女の性的関係の構造に注意を払わない。具体的にいえば、レイプという行為と、それを犯罪と規定する際の同意と不同意の解釈に、デモクラシー論者は関心を示さない。わたくしたちが「個人」という言葉を用いる際には社会的現実が反映されており、また社会的現実はその言葉によって構成されてもいる。レイプに関する数々の事実は、その現実の中心にあるのだ。

一九世紀の夫は独裁的な力を持っていたとミルは批判し、そのひとつとして夫が妻をレイプする法的権利に厳しい目を向けた。それから一世紀以上経つが、ほとんどの司法管区では、いまだに夫にその権利がある。ロックは、妻は生まれながらに夫に従属するという家父長的な主張に同意し、女性を「自由かつ平等な個人」の地位から排除している。現在の婚姻契約も、結婚という制度の中核に依然としてその前提を据えているのだ。女性は自由な婚姻契約において従属的な地位に同意したと前提され、「妻」という生得的地位があたかも女性の自由意思に基づくかのような解釈がなされている。もしもそうした生まれながらの従属という前提が放棄されていれば、リベラル・デモクラシーの理論家はずっと前にこう問うていたはずである。なぜ、表面上は自由かつ平等な個人が、やはり自由かつ平等な別の個人に服従する契約を結ぶとつねに合意しなければならないのか、と。妻がいったん合意したら、夫に性的奉仕をしたくないという権利が奪われてしまう制度や、妻に服従を強いる法的権利を夫に与える制度の性格について、リベラル・デモクラシーの理論家はもっと早くから疑問を持たなければならなかったはずだ。現代のデモクラシー論者が、先行研究の家父長的な前提と距離を置きたいのであれば、次のような問いを立てなければならない。自分の人格を侵害するような同意を拒否し断る自由と個性を放棄した妻でありながら、同時に自立した民主的な市民でもあるなどということが、果たして可能なのだろうか、と。

同意を拒否する女性の権利には、より一般的な重要性もある。夫婦間の場合を除き、レイプは重大な犯罪だが、犯人の大半は起訴されていないのは明らかだ。女性は、個人や市民の地位を得たり、同意へ参画する能力が欠如した実例だと政治理論家は考えてきた。しかし女性は、つねに同意するし、はっきり拒絶しても了解したものと解釈し直される存在でもあった。レイプ被害者の女性は犯人（たち）をめったに有罪に追い込めないが、そのおもな理由は、女性に対するこのような矛盾した理解の仕方にあるのである。世論、警察、裁判所は、強制された服従を同意と見なしたがる。そして、この同一視がなぜ可能かといえば、たとえ女性が「いや《ノー》」といっても、「本音」は「はい《イエス》」なのだから「いや」という言葉に意味はない、という思い込みが広く浸透しているからである。男性が口説いてきっぱり断られても同意されたと再解釈することは、まったく道理にかなっていると広く見なされる。[14]こうして女性は、自分の言葉が徹底的にまるごと無効にされているのを思い知る。実際に男女が同じ「個人」としての地位を共有していれば、このような無効化は不可解であろう。「個人」として確たる地位を認められた人は、本来の意図とつねに逆のことをいう人間だとか、発言を他人に解釈し直されて当然だとか、そのように見なされることなどあり得ないだろう。逆に、ある人が生まれながらに従属的だと見られ、自由な合意と同意に基づく（べきとされる）社会的慣習のなかに曖昧な位置しか与えられない関係でなら、確かにこうした無効化や再解釈は理解しやすい。

　政治理論家が、デモクラシーの概念的基礎と社会的条件の問題と真剣に取り組むならば、結婚や個人的生活に関するフェミニズム批評をこれ以上避けることはできない。フェミニズム批評は、扱いにくいやっかいな問題を提起する。だが、「デモクラシー」が男性の社交クラブを脱し、リベラル・デモクラシーの家父長的な国家構造を乗り越えるべきならば、突きつけられた問題にしっかり向き合わなければならない。性生活を含め、女性と男性の日常の個人的生活を取り仕切るさまざまな前提と習慣は、もはや、政治生活ともデモクラシー論者の関心事とも無関係だとはいえない。女性の「個人」としての地位は、個人的であれ政治的であれ、その人の社会生活と切り離せない。結婚を含む日常生活は、女は生まれながらに男に従属するものだと決めつける思い込みと習慣でできている。にもかかわらず、デモクラシーを論じる人々はいまだに、女性も男性もともに選挙権をもった民主的市民という資格があるのだから、対等な存在として自由に交流できる、などと主張し続けているのである。

以上の論議と批判は、リベラル・デモクラシーと参加デモクラシーの両方の議論に関係するが、特に後者に当てはまる。リベラルな理論家は現在でも、社会関係とか社会的不平等は、政治的平等や民主的シティズンシップと直接関連しないといい続けている。そのため、他のラディカルな批判者ほどには、フェミニストの影響を受けないようだ。フェミニズムの主張は、大きく見れば、国家を越えて「デモクラシー」を社会へ拡げようとする参加デモクラシー論のひとつである。にもかかわらず、参加デモクラシーを唱える人は、フェミニズムの主張を考慮したがらない。現代のフェミニズム運動は、いろいろな呼び名があるものの、参加デモクラシー的な組織作りを試みてきた。だから、参加デモクラシー論の側がフェミニズムに抵抗を感じるとは非常に皮肉である。[15] フェミニズムは、脱中心的で、序列化に抗議する運動である。それは、意識の向上、参加型の意思決定、役割や役職の交替によって、参加者どうしでの自己教育と自立を図るものなのだ。

フェミニストは、公的生活と私的生活は別々に理解できるとするリベラルな主張を否定する。J・S・ミルのフェミニズム的な論考が無視されたのは、かれがリベラルな原理を結婚制度まで拡げようとしたせいでもあり、そうすればロックが確立したリベラルな分離が壊れてしまうからである。リベラルな分離とは、家父長的な支配と政治的な支配の分離、あるいは、一般的・慣習的な公的領域と、自然な情・人間関係の領域である家庭の分離である。もちろん参加デモクラシーを支持する人は、職場に関する議論でお決まりの公私の概念に進んで異議を唱えるものの、フェミニズムによってもたらされた知見については無視する。フェミニストと参加デモクラシー論者が、公私の区分について非常に異なった考え方をしていることは、ほとんど理解されていない。フェミニストから見れば、参加デモクラシーの論議は、市民社会と国家を分離するという家父長的でリベラルな枠組みにとどまっているのである。この分離は公的生活のなかだけであって、それと家庭生活との関係ははなはだ不明瞭である。対照的にフェミニストは、女性の「生来の」領域つまり家庭生活を私的領域と見、男性の「生来の」場としての経済的生活や政治的生活を公的領域と見て、この両者の区分に着目する。[16]

「私的」生活というフェミニズムの概念を考慮に入れず、家庭を無視したために、経済的生活の民主化を求める参加デモクラシー論は民主的な社会的変容のきわめて重要な要素を見落としてきた（拙著『参加と民主主義理論』もその批判にあたる[17]）。産業デモクラシーに関する著作で、家庭内分業と経済的生活の密接な関係や、職場における性別分業の重要性を認めた文献は珍しい。まして、本章で扱ったような深刻な問題の意味について言及した文献は、ほとんどない。女性、特に既婚女性の労働者が、男性従業員とは非常に異なった位置に置かれていることを追究してきたのは、職場デモクラシーを提唱する人ではなくフェミニストである。デモクラシー論者は、女性と賃金雇用に関する膨大なフェミニズム研究の蓄積を消化すべきである。さもなければ、フェミニズム研究を再検討し議論し政治的行動の中心に据えない限り、女性は現在のリベラル・デモクラシーと同じように、将来の参加「デモクラシー」でも周縁に置かれ続けると認めるべきだろう。

家庭という私的な場や妻・母親という位置こそ女性にとって自然だと見なす前提は、政治参加の教育的・発展的効果をめぐる議論で問題を生じるとわたくしは注意を促してきた。これは、ミルの時代よりも喫緊の問題ではないかもしれない。多くの既婚女性はいまでは賃金雇用という公的世界の一員で、主婦以外はすでに展望が開けており、企業が民主化されれば政治教育を享受できるだろうからである。たとえばオーストラリアでは、一九七七年に労働力の三五パーセントは女性であり、その六三パーセントは既婚であった。[18] だが、女性の労働者としての地位は、市民としての地位と同様に不安定・不確かであり、それは女性の「個人」としての地位というもっと根本的な問題を反映している。そうした現実が、この数字には表れない。「仕事」とは「私的な」家庭ではなく職場でなされる営みであり、「労働者」とは男性であるという、月並みだが暗黙の前提がある。この「労働者」は、掃除、洗濯、食事の支度と子どもの世話を、妻にやってもらわねばならない人間である。妻が賃金雇用に参入すると、こうした家事を誰にも頼めないため、「労働者」としての彼女の地位にとって非常に重大な問題になる。実際、既婚の女性労働者は、職場・工場と家庭の二交替勤務を強いられている。ここで大きな疑問がわく。すでに二つの仕事の重荷を負っている従業員が、民主化に伴う機会を享受すると、それに伴う新たな責任をなぜ進んで引き受けなければならないのだろうか。

「働く母親《ワーキング・マザー》」という言葉は、女性の第一の義務は母親業であって、労働者としてはあまり重要でないと断定する」ときによく使われる、とアイゼンステインは指摘する。[19] 妻が一日に二倍働くこと、そして労働者としての女性の地位の評価。その二つの要因の相対的な重要度が、この言葉の使われ方に反映されている。繰り返しになるが、従属的な地位にある労働者が、大きな改革なしに、どうすれば民主化した職場の平等な参加者になれるのか、を問わなければならない。必要な改革の程度は、女性の（賃金）

労働生活の三つの特徴に簡単に触れればはっきりする。まず、女性労働者が被るセクシュアル・ハラスメントである。いまだにほぼ無視されているが、これは性的関係、同意、女性の「個人」としての地位といった問題が、いかに経済的領域の問題でもあるかの証である。[20]第二に、女性は依然として、平等な参加ができるかどうかより先に、まずは雇用主や労働組合の差別と戦って勝たなければならない。最後に、いまでも職場は、平等と参加を勝ち取るにあたって複雑な問題を引き起こす性別分業で成り立っている。女性は、ある特定の職域（いわゆる「女の仕事」）に閉じ込められ、非管理職や非熟練労働、低い地位の仕事に就いている。実証研究では、まさにこのような職業に従事する労働者が、もっとも参加しないことが示されている。

個人の生活と政治生活は完全に結びついているとする現代フェミニズムの主張が、デモクラシーの理論と実践にとってどれほど重要か。以上の職場の事例は、本章の他の事例と共に、その重要性を十分に明らかにしたであろう。個人的な家庭生活が徹底的に変わらない限り、リベラリズムがいう機会均等も、万人の能動的な参加デモクラシー型シティズンシップも、実現できないのである。この一五〇年間、フェミニズム運動は戦って多くのことを勝ち取ってきた。突出した女性は、いまでは首相にすらなることができる。とはいえ、ごくふつうの女性の社会生活や、女性という社会的範疇の構造は、依然変わりはない。個人としても労働者としても市民としても、女性の位置づけは不安定なままであり、世論は「自然の掟そのものによって、女は……男の判断に左右される」というルソーの見解を繰り返すだけだ。[21]真に民主的な社会をつくるために必要な改革のなかでも、自由で平等な性生活・私生活は勝ち取るのが特にむずかしい。それは抽象的なスローガンで称賛されるような日常生活とかけ離れたものではなく、女性の人生や従属はこれまでどおり続くからである。デモクラシーの理想や政治は、台所や子ども部屋や寝室で実践に移されなければならないし、J・S・ミルがいうように「家長および将来家長たらんとする男性の身に、またその家庭に」直接関わっている（p. 136, 邦訳五一頁）。女性しか子どもを産めないのは、人間の存在にとってまぎれもない生物学的事実だが、だからといって、私的な存在（女性）と公的活動（男性）というように、社会生活を性別によって二つの領域に分離してよいことにはならない。このような分離は結局、育児に必要不可欠であるという誤解に基づいた主張が浸透して生じた。父親が子育てに同等に参加しようとするのを妨げるものは、社会的・経済的生活の組織にはたくさんあるが、自然のなかにはひとつもない。女性が、たったひとつの役目を果たすべく定められているとしたら、女性は民主的で生産的な生活やシティズンシップにおける平等な地位を勝ち取ることはできない。そしてわたくしたちの「仕事」の概念や経済的生活の体系を変えなければ、父親が子育てを同じように分かち合うなど不可能なのである。

三〇〇年前、社会契約論者は、自然を強調する家父長制に対して慣習を重視して異議を唱えた。その戦いに決着がついたわけではまったくないし、自然と慣習との関係について依然として正しい民主的な理解がなされていない。この長い戦いをうまく落着させるには、民主的な実践に関する包括的理論を提示できる、抜本的な再概念化が必要である。近年のフェミニズム理論は、デモクラシーの理論と実践の問題に新たな視座と知見を与えてくれる。個人主義と参加デモクラシーとか、正しい「政治的」生活の概念も、こうした問題に含まれる。[22] 民主的な社会生活のイメージは、これまで描きづらい時代が多かった。男性優位の政党やセクト、およびその理論家たちは、古き「ユートピア的」な政治運動を忘れ去ろうとしてきた。そうした政治運動は、デモクラシーと女性の解放を求めて戦った歴史でもあり、政治組織・活動の理想の姿を主張した。過去から次のことを学ぶべきである。フェミニズムを考慮しない「デモクラシー」の理論と実践は、根源的な支配形態の維持に加担するだけで、デモクラシーが体現するといわれる理想や価値をあざわらうのだ。

1 B. R. Barber, *The Death of Communal Liberty* (Princeton, NJ: Princeton University Press, 1974), p. 273. バーバーが民兵に言及しているのは示唆に富む。女性は武装市民として祖国の防衛に貢献すべきではない、とする理由はない（現に、女性のゲリラもいる）。ところが英米の反女性参政権論者は、女性はその本性からして武装できないのだから、女性に選挙権を与えれば国家はかならず弱体化するだろう、と主張した。これらの問題については、わたくしは以下の論文で言及している。C. Pateman, "Women, Nature and the Suffrage", *Ethics*, 90(4) (1980), pp. 564–75. 自然を根拠にした家父長的な議論の諸側面については、以下本文で議論する。

2 S. Verba, N. H. Nie and J.-O. Kim, *Participation and Political Equality* (Cambridge: Cambridge University Press, 1978), p. 8〔S・ヴァーバ、N・H・ナイ、J・キム／三宅一郎・蒲島郁夫・小田健訳『政治参加と平等』（東京大学出版会、一九八一年）、八頁〕.

3 M. Margolis, *Viable Democracy* (Harmondsworth, Middlesex: Penguin Books, 1979), p. 9.

4 J. G. Fichte, *The Science of Right*, tr. A. E. Kroeger (London: Trubner, 1889), 'Appendix', §3.1, p. 439〔J・G・フィヒテ／藤澤賢一郎・杉田孝夫・渡部壮一訳「知識学の原理による自然法の基礎」、『フィヒテ全集　第六巻　自然法論』（哲書房、一九九五年）所収、四〇三頁〕（強調は引用者による）.

5 J. Locke, *Two Treatises of Government*, ed. P. Laslett 2nd ed. (Cambridge: Cambridge University Press, 1967), I, §47, 48; II, §82〔J・ロック／加藤節訳『統治二論』（岩波書店、二〇〇七年）、六一頁、二五四頁〕.

6 この点についてここでは簡潔に述べるよりないが、詳細は以下を参照。T. Brennan and C. Pateman, "'Mere Auxiliaries to the Commonwealth': Women and the Origins of Liberalism", *Political Studies*, 27 (1979), pp. 183–200; R. Hamilton, *The Liberation of Women: A Study of Patriarchy and Capitalism* (London: Allen & Unwin, 1978); H. Hartmann, "Capitalism, Pa-

triarchy and Job Segregation by Sex", *Signs*, 1(3), pt 2 (1976), pp. 137–70; A. Oakley, *Housewife* (Hamondsworth, Middlesex: Penguin Books, 1976), chaps. 2, 3.

7　本文に示す頁数は、ミルの以下の文献のものである。J. S. Mill, "The Subjection of Women", in J. S. Mill and H. Taylor, *Essays on Sex Equality*, ed. A. Rossi (Chicago, IL: Chicago University Press, 1970)〔J・S・ミル／大内兵衛・大内節子訳『女性の解放』(岩波文庫、一九五七年)〕.

8　S. M. Okin, *Women in Western Political Thought* (Princeton, NJ: Princeton University Press, 1979)〔S・M・オーキン／田林葉・重森臣広訳『政治思想のなかの女――その西洋的伝統』(晃洋書房、二〇一〇年)〕.

9　次のことを指摘しておくことは重要だろう。ミルは、個々の夫の行為や信条と、結婚制度のなかで「夫」に与えられている「妻」への権力を、暗黙のうちに区別しているのである。結婚は、結婚奴隷制を擁護する人が念頭におく有徳な少数の人々のためでなく、あらゆる男性のために、それも身体的に妻を虐待する男性のためにも、存在するとミルは述べている。これは重要な区別なのだが、しかし今日でもしばしば、自分が個人的に知っている個々の「良い」夫の例を挙げてフェミニズムを批判する人は、この点を見落としているのである。

10　ミルをはじめ多くのフェミニストは、正義感覚の欠落(家庭生活に閉じ込められるゆえのひとつの結果)を、女性の性質の主たる欠点と見なしている。このような欠点は女性に生来的なものだとする主張は、女性は政治的秩序にとってもともと破壊的であり国家にとって脅威だ、とする信条の中核部分にある。にもかかわらず、デモクラシー論者はこのことを無視している。この問題については、本書第1章を見られたい。

11　こうした反論を認める必要はない。ミルの『女性の解放』は、ウィリアム・トムソンの(ほとんど無視されている)『人類の半数である女性の訴え』にかなり依拠している。W. Thompson, *Appeal of One Half the Human Race, Women, against the Pretensions of the Other Half, Men, to Retain Them in Political, and then in Civil and Domestic Slavery* (New York: Source Book Press, 1970). この著作の初版は一八二五年である。トムソンは、かれが描く協同組合的社会主義と男女平等の未来像のなかで、これらの問題を積極的に問い直そうとしていた。

12　早い段階での批判としては、たとえば以下を参照。M. Goot and R. Reid, "Women and Voting Studies: Mindless Matrons or Sexist Scientism", *Sage Professional Papers in Contemporary Sociology*, 1 (1975). より最近の批判には、次のものが

ある。J. Evans, "Attitudes to Women in American Political Science", *Government and Opposition*, 15(1) (1980), pp. 101–14.

13 M. M. Lee, "Why Few Women Hold Public Office: Democracy and Sexual Roles", *Political Science Quarterly*, 91 (1976), pp. 297–314.

14 本書第4章でわたくしは、政治理論家が女性の同意をいかに逆説的に扱ってきたかを詳細に論じるとともに、それについての経験的証拠を挙げておいた。たとえばオーストラリアのニューサウスウェールズ州、サウスオーストラリア州、ヴィクトリア州などでは、結婚生活でのレイプはいまや犯罪となった。法改正は大いに歓迎すべきだが、しかしより広範な社会的問題は依然として残ったままである。

15 他方で、「参加デモクラシー的な」ニュー・レフトのなかでの女性の経験は、フェミニズム運動を復活させる大きな刺激となった。ニュー・レフトは、政治活動や技能訓練のための場を提供し、イデオロギーとしては平等主義だった。それなのにニュー・レフトは、組織では男性至上主義のままであり、特に組織内の個人的な関係でそうだった。以下を参照。S. Evans, *Personal Politics* (New York: Knopf, 1979).

16 家族の多義的な位置づけをめぐるわたくしの見解は、本書第1章を、また公私のより広範な問題については、本書第6章を見られたい。

17 C. Pateman, *Participation and Democratic Theory* (Cambridge: Cambridge University Press, 1970)〔C・ペイトマン／寄本勝美訳『参加と民主主義理論』（早稲田大学出版部、一九七七年）〕.

18 既婚女性の雇用が安定して増加したことは、戦後の資本主義の発展のなかでもっとも注目すべき特徴のひとつであった。だが、（労働者階級に位置する）妻はつねに賃金労働力に含められていた点を改めて強調すべきであろう。英国では一八五一年には、既婚女性の約四分の一が雇用されていた（Oakley, *Housewife*, p. 44）。さらに、一九三〇年代後半に至るまで、召使いは（ふつう独身の）女性のおもな職業であった。育児という妻の（私的な）仕事が彼女たちの公的地位を大きく左右したことを、ミルは見逃していた。そのひとつの理由は、当時の中産階級の母親には、育児を任せる別の女性がいたことである。同じように、女性の女性参政権論者は、家事と育児は使用人がやっていると認識していたからこそ、安心して投獄されることができたのである（この点については以下を参照。J. Liddington and J. Norris, *One Hand Tied Behind Us: The Rise of the Women's Suffrage Movement*, London: Virago,

1978)。

19 Z. R. Eisenstein, *The Radical Future of Liberal Feminism* (New York: Longman, 1980), pp. 207–8.

20 セクシュアル・ハラスメントについては、たとえば以下を参照。C. A. Mackinnon, *Sexual Harassment of Working Women* (New Haven, CT: Yale University Press, 1979)〔C・A・マッキノン／村山淳彦監訳『セクシャル・ハラスメント・オブ・ワーキング・ウィメン』（こうち書房、一九九九年)〕.

21 J.-J. Rousseau, *Emile*, tr. B. Foxley (London: Dent, 1911), p. 328〔J－J・ルソー／今野一雄訳『エミール』（下）（岩波文庫、一九六四年）、二〇頁〕.

22 たとえば、以下の文献でなされている議論を参照。R. P. Petchesky, "Reproductive Freedom: Beyond 'A Woman's Right to Choose'", *Signs*, 5(4)（1980), pp. 661–85.

（一九八三年）

訳者あとがき

本書の著者キャロル・ペイトマンは、参加デモクラシー論の泰斗として、またフェミニズムの政治理論家として、世界的に著名な政治学者である。しかし日本ではこれまで、一九七〇年の出世作『参加と民主主義理論』以外その著書がほとんど訳されておらず、十分に紹介されているとはいえない。ここでペイトマンの経歴を簡単に述べておこう。

一九四〇年、英国サセックスに生まれる。中等教育を終えて事務員として働き、結婚後は数年ケニアで暮らした。英国に帰国後、一九六〇年代初頭には核兵器廃絶など非暴力の平和運動に関与した。一九六三年、オックスフォードの労働者教育機関ラスキン・カレッジに入学。一九六五年にオックスフォード大学レディ・マーガレット・ホールに籍を置いてからは、政治・哲学・経済（ＰＰＥ）コースに学び、一九七一年には政治哲学者ブライアン・バリーの指導の下で哲学博士号を取得した。一九七三年よりオーストラリアのシドニー大学で政治学の教鞭をとり、一九八〇年代には、スタンフォード大学やプリンストン大学の客員教授、スウェーデン国立人文社会科学研究所のケルスティン・ヘッセルグレン教授職を歴任した。一九九〇年からはカリフォルニア大学ロスアンジェルス校（ＵＣＬＡ）の教授をつとめ、現在は同大学の特別名誉教授であり、ウェールズのカーディフ大学ヨーロッパ研究科の名誉教授でもある。

また、一九八〇～八一年にオーストラリア政治学会の会長、一九九一～九四年に世界政治学会の会長、二〇一〇～一一年にはアメリカ政治学会の会長、と学界の要職を歴任したほか、数々の賞も受賞している。ペイトマンの研究業績は多岐にわたり、詳しくはＵＣＬＡの政治学科ウェブサイト上にある彼女の略歴を参照していただきたい（http://www.sscnet.ucla.edu/polisci/faculty/pateman/Carole-Pateman-CV.pdf）。以下、主要な著作のみ記しておく。

単著・論文集

1 *Participation and Democratic Theory* (Cambridge: Cambridge University Press, 1970). 寄本勝美訳『参加と民主主義理論』（早稲田大学出版部、一九七七年）。

2 *The Problem of Political Obligation: A Critique of Liberal Theory* (Oxford: Basil Blackwell, 1979; 2nd ed., Cambridge: Polity Press, 1985).

3 *The Sexual Contract* (Stanford, CA: Stanford University Press, 1988).

4 *The Disorder of Women: Democracy, Feminism and Political Theory* (Cambridge: Polity Press, 1989).（本書）

5 *Carole Pateman: Democracy, Feminism, Welfare*, eds. T. F. Carver and S. A. Chambers (London: Routledge, 2011).

共著

6 *Contract and Domination* (with C. W. Mills, Cambridge: Polity Press, 2007).

編著

7 *Women, Social Science and Public Policy* (with J. Goodnow, London: Allen & Unwin, 1985).
8 *Feminist Challenges: Social and Political Theory* (with E. Gross, London: Allen & Unwin, 1986; reissued, London: Routledge, 2013).
9 *Feminist Interpretations and Political Theory* (with M. L. Shanley, Cambridge: Polity Press, 1991).
10 *Justice and Democracy: Essays for Brian Barry* (with K. Dowding and R. E. Goodin, Cambridge: Cambridge University Press, 2004).
11 *Basic Income World Wide: Horizons of Reform* (with M. Murray, London: Palgrave Macmillan, 2012).

また、ペイトマンに関する論文集としては次のものがある。

12 *Illusion of Consent: Engaging with Carole Pateman*, eds. D. I. O'Neill, M. L. Shanley and I. M. Young (University Park, PA: The Pennsylvania State University Press, 2008).

管見の限りでは、『参加と民主主義理論』以外にこれまで邦訳されたペイトマンの論考には、以下の二つがある。13に付された訳者改題は、本書の理解のためにも有益である。

13 "'God Hath Ordained to Man a Helper': Hobbes, Patriarchy and Conjugal Right", in *Feminist Interpretations and Political Theory*. 9の第三章。中村敏子訳「「神は男性を助けるべき者を定めた」——ホッブズ、家父長制そして婚姻の権利」、『思想』九一〇号（二〇〇〇年）。
14 "Democracy, Freedom and Special Rights", in *Social Justice: From Hume to Walzer*, eds. D. Boucher and P. Kelly (London: Routledge, 1998). 服部美樹訳「民主主義、自由、特殊な権利」、D・バウチャー、P・ケリ

ー編／飯島昇藏ほか訳『社会正義論の系譜――ヒュームからウォルツァーまで』所収（ナカニシヤ出版、二〇〇二年）。

＊

本書は、前記の3 *The Sexual Contract* と並んでペイトマンのフェミニズム的著作の代表格である。二〇〇一年にクロアチア語版が刊行されており、この日本語版はそれに続く翻訳ということになる（なお、本書の第2章と内容的に重なる *The Sexual Contract* は、スペイン語、イタリア語、韓国語、中国語、フランス語等、九か国語に翻訳されている）。序章で述べられているように、本書はペイトマンが一九七〇年代半ばから一九八〇年代末に至る間に執筆した論稿を集めた論文集である。参加デモクラシー論者として知られた彼女が、フェミニズムの視点から従来の政治理論への批判を展開したのはおもに八〇年代であったが、それ以前の議論との違いは本書全体を通読すればおのずとわかるだろう。本書の内容については、著者自身が序章および日本語版への序文で解説しているので、ここでは屋上屋を架すことはせず、読者の理解のため有用と思われる点をいくつか述べるにとどめたい。

第二次世界大戦前後における全体主義体制の出現と敗北、およびその後の冷戦構造という文脈において、定期的な選挙と複数政党制からなる英米型の自由民主主義国家こそ安定した政治体制であるという認識が、少なくとも「西側」には広く流布していたと考えられる。しかし一九六〇年代には、周知のように国家・行政機構の肥大化という問題がさまざまに問われるようになった。資本主義的なリベラリズムと結びついたデモクラシーは、市民の政治参加を投票にのみ縮減してしまい、国家が圧倒的な力をふるう一方で個人は政治的関心を失い私化していく。個人・市民が過剰に政治参加しないことこそ政治体制の安定に望ましいとのリベラルな見方に対して、ペイトマンのような参加デモクラシー論者は、自由民主主義体制がそれ自体として十分に民主的なわけではないとし、巨大な組織を持つ国家および資本主義企業に対して市民がより直接的に意思決定に参加できる民主化変革を求めた。このような立場を、一九七〇年代のペイトマンらは「リベラル」に対して「ラディカル」と呼び、たとえば当時のユーゴスラヴィアで試みられていた労働者による自主管理に、職場の民主化の可能性を見ようとしていた。本書の第3章、第5章、第7章の議論には、以上のような問題意識が濃厚である。

他方、一九六〇年代はまた、今日「第二波フェミニズム」として知られる運動——本書の表現では「組織されたフェミニズム運動の復興」——が顕著になった時代でもある。ペイトマン自身が序章で述べているように、彼女は（当時の）新しいフェミニズムに刺激を受けながらも、それが政治学的に持つ意味の深刻さについては十分に気づいていなかった。ペイトマンの回顧的エッセイによれば、彼女がフェミニズムに深く関与していくことになるきっかけは、一九七〇年代のシドニー大学にあった。六〇年代末の世界的な大学紛争の余波で、同大学では研究や大学の意思決定のあり方をめぐって、時にストライキを伴う学内対立が続いていた。ペイトマンが所属していた政治学科では、全教職員および選挙で選ばれた学生代表による会議体の設置を試みたが、大学本部はそれを公式のものと認めず、教授陣はそれへの参加を拒否した。学生の多くは幻滅し、民主化や参加といったスローガンは急速に色あせていった。そうしたなかで、伝統的な大学組織の序列構造や教育内容への異議申し立てを続けたのは、女子学生たちであったという。ペイトマンはシドニー大学赴任直後から、同僚の依頼で女性学講座の立ち上げに参画し、自ら「女性の政治経済学（The Political Economy of Women）」という科目を担当した。この種の講座は、当時のオーストラリアの大学ではほとんど存在していなかった（C. Pateman, “An Unfinished Political Education", in *Against the Odds: Fifteen Professional Women Reflect on their Lives and Careers*, eds. M. Dawson and H. Dari, Sydney: Hale & Iremonger, 1984, pp. 50–55)。ペイトマンはこれらの経験をとおして、自身の研究分野である政治理論でのフェミニズムの重要性を改めて認識し、リベラル・デモクラシーと参加デモクラシーの両方を批判的に再検討することになった。

『秩序を乱す女たち?』と訳した原著のタイトルは、*The Disorder of Women* である。これと同じ表題を持つ第1章は、第7章と同じ一九八〇年に発表されている。八〇年代に次々に公表されたペイトマンのフェミニズム的論文によれば、「ラディカルな」はずの参加デモクラシー論も、家父長制の持つ政治的意味を視野に入れていない。「生まれながらに自由かつ平等な個人」というリベラリズムの理念にせよ、政治共同体の一員として公的領域に参加する市民を表す「シティズンシップ」の概念にせよ、それらはことごとく男性を基準に構築され、女性ははじめから「政治的秩序を乱す存在」として排除されてきた。そもそも、政治学・政治理論という学問のあり方自体が――何を研究対象とするか、何を「政治的なもの」と考えるかを含めて――家父長制的に深く規定されている。にもかかわらず、多くの政治学者はそれを自覚してこなかった。家父長制批判という視点を議論の出発点に置くならば、ロックやルソーといった古典的な社会契約論者のみならず、リベラル・フェミニストとして知られるミルも批判の対象にならざるを得ない。しかも、「個人的なことは政治的である」というフェミニズムのスローガンを真剣に受けとめるなら、公/私という区分や、同意に基づく政治というデモクラシーの基本や、福祉国家を含む政治学上の重要な研究領域は、すべて根底から吟味し直さなければならない。目次を見れば明らかなように、実に多岐にわたる論点を、ペイトマンが一九八〇年代に精力的に問い直したものが、本書に収録されたフェミニズム的論文であるといえる。本訳書では、彼女の議論の変遷を意識するための便宜として、各章末にそれぞれの論文の初出の年を付記しておいた。

フェミニズムが政治学の分野で正面から語られるようになったのは、特に日本ではかなり最近のことといわざるを得ない。フェミニストの観点からすれば、本書で展開されている議論は基本中の基本であるかもしれない。また原著の刊行（一九八九年）より四半世紀を経て、フェミニズムの論点の変化も無視はできないだろう。他方、政治学の側の問題として、本書で語られているフェミニズム政治理論の知見はまだまだ共有財産になっているとはいえまい。その意味で本書は、政治学においてフェミニズムを考える際の基本書と位置づけることができ、基本なるがゆえに一種の古典ともいうべき価値を持つだろう。さらに本書の日本語版への序文には、ペイトマンが、熟議デモクラシーやベーシック・インカムといった現代的な論点にいかなる立場をとっているか、その一端が簡潔に示されていて興味深い。本書が、政治学に関心を持つ方々のみならず、より多くの読者に読まれることを期待したい。なお、ペイトマンのフェミニズムがデモクラシー理論に持つ意義については、不十分ながら拙稿「フェミニズムとデモクラシー理論――キャロル・ペイトマンの再検討を中心に」（『政治思想研究』第一〇号、二〇一〇年）で一定の整理を試みているので、そちらも参照されたい。

＊

訳者が本書の原著に出遭ったのは、英国シェフィールド大学大学院に留学を開始した一九九四年である。本書の第6章として収録されている論文は以前から知っていたが、論文集としての原著を改めて手に取ったのは同大学の中央図書館と記憶する。もともと別の研究テーマに取り組んでいたのだが、当時の日本の政治学でフェミニズムがほとんど語られないのと対照的に、英米圏の政治理論・政治イデオロギーの教科書類では当然のようにフェミニズムが独立した章となっている事実に、少なからず刺激を受けた。その後ほどなく帰国したが、日本社会でようやく「ジェンダー」という言葉が一般に語られるようになるのを尻目に、学位論文をまとめるのに予想以上の時間がかかったため、フェミニズムについて十分に勉強できないまま時ばかり過ぎた。そのような私が本邦訳を担当することとなったのは、何かのめぐり合わせのように思えた。

翻訳計画が正式に決定したのは二〇〇六年だが、私はその年の瀬の一二月三〇日、在外研究でカーディフ大学に滞在中の著者ペイトマン氏を訪ねた。本書を訳出することになったいきさつと、日本の政治学におけるフェミニズムの状況を話すなかで、やはり氏が驚かれたのは、日本ではほぼ『参加と民主主義理論』の著者としてしか言及されないということだった。この会見の折、私は日本語版への序文をペイトマン氏に依頼した。氏は快諾され、翌二〇〇七年夏には早くも原稿を寄せてくださった。しかし、その後の訳者の健康上の不如意などから訳出作業は遅れに遅れ、心理的重圧ばかりがのしかかった。下訳の完成にようやく目途が立ちはじめた二〇一三年夏、改めて氏には、東日本大震災を経験した日本の読者に向けてという意味も込め、序文の書き直しの可否を打診した。この不躾きわまる問い合わせにも快く応じていただいたものが、本書の冒頭に収録された日本語版への序文である。本書の完成を待ち続けてくださったペイトマン氏には感謝の言葉もない。ただただ頭を垂れるばかりである。

訳出にあたって、特にフェミニズム関係の用語についてはマギー・ハム著『フェミニズム理論辞典』（木本喜美子ほか監訳、明石書店、一九九九年）、ソニア・アンダマールほか著『現代フェミニズム思想辞典』（奥田暁子ほか監訳、明石書店、二〇〇〇年）等を参考にさせていただいた。法律用語が頻出する第4章については、田中英夫編『英米法辞典』（東京大学出版会、一九九一年）、小山貞夫編著『英米法律語辞典』（研究社、二〇一一年）を参照したほか、創価大学法学部教授の松田健児氏から懇切なご教示をいただいた。いうまでもなく、最終的な訳語の選定はひとえに訳者の責任である。本書では著者の該博な知識に基づいた論が展開されており、思わぬ誤訳もあるのではと恐れている。読者諸賢のご叱正をいただければ有難い限りである。

最後になってしまったが、本書の計画段階から終始お世話になったのが、法政大学出版局編集部の奥田のぞみ氏である。私が健康を害している間は忍耐強く見守り、訳文のチェックに際しては忌憚のないご意見やアドバイスをくださり、共訳者といっても過言でないご助力を惜しまれなかった。多大なご迷惑をおかけしたことをお詫びしつつ、心より感謝申し上げたい。

二〇一四年六月

山田竜作

51, 61–64, 66
文明　25, 30, 32–33, 35–36, 43, 61–62
ヘイル　Hale, Sir M.　116, 119
ベヴァリッジ　Beveridge, W.　289, 292
ヘーゲル　Hegel, G. W. F.　25, 29–31, 33, 51, 173, 205–206, 271–275, 291–292, 302
ベン　Benn, S. I.　179–180, 184–185, 196–197, 205
ボーヴォワール　Beauvoir, S. de　61, 81
ポーコック　Pocock, J. G. A.　258, 266
母性（生殖，子どもを産むこと，母親である女性）　11, 37, 189, 203, 296, 320, 328, 330
ホッブズ　Hobbes, T.　7, 22, 29, 45, 56, 61, 68, 72–73, 79, 82, 103, 109–110, 112, 117, 128, 141, 143, 145, 157, 172–173, 190, 219, 277

マ　行

マーシャル　Marshall, T. H.　271, 275–276, 279, 286, 289
マルクス　Marx, K.　8, 137, 159, 162, 173–175, 205, 299
マルゴリス　Margolis, M.　314
ミッチェル　Mitchell, J.　61–62, 66
ミル，J.　Mill, J.　173, 219, 238
ミル，J. S.　Mill, J. S.　13, 39–40, 59, 116, 125, 186, 190, 194–197, 205, 209, 215, 277, 298, 306, 318–324, 326, 328, 330, 332–333
ミレット　Millett, K.　200–201
ムーン　Moon, D.　271–272, 274

ヤ　行

約束　91–93
友愛　fraternity　9, 14, 49–51, 60–61, 63–64, 69, 71–78, 80–81

ラ　行

ラスキン　Ruskin, J.　191
ラズボーン　Rathbone, E.　283, 294–296
リーフ　Rieff, P.　61
ルソー　Rousseau, J.-J.　1, 9, 25, 28–32, 35–41, 43, 49, 54, 57–58, 61, 66, 68, 70, 103, 112–115, 129, 164–166, 169, 173, 205, 208, 215, 254, 265–266, 329
レイプ　19, 108, 115–125, 130–133, 210, 278, 298, 319, 324–325, 333
　――に関する法　116–117, 119, 124
　結婚生活における（夫婦間の）――　19, 115–116, 121, 278, 319, 324–325, 333
ロールズ　Rawls, J.　2, 30, 41, 48–50, 68–69, 73, 83–84, 88, 95, 100, 102, 206
ロザルド　Rosaldo, M. Z.　188, 190
ロック　Locke, J.　1, 8–9, 29, 49, 56–58, 60–62, 65, 68, 83, 93–96, 98, 103, 109–112, 114, 128, 135–137, 139–160, 162, 164–165, 168, 170–173, 181–185, 197, 200, 219, 238, 316, 324, 326

——と投票　92, 96-97
——と服従　89, 102
——と便益　98-99
同胞市民に対して負う——　92, 100-101
政治的社会化　226-228, 230-232, 236, 239-240, 247
政治的出産　political birth　66-68
政治的なるもの
アレントと——　161
ウォーリンと——　136, 139-141, 149, 155, 158-159
個人的なことと——　168, 186, 197-198
ロックと——　141-142, 144, 149, 151, 154, 158, 181
——の意味　8, 20, 71, 101, 135-142, 144, 149, 151, 154-155, 157-159, 161-168, 173-174, 181, 184, 186, 197-198, 200-201, 204, 207, 254
政治的有力感　10-11, 217, 229-233, 239-242, 244-246, 249
政治文化　11, 216-218, 222-228, 235-237, 239-245, 247-248, 250-252, 262-263

タ　行

ダール　Dahl, R. A.　138, 156-157, 222, 249-250, 252
タスマン　Tussman, J.　90
父親殺し　parricide　61-63, 66, 81
つつましさ　31-32, 114-115
ティレル　Tyrrell, J.　60, 128
哲学的アナーキスト　89, 103, 109
デモクラシー理論　1, 5, 8, 15, 18, 21, 23, 214-215, 218-221, 238, 252, 254, 323
経験的な——　11, 213-215, 219, 222, 238, 246, 256, 260
→「参加デモクラシー」の項目も参照
デューイ　Dewey, J.　73, 84
デュボイス　DuBois, E.　193
同意　consent　3, 18-20, 24, 26, 60-61, 87-88, 90, 94-100, 103, 107-129, 131, 133-134, 209 →「女性と同意」の項目も参照
トムソン　Thompson, W.　82, 281, 306, 332
ドンズロ　Donzelot, J.　200

ナ　行

ナイ　Nie, N. H.　97, 313

ハ　行

ハーシュマン　Hirschman, A. O.　243
パーソンズ　Persons, T.　223-224, 227, 262
バーバー　Barber, B. R.　20, 313, 331
ハーバーマス　Habermas, J.　103, 173, 184, 201, 207
パウエル　Powell, E.　74
バクーニン　Bakunin, M.　299
バリー　Barry, B. M.　257, 261
パレクー　Parekh, B.　259
犯意　120, 132
ヒギンズ判事　Higgins, Justice　282-283
平等，生まれながらの →「自由」の項目を参照
ファイアストーン　Firestone, S.　42, 189, 208
フィヒテ　Fichte, J. G.　315
フィルマー　Filmer, Sir R.　52, 54-59, 66-68, 79, 111, 146-147, 181-182
フーコー　Foucault, M.　75-76
福祉国家　14-15, 18, 21, 200, 210, 256, 267-282, 286-294, 296-303
父権的な権利　paternal right　54
ブラウン　Brown, N. O.　61, 63, 81
ブラックストン　Blackstone, Sir W.　115
プラムナッツ　Plamenatz, J.　96
ブリテン　Brittain, V.　291
フロイト　Freud, S.　25, 30-36, 38, 41, 43,

サ 行

索　引

ア　行

アイゼンステイン　Eisenstein, Z. R.　53, 79, 180, 328
アーモンド　Almond, G. A.　10–11, 213, 215–221, 223–234, 236–244, 246–248, 253, 256, 258, 261–263
アステル　Astell, M.　7, 59, 65, 82
アダムとイヴ　56–57, 66
アレント　Arendt, H.　104, 160–161, 169, 174
アンガー　Unger, R. M.　70–71, 83, 211
イーストン　Easton, D.　138
ヴァーバ　Verba, S.　10, 97, 215–221, 223–234, 236–244, 246–248, 250–251, 253, 256, 258, 261–263
ウィリアムズ　Williams, R.　267
ウォーリン　Wolin, S. S.　135–136, 139–142, 144, 149, 152, 155–163, 167, 172, 174, 183–184, 201, 253
ウォルツァー　Walzer, M.　20, 126–127
生まれもった政治的権利　150–151, 153, 163–165
ウルストンクラフト　Wollstonecraft, M.　21, 39–40, 65, 187, 291, 293–294, 296, 300, 302, 309
ウルフ，R. P.　Wolff, R. P.　103, 202–204, 210
ウルフ，V.　Woolf, V.　311
エディプス・コンプレックス　33–35
エルシュテイン　Elshtain, J. B.　53, 192–193
エンゲルス　Engels, F.　300–301
オースティン　Austin, J. L.　183
オートナー　Ortner, S. B.　47, 187–188, 208
オブライエン　O'Brien, M.　78

カ　行

カーリー　Curley, E.　123
ガウス　Gaus, G. F.　73, 84, 179–180, 184–185, 196–197, 205–206
家族　family, the　27, 29–31, 33, 36–38, 40–41, 45, 181–182, 185, 189, 193, 195–197, 199–200, 204–206, 322
　——賃金　282–283, 296
　——手当　295–296, 310
家父長制
　——とフェミニズム　3, 20, 22, 50–54
　フィルマーと——　54–57
教育　39–40, 65, 91, 187, 229–235, 246–247
　政治——　11, 196, 321–322
兄弟愛 →「友愛」の項目を参照
クリック　Crick, B.　60, 80, 136–137, 160, 169
結婚　19, 40, 59, 108, 111–112, 115, 195, 268, 281, 296, 317, 320, 332
ゲワース　Gewirth, A.　96
公的領域 →「私的領域」の項目を参照
国勢調査の分類　279, 282
個人なるもの　individual, the　5, 10, 14, 50, 60, 68–69, 71, 74, 108, 124, 180, 183
コフラン　Coghlan, T. A.　282
婚姻契約　marriage contract　76, 79–80, 82,

著者紹介

キャロル・ペイトマン（Carole Pateman, 1940- ）
英国サセックス生まれ。1971 年ブライアン・バリーの指導の下オックスフォード大学で哲学博士号を取得。シドニー大学所属中に複数の大学・研究機関の客員教授等をつとめ，1990 年カリフォルニア大学ロスアンジェルス校の政治学教授に就任。現在，同大学の特別名誉教授。
世界的に高名な政治理論家であり，日本ではこれまで『参加と民主主義理論』（寄本勝美訳，早稲田大学出版部，1977 年）が翻訳されている。

訳者紹介

山田竜作（やまだ　りゅうさく）
1967 年福島県生まれ。創価大学国際教養学部教授（政治理論）。
主な業績：『大衆社会とデモクラシー――大衆・階級・市民』風行社，2004 年，*Democracy and Mass Society: A Japanese Debate*，学術出版会，2006 年，『シティズンシップ論の射程』（共編）日本経済評論社，2010 年，『語る――熟議／対話の政治学』（共著）風行社，2010 年，『新しい政治主体像を求めて――市民社会・ナショナリズム・グローバリズム』（共著）法政大学出版局，2014 年ほか。

サピエンティア　**37**
秩序を乱す女たち？
政治理論とフェミニズム

2014年 7 月15日　初版第 1 刷発行

著　者　キャロル・ペイトマン
訳　者　山田 竜作
発行所　一般財団法人　法政大学出版局
〒102-0071　東京都千代田区富士見2-17-1
電話03（5214）5540／振替00160-6-95814
製版・印刷　平文社／製本　誠製本
装幀　奥定泰之

ISBN 978-4-588-60337-2　　Printed in Japan

26　文化のハイブリディティ
P. バーク／河野真太郎訳　2400 円

28　土着語の政治　ナショナリズム・多文化主義・シティズンシップ
W. キムリッカ／岡﨑晴輝・施光恒・竹島博之監訳　5200 円

29　朝鮮独立への隘路　在日朝鮮人の解放五年史
鄭栄桓著　4000 円

30　反市民の政治学　フィリピンの民主主義と道徳
日下 渉著　4200 円

31　人民主権について
鵜飼健史著　近刊

32　国家のパラドクス　ナショナルなものの再考
押村 高著　3200 円

33　歴史的賠償と「記憶」の解剖
ホロコースト・日系人強制収容・奴隷制・アパルトヘイト
J. C. トーピー／藤川隆男・酒井一臣・津田博司訳　3700 円

34　歴史のなかの障害者
山下麻衣著　4000 円

35　身の丈の経済論　ガンディー思想とその系譜
石井一也著　3800 円

36　医師の社会史　植民地台湾の近代と民族
ロー・ミンチェン／塚原東吾訳　4400 円

37　秩序を乱す女たち？　政治理論とフェミニズム
C. ペイトマン／山田竜作訳　3900 円

13　寛容の帝国　現代リベラリズム批判
W. ブラウン／向山恭一訳　　4300 円

14　文化を転位させる　アイデンティティ・伝統・第三世界フェミニズム
U. ナーラーヤン／塩原良和監訳　　3900 円

15　グローバリゼーション　人間への影響
Z. バウマン／澤田眞治・中井愛子訳　　2600 円

16　スターリンから金日成へ　北朝鮮国家の形成　1945〜1960 年
A. ランコフ／下斗米伸夫・石井友章訳　　3300 円

17　「人間の安全保障」論　グローバル化と介入に関する考察
M. カルドー／山本武彦・宮脇昇・野崎孝弘訳　　3600 円

18　アメリカの影のもとで　日本とフィリピン
藤原帰一・水野善子編著　　3200 円

19　天皇の韓国併合　王公族の創設と帝国の葛藤
新城道彦著　　4000 円

20　シティズンシップ教育論　政治哲学と市民
B. クリック／関口正司監訳　　3200 円

21　ニグロとして生きる　エメ・セゼールとの対話
A. セゼール，F. ヴェルジェス／立花英裕・中村隆之訳　　2600 円

22　比較のエートス　冷戦の終焉以後のマックス・ウェーバー
野口雅弘著　　2900 円

23　境界なきフェミニズム
C. T. モーハンティー／堀田碧監訳　　3900 円

24　政党支配の終焉　カリスマなき指導者の時代
M. カリーゼ／村上信一郎訳　　3000 円

25　正義のフロンティア　障碍者・外国人・動物という境界を越えて
マーサ・C. ヌスバウム／神島裕子訳　　5200 円

サピエンティア（表示価格は税別です）

01　アメリカの戦争と世界秩序
菅 英輝編著　3800 円

02　ミッテラン社会党の転換　社会主義から欧州統合へ
吉田 徹著　4000 円

03　社会国家を生きる　20 世紀ドイツにおける国家・共同性・個人
川越修・辻英史編著　3600 円

04　パスポートの発明　監視・シティズンシップ・国家
J. C. トーピー／藤川隆男監訳　3200 円

05　連帯経済の可能性　ラテンアメリカにおける草の根の経験
A. O. ハーシュマン／矢野修一ほか訳　2200 円

06　アメリカの省察　トクヴィル・ウェーバー・アドルノ
C. オッフェ／野口雅弘訳　2000 円

07　半開きの〈黄金の扉〉　アメリカ・ユダヤ人と高等教育
北 美幸著　3200 円

08　政治的平等とは何か
R. A. ダール／飯田文雄・辻康夫・早川誠訳　1800 円

09　差異　アイデンティティと文化の政治学
M. ヴィヴィオルカ／宮島喬・森千香子訳　3000 円

10　帝国と経済発展　途上世界の興亡
A. H. アムスデン／原田太津男・尹春志訳　2800 円

11　冷戦史の再検討　変容する秩序と冷戦の終焉
菅 英輝編著　3800 円

12　変革する多文化主義へ　オーストラリアからの展望
塩原良和著　3000 円